U0534658

中国社会科学院创新工程学术出版资助项目

微学习：
媒介融合环境下学习模式的变革与创新

杜智涛 ◎ 著

中国社会科学出版社

图书在版编目（CIP）数据

微学习：媒介融合环境下学习模式的变革与创新/杜智涛著.
—北京：中国社会科学出版社，2019.2
ISBN 978-7-5203-4200-1

Ⅰ.①微… Ⅱ.①杜… Ⅲ.①学习方法 Ⅳ.①G791

中国版本图书馆 CIP 数据核字（2019）第 048169 号

出 版 人	赵剑英
责任编辑	张　林
特约编辑	周维富
责任校对	韩海超
责任印制	戴　宽

出　　版	中国社会科学出版社
社　　址	北京鼓楼西大街甲 158 号
邮　　编	100720
网　　址	http://www.csspw.cn
发 行 部	010-84083685
门 市 部	010-84029450
经　　销	新华书店及其他书店
印　　刷	北京明恒达印务有限公司
装　　订	廊坊市广阳区广增装订厂
版　　次	2019 年 2 月第 1 版
印　　次	2019 年 2 月第 1 次印刷
开　　本	710×1000　1/16
印　　张	15.25
字　　数	235 千字
定　　价	69.00 元

凡购买中国社会科学出版社图书，如有质量问题请与本社营销中心联系调换
电话：010-84083683
版权所有　侵权必究

前　言

学习是人类生存发展必备的基本能力，也是人类成长为万物之灵长的特有能力。随着新的媒介技术的不断出现和普及，人类的学习方式也发生着巨大变化，且这种变化速度呈现出指数级加速模式。

两千多年前，纸的发明与普及，引发了书写材料的一场革命，对知识的传播以及人们的学习能力带来了巨大的影响，促进了文化的交流和教育的普及，使更广泛的普通大众获得了学习知识的能力。

20世纪上半叶，广播与电视的相继出现，使人们获取的信息、知识更加丰富、更加具象、更加快速，使知识传播与教育的效果、效率有了极大提升，又一次提升了人们的学习能力。广播电视媒介天然具有教育功能，正如传播学之父威尔伯·施拉姆（Wilbur Schramm）所说："所有的电视都是教育的电视，唯一的差别是它在教什么。"

20世纪末至21世纪初，互联网的广泛普及，对整个学习理论与学习模式产生了巨大的影响。计算机辅助教学以及基于互联网的在线学习、MOOC等学习模式，改变了几千年来人们习惯的学习模式、教育模式，促使学习理论、教育理念的改变。特别是移动互联网的快速发展，智能手机、iPad等智能终端的兴起，使学习模式、教育理念产生了颠覆式的变革，使人们面临着新的学习环境和学习体验，媒介又一次提升了人们的学习能力。移动互联网、智能手机和社交网络的快速发展，使媒介高度嵌入人们的生活、学习，媒介真正地成了人体器官的延伸。这也使人们生活与学习的边界被日益淡化，学习不再是正襟危坐在课堂上的事，而是可以随时随地、无处不在，碎片化学习、口袋学习等成为人们耳熟能详的概念，移动化学习、泛在化学习、微型学习等概念正在引起越来越多的关注。其中，内容短小、形式多样、时间和地点灵活的"微学习"

成为学习专家的普遍关注和研究的热点。那么，什么是"微学习"，其参与者的基本特征及行为动因是什么，如何建构"微学习"系统平台、学习环境和学习机制，都是学界和业界正在关注的热点问题。

本书围绕媒介融合环境下"微学习"形成的原因、内涵与特点，以及学习主体、客体、工具与环境等"微学习"系统要素展开研究，着重剖析"微学习"系统中各元素的特征、机理与实现方案。媒介融合、信息的共享与共享、知识创新的协同与共生是未来信息产业与知识创新的三大变革趋势，在这一趋势下，未来的学习模式呈现出移动化与泛在化、联通化与交互性、多元化与去中心化、微型化与网格化等特征。

"微学习"系统由学习主体（即学习活动的参与者，包括教育者、学习者、管理者等）、学习客体（即各类学习资源）、学习活动的支持要素（如学习环境、学习管理工具等）等构成。本书着重剖析了作为学习主体的学习活动参与者的特征及其影响其学习行为的诸因素，剖析了作为客体的学习资源如何构建的问题，还运用"生态学"理论分析了作为支持因素的学习环境构建问题，剖析了"微学习"系统的组织与实现机制及系统原型的设计思路。通过这些分析，为网络"微学习"的研究形成一个系统、闭环的框架。

本书的内容来源于教育部人文社会科学研究青年基金项目"媒介融合环境下的微学习模式及实现机制研究"（12YJCZH036），感谢课题组成员付宏、李辉、任晓刚等的付出，感谢中国社会科学院大学科研处蒋甫玉老师在项目执行过程中的支持与鼓励。本书的出版得到了中国社会科学院哲学社会科学创新工程学术出版资助，获得了中国社会科学出版社张林老师的大力支持，正是由于他们的付出，才使本书得以付梓，在此深表感谢。本书参考了国内、外诸多学者的相关研究著述，这些著述已在本书的参考文献中列出，在此对各位尚未谋面的学者表示深深地感谢！

作者

2018 年 8 月

目　　录

第一章　绪论 ……………………………………………………（1）
　第一节　研究背景 ………………………………………………（1）
　第二节　主要内容及技术路线 …………………………………（3）
　第三节　创新点 …………………………………………………（5）

第二章　"微学习"相关研究综述 ………………………………（6）
　第一节　"微学习"相关研究视域 ………………………………（6）
　　一　网络"微学习"研究的总体趋势 …………………………（6）
　　二　网络"微学习"的研究视域 ………………………………（8）
　　三　各类团的主要研究内容 …………………………………（20）
　第二节　相关理论研究基础 ……………………………………（33）
　　一　关于移动学习的研究 ……………………………………（33）
　　二　关于"微学习"概念的研究 ………………………………（35）
　　三　关于"微学习"教育方式的研究 …………………………（37）
　第三节　本章小结 ………………………………………………（38）

第三章　"微学习"：媒介融合环境下终身学习的新理念 ……（40）
　第一节　媒介融合下信息组织与知识创新的变革 ……………（40）
　　一　融合：媒介的新生态 ……………………………………（40）
　　二　共享与共建：媒介融合下信息组织的新形式 …………（42）
　　三　协同与共生：媒介融合下的知识创新 …………………（42）
　第二节　未来学习的一种设想："微学习" ……………………（43）

一 移动与泛在:新的知识获取环境 …………………………（43）
  二 连通与交互:新的学习模式 ……………………………（44）
  三 多元化与去中心化:知识传播主体身份的融合 ………（44）
  四 微型化与网格化:知识资源的存在模式 ………………（45）
 第三节 "微学习"的内涵与基本特征 …………………………（46）
  一 "微学习"的内涵 ………………………………………（46）
  二 "微学习"的特点 ………………………………………（47）
 第四节 本章小结 …………………………………………………（49）

第四章 "微学习"活动体系:基于系统论的视角 ………………（50）
 第一节 "微学习"活动体系的构成要素 ………………………（50）
  一 "微学习"活动的主体:学习参与者 …………………（51）
  二 "微学习"活动的客体:学习资源 ……………………（53）
  三 "微学习"活动的支持要素:学习工具与环境 ………（54）
 第二节 "微学习"活动的层次结构 ……………………………（55）
  一 "微学习"活动的总体结构模型 ………………………（55）
  二 学习目标层 ……………………………………………（56）
  三 学习方案层 ……………………………………………（58）
  四 学习资源层 ……………………………………………（59）
  五 学习支持层 ……………………………………………（61）
 第三节 "微学习"活动的实现过程 ……………………………（62）
  一 "微学习"的超网络结构及关系挖掘 …………………（62）
  二 "微学习"活动的实现模式 ……………………………（70）
  三 "微学习"过程中知识场的形成与测量 ………………（72）
 第四节 本章小结 …………………………………………………（80）

第五章 "微学习"参与者行为的影响因素:
    基于 SEM 的实证分析 …………………………………（82）
 第一节 理论假设与建模 …………………………………………（82）
  一 理论基础 ………………………………………………（82）
  二 模型建构 ………………………………………………（83）

三　变量测量 …………………………………………………… (85)

　第二节　模型验证 ………………………………………………… (88)

　　一　数据收集及描述性统计 ……………………………………… (88)

　　二　数据信度与效度 …………………………………………… (89)

　　三　竞争模型 …………………………………………………… (93)

　　四　间接效应 …………………………………………………… (97)

　第三节　讨论与启示 ……………………………………………… (97)

　第四节　本章小结 ………………………………………………… (101)

第六章　基于知识元的"微学习"资源构建 ……………………… (102)

　第一节　从信息元到知识元："微学习"资源的诞生 …………… (102)

　第二节　"微学习"资源的主题地图 …………………………… (105)

　　一　主题图与扩展主题图 ……………………………………… (107)

　　二　"微学习"资源主题图的要求 …………………………… (108)

　　三　基于知识元 ETM 的"微学习"资源整合架构 ………… (109)

　　四　"微学习"资源的 ETM 实现路径 ……………………… (112)

　第三节　局部 ETM 的生成 ……………………………………… (114)

　　一　主题提取 …………………………………………………… (114)

　　二　知识元提取 ………………………………………………… (115)

　　三　主题与知识元本体映射 …………………………………… (116)

　第四节　主题图融合 ……………………………………………… (118)

　　一　ETM 融合的基本思路 …………………………………… (118)

　　二　ETM 相似性算法 ………………………………………… (120)

　　三　ETM 融合规则 …………………………………………… (123)

　第五节　基于用户兴趣的学习资源推荐 ………………………… (124)

　　一　数据预处理与分析集的建立 ……………………………… (125)

　　二　用户个人兴趣演化模式 …………………………………… (125)

　　三　群组兴趣演化模式 ………………………………………… (127)

　　四　预测集的构建与知识推荐 ………………………………… (129)

　第六节　基于情境的学习资源推荐 ……………………………… (129)

　　一　情境推理 …………………………………………………… (129)

  二　情境流 ……………………………………………………（132）
  三　以活动为中心的情境本体建模 …………………………（133）
 第七节　基于ETM的知识导航 ………………………………（139）
  一　浏览导航 …………………………………………………（139）
  二　检索导航 …………………………………………………（141）
 第八节　本章小结 ………………………………………………（143）

第七章　"微学习"生态：学习环境的构建 ………………………（145）
 第一节　"微学习"生态系统：概念、构成与特征 ……………（145）
  一　生态系统与学习生态观 …………………………………（145）
  二　"微学习"生态系统的概念 ………………………………（147）
  三　"微学习"生态系统的构成 ………………………………（151）
  四　"微学习"生态系统的特征 ………………………………（153）
 第二节　"微学习"生态系统问题及治理 ……………………（156）
  一　"微学习"系统的生态平衡 ………………………………（156）
  二　"微学习"系统生态失衡问题 ……………………………（158）
  三　"微学习"生态系统的设计思路 …………………………（159）
 第三节　泛在学习环境："微学习"生态系统的基础 …………（160）
  一　"微学习"生态视角下的泛在学习环境 …………………（160）
  二　泛在学习环境的构成 ……………………………………（162）
  三　知识与社会的链接：泛在学习环境形成路径 …………（166）
 第四节　本章小结 ………………………………………………（175）

第八章　媒介融合环境下"微学习"的组织与实现机制 ………（177）
 第一节　"微学习"环境构建模式与权限规则体系 …………（177）
  一　"微学习"环境的构建模式 ………………………………（177）
  二　权限规则体系 ……………………………………………（179）
 第二节　"微学习"活动中的调节反馈机制 …………………（180）
  一　调节反馈内容 ……………………………………………（180）
  二　调节反馈方式 ……………………………………………（181）
 第三节　关联机制 ………………………………………………（182）

一　关联关系的类型 …………………………………………（182）
　　二　关联实现方式 …………………………………………（183）
　第四节　参与激励机制 …………………………………………（185）
　　一　基本的需求动机 ………………………………………（185）
　　二　需求动机的三个层次 …………………………………（186）
　　三　激励机制的设计思路 …………………………………（187）
　第五节　本章小结 ………………………………………………（188）

第九章　"微学习"系统的原型设计与构建 …………………（189）
　第一节　"微学习"系统设计的原则与流程 …………………（189）
　　一　设计原则 ………………………………………………（189）
　　二　设计流程 ………………………………………………（190）
　第二节　"微学习"系统原型的逻辑功能 ……………………（191）
　　一　学习活动模块 …………………………………………（191）
　　二　学习资源模块 …………………………………………（193）
　　三　学习支持模块 …………………………………………（194）
　第三节　微学习系统原型开发 …………………………………（195）
　　一　系统平台架构 …………………………………………（195）
　　二　部分数据关系及规则机制 ……………………………（198）
　　三　系统交互界面设计 ……………………………………（200）
　第四节　本章小结 ………………………………………………（207）

第十章　总结与展望 …………………………………………（209）
　第一节　总结 ……………………………………………………（209）
　第二节　展望 ……………………………………………………（210）

参考文献 ………………………………………………………（212）

附录　"微学习"参与者行为的影响因素调查问卷 ………（226）

后　记 …………………………………………………………（231）

第 一 章

绪　　论

新媒体的迅速崛起与快速普及对整个学习理论与学习模式产生了巨大的影响，网络学习、MOOC、移动化学习、泛在化学习、微型学习等概念正在引起越来越多的关注，使人们面临着新的学习环境，给人们带来新的学习体验。其中，内容短小、形式多样、时间和地点灵活的"微学习"成为学习专家普遍关注和研究的热点。把握"微学习"参与者的基本特征及行为动因，无论是对于微学习平台的产品设计、系统开发、内容构建，还是对学习者自身的学习定位和学习方式的选择，都具有重要参考意义。

第一节　研究背景

当前，知识经济已经成为全球发展的重要趋势，这是一个信息爆炸、创新不断的社会，也是一个终身学习的社会，这些都推动学习方式的转变，并呼吁重塑学习的理论，构建新的学习环境。

碎片化信息的大量涌现，要求人们能够从海量资源和不同观点中构建自己的知识体系，在多样化、快节奏的环境中不断充实自己、学习创新，在这一形势下，各种非正式的学习模式涌现出来并繁荣发展；在此环境下成长起来的学习者其主体意识也在不断提升，个性化需求不断增强，对学习的自主性、适应性要求越来越高。这些转变都远远超越了传统的以班级、课程为核心的教学模式，形成以学习者、学习内容为纽带、以终身学习为目标、突破时空界限的新的学习模式。在这种新的学习模式下，学习者将主动去进行学习体系的建构，让学习活动充分体现情境化和社会性。新的学习模式将还原学习者作为学习主体的能动性和作为生命体的复杂性，还原"学习"活动的求知性、探索性、无边界性等特征，这将成为现代学习模式的起点与归宿。

以互联网、移动互联网等为代表的新媒体的发展，为学习者的个性化学习提供了一个富媒体、富资源与富工具的环境，媒介融合使得学习者的学习场景构建变得更加随意、随时、随地，一系列新技术革命使得学习活动变得更加有趣、智能、高效。如基于地理位置的服务技术使学习更加情境化、生活化；知识挖掘、知识推荐技术及其相应工具的发展，使得知识组织更加高效，网络碎片化的信息在学习过程中的开发与利用更加便利；自然语言处理技术、语义网技术、人工智能技术的发展，使得学习支持工具变得更加丰富、智能，学习者的自主学习过程变得更加便捷。这些新技术、新应用的发展，使学习者的主体性、个性化和社会性得到充分发挥，人们对自己的学习比任何时候都有更多的掌控力、更多的创造力和更强的联通能力。

新技术、新应用所带来的学习革命，其变革速度与复杂程度已超出传统教学模式所能应付的程度，知识更新的速度使得很多知识在转化为课堂内容之前就已经废弃，很多以往行之有效的教育方式方法正在受到严峻挑战。因此，一种可行的解决方案是发挥技术在学习过程中的作用，减少学习者对教师的依赖，提升学习者对自己学习行为的掌控能力和自我发展能力，同时，加强学习者在学习过程中的社会联通能力，使学习者能够随时、随地、随意地按照自己的需求展开学习活动。基于此，具有开放性、个性化、协作性、情景化、社交网络、UGC（用户创作内容）、集体智慧等特征学习理念正在不断涌现，比如网络学习、移动学习、泛在学习、MOOC、"微学习"等。其中，"微学习"这一理念正在成为学界和业界研究的一个热点，特别是移动互联网的发展，这种以微型、短小、精练、形式多样的知识资源为学习内容的个性化、自主化的学习方式正在成为人们终身学习的必要方式。本书针对目前的新形势，对媒介融合环境下"微学习"这种新的学习模式进行深入探讨，揭示这种微型化、碎片化、移动化的学习模式在知识传播中的规律以及实现方式。

第二节　主要内容及技术路线

围绕媒介融合环境下"微学习"形成的原因、内涵与特点，以及学习主体、客体、工具与环境等"微学习"系统要素展开研究，着重剖析"微学习"系统中各元素的特征、机理与实现方案。整个研究沿着文献梳理、理论研究、应用研究这一路径展开，研究内容、研究方法及各章节的内容分布如图1—1所示：

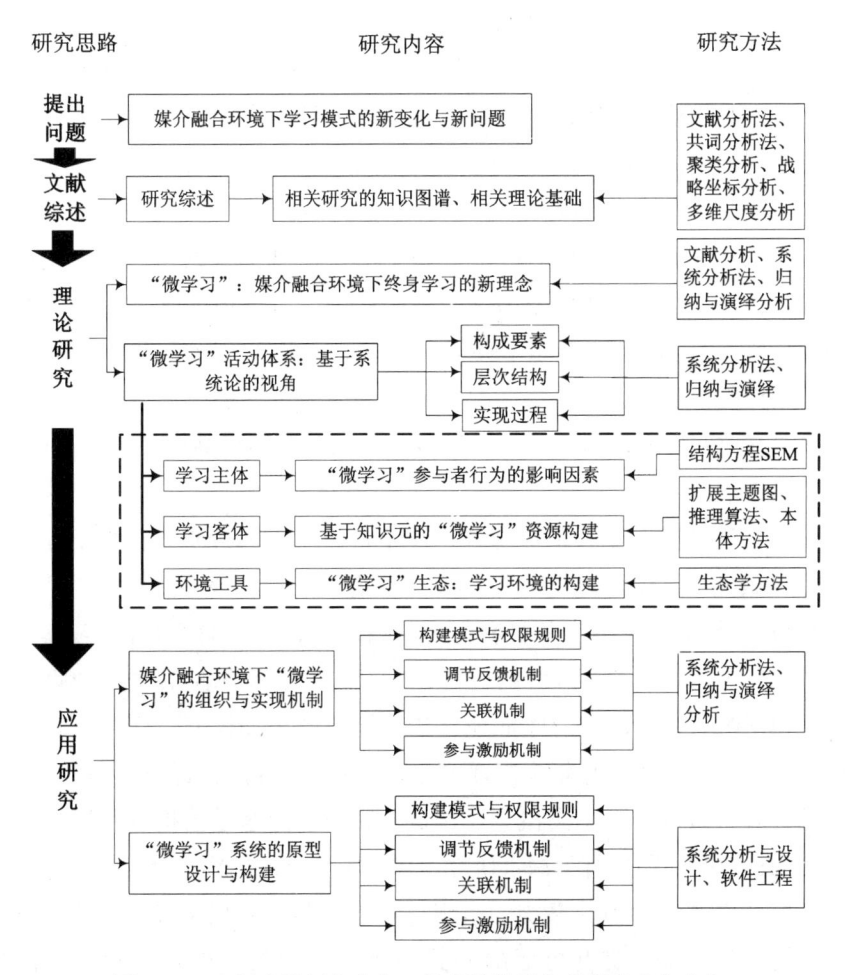

图1—1　本研究的研究内容、技术路线及各章节的内容分布

（1）"微学习"相关研究综述及理论基础研究。运用共词分析、聚类分析、多维尺度分析以及战略坐标分析构建了相关研究的知识图谱，可以看到"微学习"的相关研究吸引了诸多不同学科、不同领域学者的关注，是一个具有交叉性的研究领域。同时，对与"微学习"这一领域相关的研究理论进行了梳理，包括移动学习、微学习概念、微学习教育方式、微学习系统开发等方面。详见第2章内容。

（2）理论研究，包括"微学习"理念、"微学习"系统的构成以及"微学习"系统的各要素剖析三大部分。

一是剖析了"微学习"理念的形成背景与现状。阐述了媒介融合环境下信息组织与知识创新的变革，指出媒介融合、信息的共享与共建、知识创新的协同与共生是三大重要的变革趋势；剖析了未来学习方式的几个特点：移动化与泛在化、联通化与交互性、多元化与去中心化、微型化与网格化；在此基础上，阐释了"微学习"这一新的学习理念的内涵与特征。详见第3章内容。

二是从系统论的视角剖析了"微学习"活动体系的构成要素，这些要素包括作为学习主体的学习参与者、作为学习客体的学习资源以及作为支持要素的学习工具和学习环境；分析了"微学习"活动的总体结构，这一结构包括学习目标层、学习方案层、学习资源层与学习支持层四个层次；在此基础上，阐述了"微学习"活动的超网络结构及其实现模式。详见第4章的内容。

三是对"微学习"系统的各个要素进行了深入分析。首先，分析了作为"微学习"活动主体的学习参与者的行为，运用结构方程模型（SEM）分析了影响学习参与者行为的诸因素，详见第5章内容。其次，分析了作为客体的学习资源构建问题，基于知识元的扩展主题图算法构建了知识组织、知识与情境推理、知识服务的相关模型，详见第6章的内容。最后，运用"生态学"理论分析了作为支持因素的学习环境构建问题，对"微学习"生态概念、构成、特征、问题与治理以及泛在学习环境的构建等问题进行了深入研究，详见第7章的内容。

（3）对"微学习"系统的组织与实现机制、系统原型的设计思路以及各模块的功能、交互界面的样式等进行了剖析，主要有两个方面的内容。

一是介绍了媒介融合环境下"微学习"的组织与实现机制。首先，介绍了"微学习"环境的构建模式以及权限规则体系；其次，介绍了"微学习"活动中的调节反馈机制；再次，介绍了关联机制，包括"微学习"活动中各种关联关系的类型以及关联实现方式；最后，介绍了参与激励机制，包括"微学习"活动中学习者的基本需求动机以及激励机制和设计思路。详见第8章的内容。

二是介绍了"微学习"系统的原型设计与构建。在阐述了整个系统的设计原则与建设流程的基础上，介绍了"微学习"系统原型的三大逻辑功能模块：学习活动模块、学习资源模块、学习支持模块；介绍了系统原型开发的平台架构以及交互界面。详见第9章内容。

第三节 创新点

（1）从系统论的视角对"微学习"系统进行了研究。提出了"微学习"系统的构成要素，包括作为学习主体的学习参与者、作为学习客体的学习资源以及作为支持要素的学习工具与环境；在此基础上，提出了"微学习"活动的四层模型，即学习目标层、学习方案层、学习资源层以及学习支持层，并从生态学的视角对"微学习"系统环境进行了探讨。这些观点拓展了学习理论的视域，丰富了学习理论的研究内容，具有一定的创新性。

（2）基于实证分析方法探讨了"微学习"参与者的行为特征。通过问卷调查，建立了结构方程模型，对"微学习"活动中参与者行为的影响因素进行了剖析，所得到的结论对于建立更有效的学习机制、提升学习者的学习效率、优化学习系统的开发路径具有重要的理论借鉴。

（3）提出的基于知识元的"微学习"资源构建思路具有一定的创新性。基于扩展主题图算法，建立了"微学习"资源的主题地图，并提出了基于语法、语义、语用相似度的主题图融合算法，构建了基于用户兴趣和基于情境推理的学习资源推荐模型，描述了基于知识推荐和知识导航的知识服务模式。这些对于"微学习"资源的构建具有重要的意义。

（4）构建了"微学习"系统原型，提出了整体的设计思路及系统原型架构，对"微学习"系统的开发具有一定的借鉴意义。

第二章

"微学习"相关研究综述

第一节 "微学习"相关研究视域

有研究者认为,随着信息获取方式时空依赖性的弱化,人们的学习模式沿着 Face-to-Face(面对面)、D-learning(远程学习)、E-learning(数字化学习)、M-learning(移动学习)、U-learning(泛在学习)的路径向前发展[1]。学界也出现了一个新的学习概念,即网络"微学习"。网络"微学习"(Micro-learning)作为一种学习模式,相关研究已不少见。这里试图从宏观上对国内外网络"微学习"的研究现状进行概览式描述,为后续的"微学习"研究指明方向[2]。

一 网络"微学习"研究的总体趋势

网络"微学习"概念内涵比较丰富,通过阅读相关文献,发现与网络"微学习"相关的概念有"移动学习""在线学习""E-learning"等。本书以中国知网 CNKI、Web of Science 数据库为中、外文检索源,中文检索关键词为微学习、微型学习、移动学习、在线学习、虚拟学习社区、远程学习、数字化学习、网络学习等,英文检索关键词为 micro learning、fragmented learning、mobile learning、online learning、distance learning、digital learning、virtual learning 等,时间段为 2008—2018 年,去除无关文

---

[1] 卢强:《信息获取方式变迁中的学习模式述评》,载《中国远程教育》2013 年第 9 期,第 30—35、95 页。

[2] 杜智涛、付宏、宴齐宏:《国内"微学习"研究视域——基于共词分析方法的讨论》,载《教学与管理》2014 年。

献，得到中文文献 13475 篇、英文文献 8569 篇。

由图 2—1 中和图 2—2 中可见，国内外关于网络"微学习"的研究逐年递增。根据相关研究论文数量统计，各研究热点依次出现。如国内关于微课程的研究在 2013 年左右开始成为研究热点，相关研究论文有较快增长；网络学习空间在 2015 年成为研究热点；关于移动学习、远程学习、虚拟学习社区等研究在 2008 年已经成为热点。一些研究热点国外研究得比国内要早，如国外的混合式学习研究在 2008 年已经成为热点，在国内 2010 年才被众多研究者关注；关于"微学习"中信息技术的研究国外比国内早了三年左右。不过关于远程教育、移动学习的研究，国外和国内在十年前都已经比较成熟。

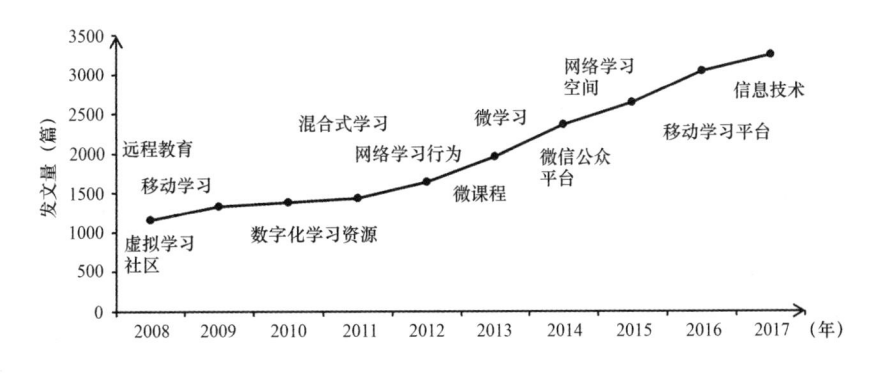

图 2—1 国内"微学习"研究的发展趋势

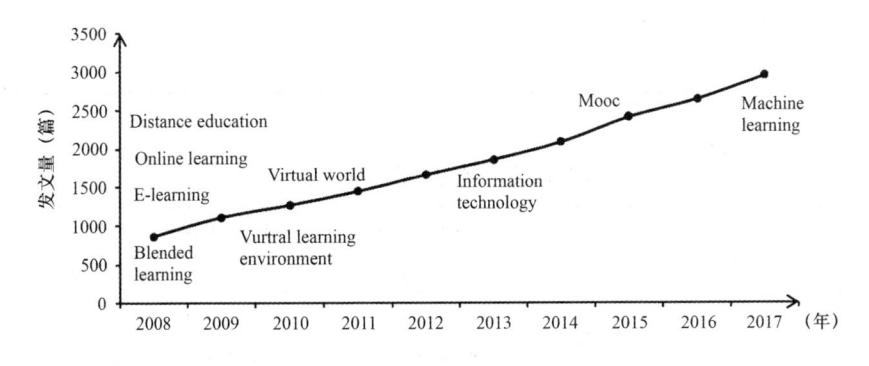

图 2—2 国外"微学习"研究的发展趋势

二 网络"微学习"的研究视域

微学习的研究正在突破学科的界限，吸引了不同学科研究者的关注，同时这些研究之间也彼此关联、相互影响，形成了不同的研究视域与主题。将上述文献中涉及的关键词进行整理，剔除重复关键词，并将同类关键词合并，选择出高频关键词，见表2—1和表2—2。

表2—1　　　　　　　国内相关研究去重后高频关键词

1	移动学习	18	网络环境	35	大数据
2	微课程	19	微型学习	36	泛在学习
3	在线学习	20	网络教育	37	E-learning
4	网络学习	21	网络教学	38	数字化
5	网络学习社区	22	网络学习行为	39	协作学习
6	数字化学习	23	学习模式	40	移动终端
7	自主学习	24	网络学习共同体	41	开放大学
8	微课	25	混合式学习	42	学习动机
9	远程教育	26	信息技术	43	微视频
10	学生学习	27	网络学习环境	44	学习方式
11	智能手机	28	学习环境	45	学习支持服务
12	微信	29	教育信息化	46	远程学习者
13	网络课程	30	Web2.0	47	知识管理
14	网络学习资源	31	终身学习	48	互联网+
15	微学习	32	开放教育	49	个性化学习
16	慕课	33	学习行为	50	
17	学习策略	34	非正式学习	51	

表2—2　　　　　　　国外相关研究去重后高频关键词

1	learning	6	distance learning	11	Blended learning
2	online learning	7	mobile learning	12	collaborative learning
3	e learning	8	online	13	social media
4	education	9	Machine learning	14	Virtual Reality
5	Distance Education	10	Technology	15	Interactive learning environments

续表

16	online education	27	deep learning	38	Web 2.0
17	learning strategies	28	MOOCs	39	learning environments
18	digital	29	informal learning	40	Lifelong learning
19	Reinforcement learning	30	virtual learning	41	digital divide
20	Motivation	31	Learning communities	42	Extreme learning machine
21	medical education	32	Feedback	43	Media in education
22	educational technology	33	Mobile devices	44	virtual learning environments
23	virtual worlds	34	engineering education	45	Mobile technology
24	Learning analytics	35	game based learning	46	Community of inquiry
25	Metric learning	36	ICT	47	
26	Active learning	37	Instructional Design	48	

利用 SATI 软件形成共词矩阵，见表 2—3 和表 2—4，矩阵中单元格中数据代表两个不同关键词之间共现次数。利用 SPSS22.0 软件将共词矩阵转换为斯皮尔曼（Spearman）相关系数矩阵，消除由词频差异所带来的影响，见表 2—5 和表 2—6。

表 2—3　　　　　　国内相关研究的共词矩阵（部分）

	移动学习	微课程	在线学习	网络学习	网络学习社区	数字化学习	自主学习	微课	远程教育
移动学习	3098	61	15	17	79	19	50	54	59
微课程	61	1303	9	4	4	2	25	42	17
在线学习	15	9	897	7	11	5	14	3	25
网络学习	17	4	7	876	20	1	24	1	12
网络学习社区	79	4	11	20	426	7	21	10	8
数字化学习	19	2	5	1	7	394	4	2	4
自主学习	50	25	14	24	21	4	339	5	6
微课	54	42	3	1	10	2	5	333	2
远程教育	59	17	25	12	8	4	6	2	302

表2—4　　　　　国外相关研究的共词矩阵（部分）

	learning	online learning	e learning	education	Distance Education	distance learning	mobile learning
learning	596	28	30	23	28	14	49
online learning	28	477	39	27	65	28	3
e learning	30	39	427	33	45	42	9
education	23	27	33	307	15	22	16
Distance Education	28	65	45	15	294	15	7
distance learning	14	28	42	22	15	271	4
mobile learning	49	3	9	16	7	4	231

表2—5　　　　　国内相关研究的相关系数矩阵（部分）

	移动学习	微课程	在线学习	网络学习	网络学习社区	数字化学习	自主学习	微课	远程教育
移动学习	1.000	0.633	0.239	0.093	0.359	0.481	0.361	0.775	0.224
微课程	0.633	1.000	0.313	0.031	0.287	0.275	0.362	0.809	0.188
在线学习	0.239	0.313	1.000	0.617	0.296	0.389	0.469	0.224	0.428
网络学习	0.093	0.031	0.617	1.000	0.397	0.260	0.479	0.051	0.322
网络学习社区	0.359	0.287	0.296	0.397	1.000	0.307	0.364	0.292	0.122
数字化学习	0.481	0.275	0.389	0.260	0.307	1.000	0.205	0.281	0.221
自主学习	0.361	0.362	0.469	0.479	0.364	0.205	1.000	0.376	0.381
微课	0.775	0.809	0.224	0.051	0.292	0.281	0.376	1.000	0.127
远程教育	0.224	0.188	0.428	0.322	0.122	0.221	0.381	0.127	1.000

表2—6　　　　　国外相关研究的相关系数矩阵（部分）

	learning	online learning	e-learning	education	Distance Education	distance learning	mobile learning	online	Machine learning
learning	1.000	0.569	0.756	0.679	0.578	0.675	0.479	0.605	0.327
online learning	0.569	1.000	0.658	0.626	0.596	0.696	0.300	0.536	0.240
e-learning	0.756	0.658	1.000	0.724	0.637	0.810	0.528	0.685	0.126
education	0.679	0.626	0.724	1.000	0.740	0.719	0.521	0.571	0.206
Distance Education	0.578	0.596	0.637	0.740	1.000	0.705	0.228	0.572	0.083

续表

	learning	online learning	e-learning	education	Distance Education	distance learning	mobile learning	online	Machine learning
distance learning	0.675	0.696	0.810	0.719	0.705	1.000	0.366	0.714	0.108
mobile learning	0.479	0.300	0.528	0.521	0.228	0.366	1.000	0.441	0.158
online	0.605	0.536	0.685	0.571	0.572	0.714	0.441	1.000	0.182
Machine learning	0.327	0.240	0.126	0.206	0.083	0.108	0.158	0.182	1.000

在相关系数矩阵中，由于选择不同统计方法可能会因为零值的干扰造成较大的分析误差，因此，用"1"减去相关矩阵中各单元数据构造相异矩阵。相异矩阵表征关键词之间的差异化程度，值越大则关键词之间的联系越小，距离越远；反之亦然。

1. 聚类分析

本书将以上构造的相异系数矩阵进行聚类分析，采用 SPSS22.0 系统聚类法，聚类结果见图2—3和图2—4，国内研究可分为4个类团，国外研究可分为3个类团。

2. 多维尺度分析

多维尺度分析与聚类分析具有类似效果，它利用平面距离来反映对象间的相似程度，并将具有高度关联和相似性的对象聚集在一起。本研究以上文构造的相异矩阵为数据来源，通过 SPSS-ALSCAL 分析，距离设为"数据为距离数据"，度量标准用区间 Euclidean 距离，度量水平选择二维尺度分析，得到图2—5和图2—6。可见，多维尺度分析也可以将国内外相关研究分别划分为4个类团和3个类团，且各类团包含的关键词也基本相同，与因子分析、聚类分析所得到的结果基本吻合。

类团命名通过计算各类团中每个关键词的黏合力来确定。黏合力是用于衡量类团内各主题词对聚类成团的贡献程度，对于 n 个关键词的类团，关键词 A_i ($i \leq n$) 对类团内另一关键词 B_j 来说，其黏合力为：

$$N(A_i) = \frac{1}{n-1} \times \sum_{j=1}^{n \neq i} F(A_i \to B_j)$$

黏合力越大，该词在类团中的地位越突出。黏合力最大的词为中心词，可作为确定类团名称的依据，各类团关键词及命名见表2—7和表2—8。

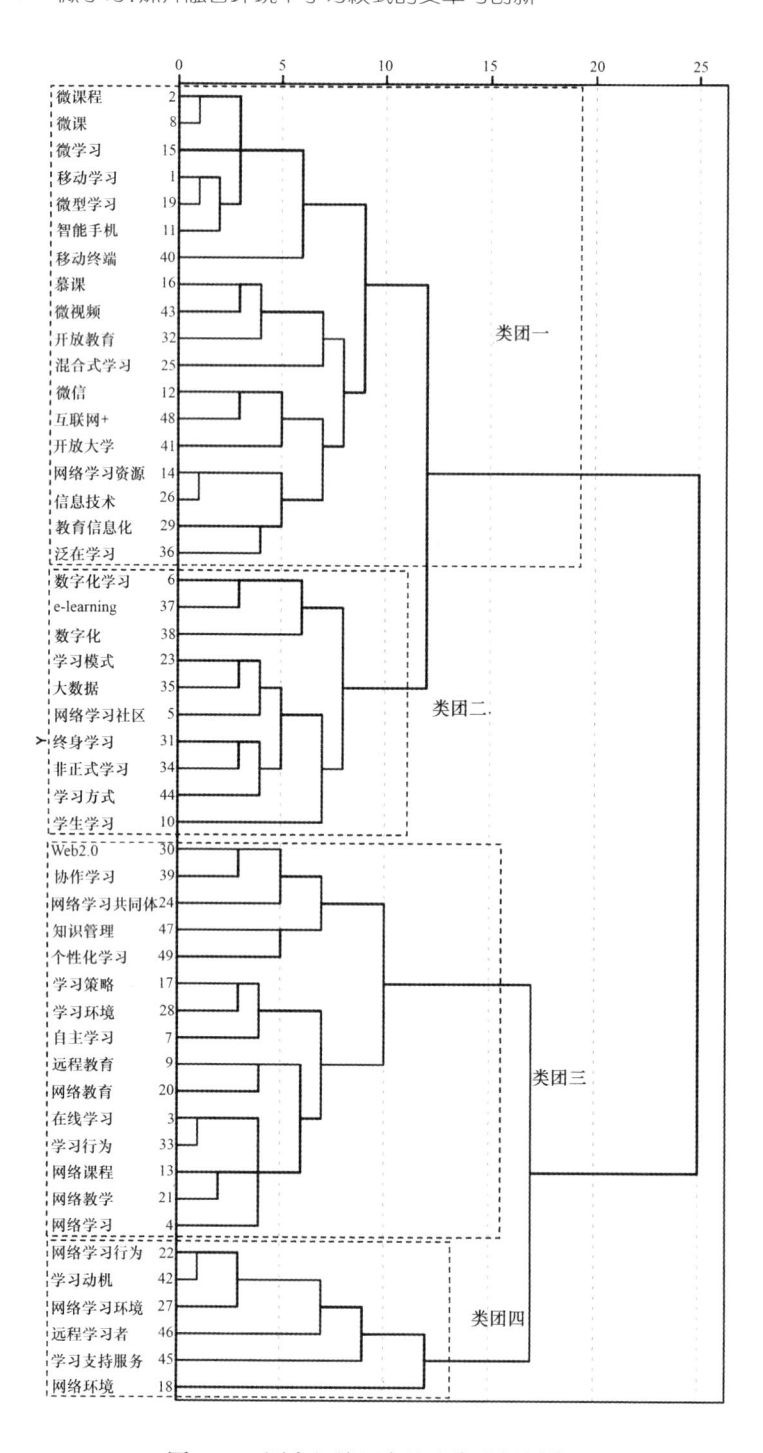

图 2—3 国内相关研究的聚类分析树状图

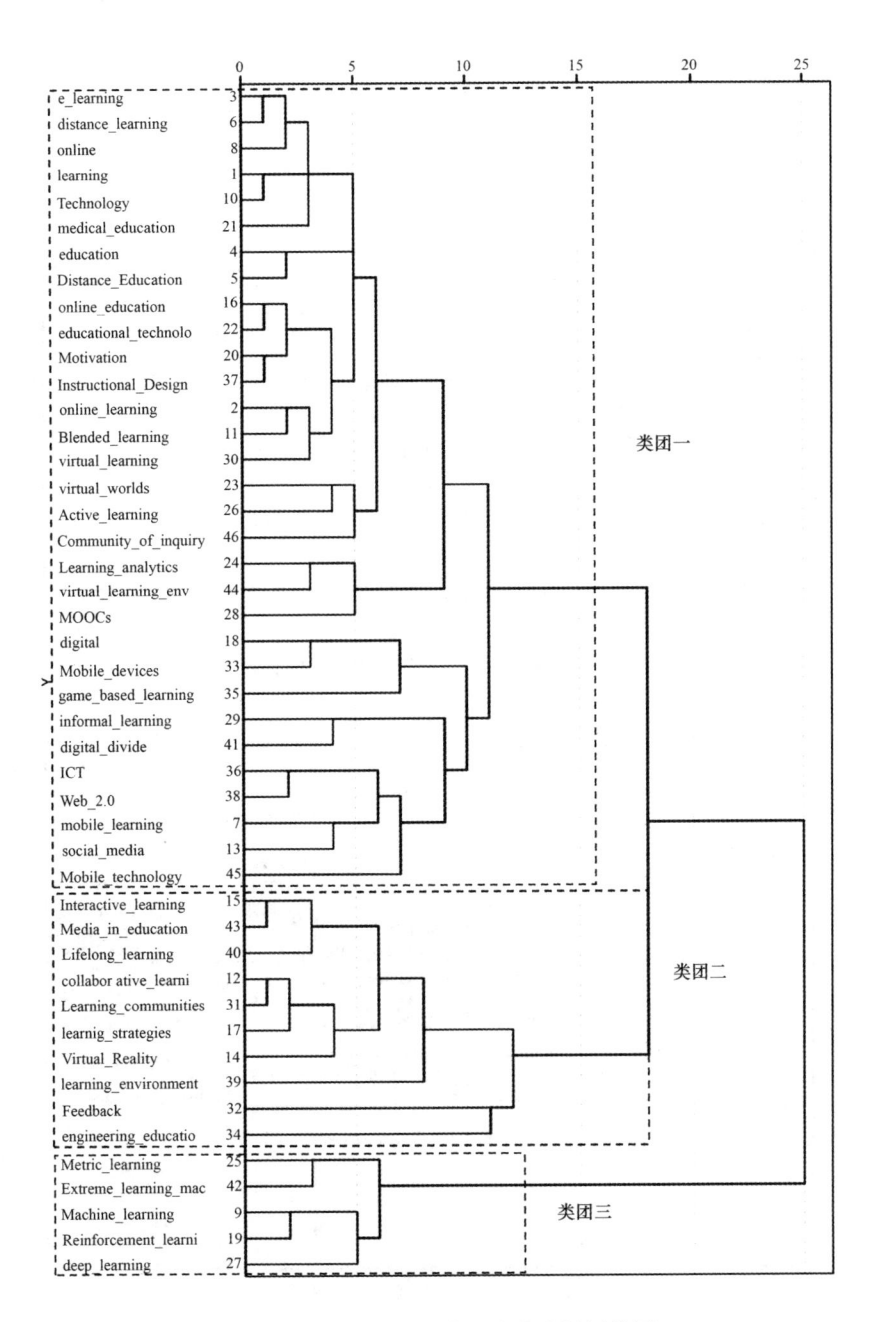

图 2—4　国外相关研究的聚类分析树状图

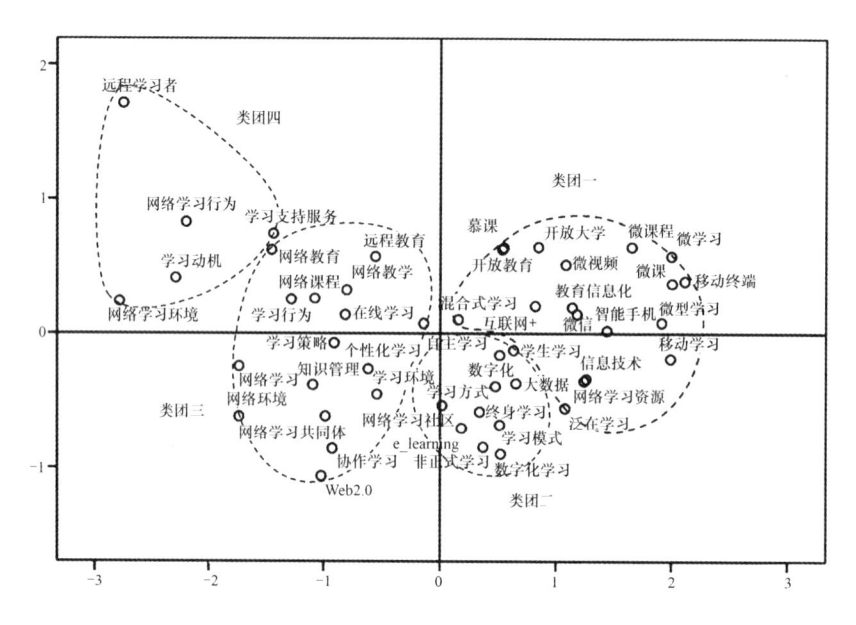

14 / 微学习：媒介融合环境下学习模式的变革与创新

图 2—5 国内相关研究的多维尺度分析

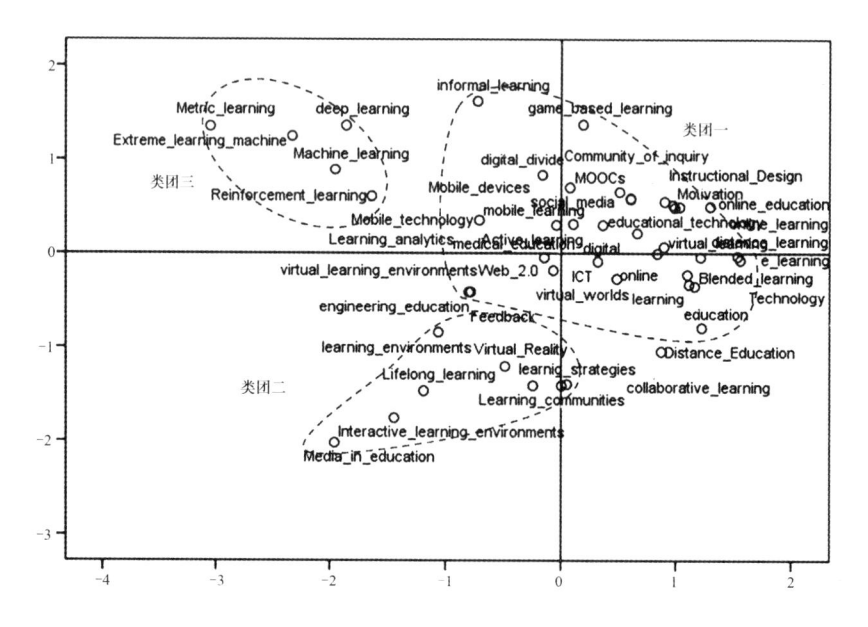

图 2—6 国外相关研究的多维尺度分析

表 2—7　　　　　国内相关研究各类团关键词及命名

类别	关键词	命名
类团一	微课程、微课、微学习、移动学习、微型学习、智能手机、移动终端、慕课、微视频、开放教育、混合式学习、微信、互联网+、开放大学、网络学习资源、信息技术、教育信息化、泛在学习	移动学习资源
类团二	数字化学习、e-learning、数字化、学习模式、大数据、网络学习社区、终身学习、非正式学习、学习方式、学生学习	线上学习方式
类团三	Web2.0、协作学习、网络学习共同体、知识管理、个性化学习、学习策略、学习环境、自主学习、远程教育、网络教育、在线学习、学习行为、网络课程、网络教学、网络学习	网络教育及学习行为
类团四	网络学习行为、学习动机、网络学习环境、远程学习者、学习支持服务、网络环境	网络学习环境

表 2—8　　　　　国外相关研究各类团关键词及命名

类别	关键词	命名
类团一	e-learning、distance learning、online、learning、Technology、medical education、education、Distance Education、online education、educational technology、Motivation、Instructional Design、online learning、Blended learning、virtual learning、virtual worlds、Active learning、Community of inquiry、Learning analytics、virtual learning environments、MOOCs、Digital、Mobile devices、game based learning、informal learning、digital divide、ICT、Web 2.0、mobile learning、social media、Mobile technology	Online learning and education
类团二	Interactive learning environments、Media in education、Lifelong learning、collaborative learning、Learning communities、learning strategies、Virtual Reality、learning environments、Feedback、engineering education	Online learning strategies
类团三	Metric learning、Extreme learning machine、Machine learning、Reinforcement learning、deep learning	Machine learning

3. 知识网络及其中心性分析

以上对研究类团的分析，展现了不同研究视域之间的关系，下面运用社会网络分析法对由关键词构成的知识网络进行分析。知识网络以关键词为节点，以关键词之间的共现关系为边，也可以用共词矩阵的形式表现。为了简化计算，本书将共词矩阵中的数值转化为 0、1 二分变量，采用 UCI-NET 软件，对知识网络的中心性进行分析，见图 2—7 与图 2—8。

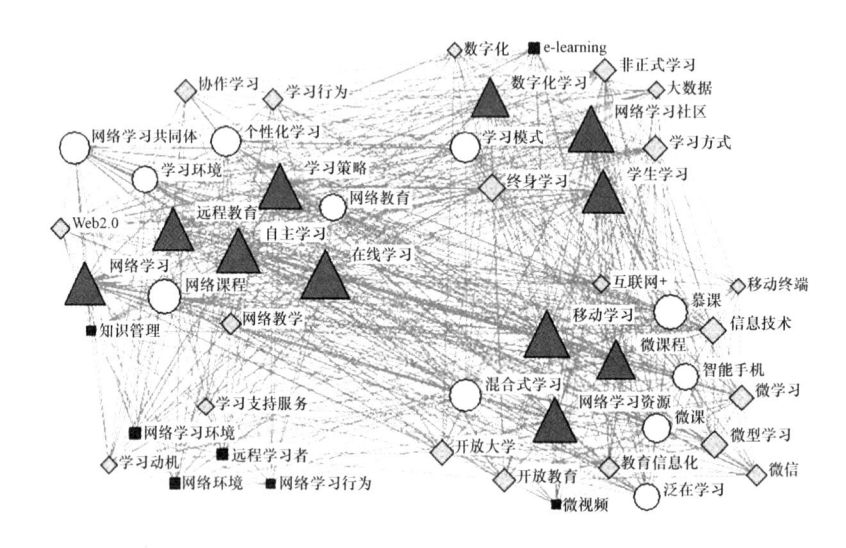

图 2—7　国内相关研究的社会网络分析

说明：图中节点的度越大，则其形状越大。设节点的度为 D，当 20＞D≥10，关键词节点以矩形表示；当 30＞D≥20，节点以菱形表示；当 40＞D≥30，节点以圆形表示；当 D≥40，节点以三角形表示。

（1）节点的度数中心度分析。点的度数中心度用于衡量各节点的中心性，体现了节点在网络中的权利地位及影响分布。国内研究中，"在线学习、移动学习、网络学习社区、网络学习资源、学习策略、网络学习"的度数中心度最高，说明这六个点是国内研究的焦点和热点，对网络中其他研究的影响较大。国外研究中，"Learning、Mobile learning、Online learning、E-learning、Distance education"的度数中心度最高，说明这些点是国外研究中的焦点。可以看出，移动学习以及网络教育是国内外学者都非常关注的研究主题。

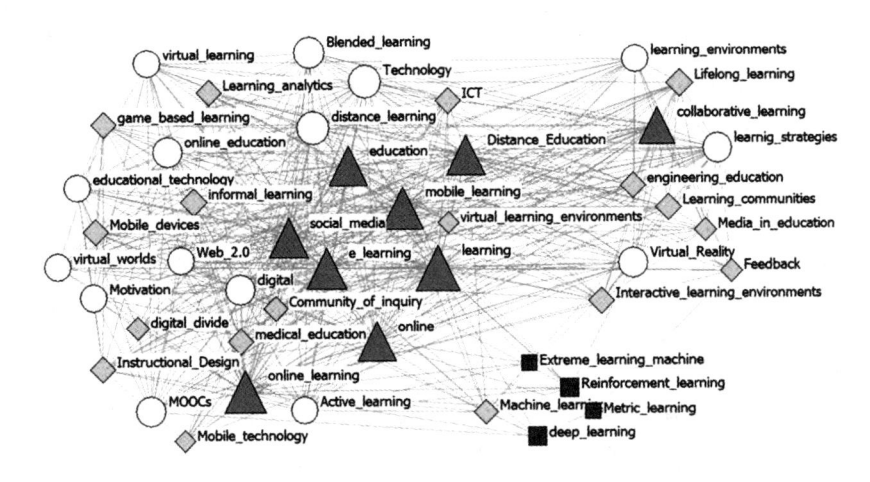

图 2—8　国外相关研究的社会网络分析

说明：图中节点的度越大，则其形状越大。设节点的度为 D，当 10 > D ≥5，关键词节点以矩形表示；当 20 > D ≥10，节点以菱形表示；当 30 > D ≥20，节点以圆形表示；当 D ≥30，节点以三角形表示。

（2）中间中心度分析。中间中心度测量某节点对网络中资源的控制程度，即网络中某个节点在多大程度上位于其他节点对的中间位置，起到桥接的角色。图 2—7 中，"在线学习、网络学习社区"两个关键词的中间中心度最高，说明这两个点是网络"微学习"相关研究的核心主题，其他研究都以其为基础。而"微视频、知识管理"这两个关键词的中间中心度最低，在关键词网络中相对孤立。图 2—8 中，中间中心度最高的"Learning、Online learning、Mobile learning"是国外相关研究的核心主题，占据较多的研究资源；而"Reinforcement learning、Media in education、Virtual learning environments"在网络中桥接其他点的作用不大。

（3）接近中心度分析。接近中心度是指网络中某个节点与其他节点的接近程度，即该点是否通过比较短的路径与其他点相连。在关键词网络中，一个节点的接近度数值越小，说明该关键词离中心越近，自然而然就占据了核心地位。国内研究中，farness 值最小的"移动学习、网络学习社区、在线学习"的相关研究处于核心位置；而"微视频、知识管理、网络学习行为"的 farness 值最大，这三个点在国内新媒体研究的网络中处于边缘位置，需要通过网络中其他的点来传递信息。同理，国外研究中，"Learning、Online learning、Mobile learning、E-learning"的相关研究处于核心位置；而"Metric learning、Extreme learning machine"的研究距该研究领域的中心问题较远，属于边缘主题。

（4）知识网络的密度分析。网络密度反映整个网络中各个节点之间联系的紧密程度，从整体上反映网络的特征。密度数值越接近1，网络内节点间联系越紧密。一般认为，网络密度太低，不利于信息的传播；密度太高，则会导致信息的交流不具有针对性，容易造成信息泛化[①]。国内研究的知识网络密度为0.664（见图2—7），比较适中，一方面，显示出关键词之间联系比较紧密，信息交流频繁，体现出知识共享的特点；另一方面，也显示该领域的研究主题正朝着多元化方向发展。国外研究知识网络密度为0.532（见图2—8），较为适中，但低于国内网络密度，说明相关研究在国内比国外受到更多关注，研究也较为成熟。

（5）网络的平均距离与网络凝聚度分析。共词网络的平均距离是指网络中任意两个关键词大约经过几个关键词产生共现。平均距离与节点之间信息沟通的容易度成反比。距离越长，网络内节点分散，联系较少；相反，则说明节点之间的联系较多，信息交流很频繁。

国内研究的关键词网络平均距离为1.378，说明大概通过一到两个关键词就能与其他的关键词产生联系，可以看到，此网络比较符合小世界理论特征。国外研究的关键词网络平均距离为1.512，与国内的值接近。另外，对网络连接的紧密程度还可以用网络凝聚度来表示，该值越大则说明网络内部联系越紧密，凝聚力越强。国内外关键词网络的凝聚度分别为0.711、0.740，两者的值相近，且都比较大，说明国内外各研究主题充分连接与交叉，同时具有较强的集中性。

4. 类团的成熟度与向心度

将上述各类团用战略坐标图描述，可以分析各研究视域的成熟度与核心度。在战略坐标图中，X轴为向心度，表示领域间相互影响的强度；Y轴为密度，表示某一领域内部联系强度；坐标原点是两个轴的中位数或者平均数。X轴、Y轴把一个二维空间划分为四个象限，第一象限表示

[①] Krackhard在研究社会网络整体属性时提出了组织黏度的概念，指出只有黏又不太黏的网络才适合快速进行信息交流和传播。

研究主题处于核心位置、研究内容较为成熟；第二象限表示研究较为成熟，但处于边缘位置；第三象限表示研究处于边缘位置，且不成熟；第四象限表示研究处于核心位置，但尚不成熟[①]。

国内研究中（见图2—9），类团一"移动学习资源"位于第一象限，说明向心度大，并且与其他类团的关系较为密切，占有比较重要的地位，是比较受关注的热点主题。类团二"线上学习方式"和类团四"网络学习环境"位于第三象限，说明这两个类团的研究主题还不够成熟，处于较边缘的位置，还有较大的发展空间。同时，与类团二相比，类团四"网络学习环境"的研究更加边缘化。类团三"网络教育及学习行为"位于第四象限，说明这个研究主题处于比较核心的位置，虽然研究内部较为松散还未形成稳定的研究体系，但该主题的位置极其接近第一象限，说明其影响力较强，在网络"微学习"的研究领域中的地位还是比较重要的。

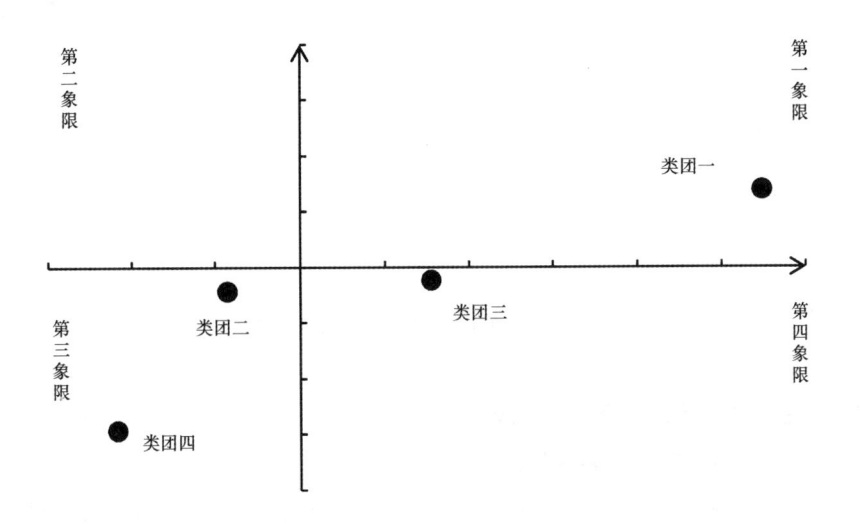

图2—9 国内相关研究的战略坐标图

[①] 钟伟金、李佳:《共词分析研究方法（二）——类团分析》，载《情报杂志》2008年第6期。

国外研究中（见图2—10），类团一"Online learning and education"处于第一象限，说明国外对这一主题的研究比较成熟，处于"微学习"相关研究的核心位置，与其他主题的关系也比较密切，是研究的热点主题。类团三"Machine learning"位于第三象限，说明国外对这个主题的相关研究还不成熟，处于比较边缘的位置，有较大的发展空间。类团二"Online learning strategies"位于第四象限，表示这个主体的研究与核心主题距离较近，处于核心地位；但类团内部较为松散，未能形成稳定的研究体系，尚不成熟。

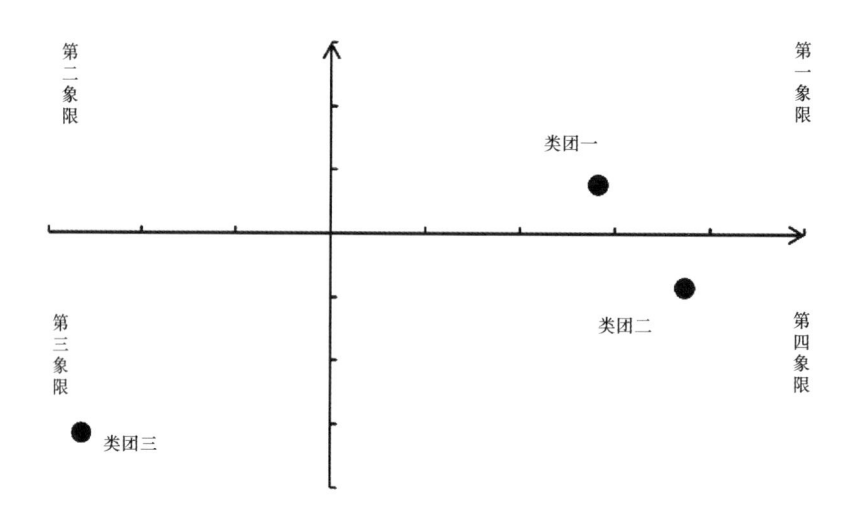

图2—10 国外相关研究的战略坐标图

三 各类团的主要研究内容

1. 国内网络"微学习"研究的主要内容

综合聚类分析、多维尺度、战略坐标的分析可以看出，国内在网络"微学习"方面的研究整体上还不够成熟，按照研究内容主要可以分为四个类团：移动学习资源、线上学习方式、网络教育及学习行为、网络学习环境。

（1）移动学习资源

这一类团主要是从移动终端技术和各种网络学习资源等方面开展的

研究。

　　麦克卢汉认为,技术的发展会引领新的社会变革,引起生活方式、生产方式等的变化。计算机技术的发展,也变革了传统的学习方式。学习的技术媒介环境变化是微学习得以实现并发展的物质基础[1]。微学习基本借助于移动终端进行,"互联网+"技术、智能手机的发展,使"微学习"更加的便捷化。一些研究者从技术角度出发,探讨了移动环境下的学习情境,以及如何利用技术设备提高学习效率,获得更好的学习体验。吴军其等研究者认为,微学习是一种数字化的学习形态,是移动学习(Mobil-learning)和网络学习(E-learning)交叉融合的产物,他们从技术环境、学习资源和学习者三方面出发,专门对手机移动终端微学习进行了深入研究[2][3]。3G技术移动通信技术、智能手机的出现,使"移动化"成为"微学习"的重要特性,同时也丰富了微学习的内涵。有研究者认为,联通主义作为数字时代的学习理念,可以成为微学习的理论基础,指导新情境下的学习。手机作为微型学习的学习终端,无论是媒介环境,还是学习者、学习内容、学习媒介或学习资源,都具备足够的可行性[4][5]。

　　慕课、微课程、微视频等各种学习资源的开发,给微学习提供了更大的平台。移动互联网技术的发展为基于移动互联的微学习系统提供了可靠的技术支持,而微课技术让学生实现了随时随地利用碎片时间学习。随着资源的逐渐丰富和学习者自主学习习惯的养成,新的学习方式能够提高学生学习的主观能动性,提升学生学习的效率,移动微学习将成为传

---

[1] 张浩:《微型学习:理念、环境与资源》,载《现代教育技术》2009年第4期,第50—52页。

[2] 吴军其、彭玉秋、胡文鹏、赵丹:《手持终端环境下微学习资源的情境化设计方法探索》,载《电化教育研究》2012年第8期,第90—93页。

[3] 吴军其、彭玉秋、吕爽、汪翠翠:《基于手机终端移动微学习的可行性分析》,载《中国教育信息化》2012年第19期,第13—15页。

[4] 唐雅慧:《联通主义指导下的移动微型学习》,载《软件导刊》(教育技术)2012年第12期,第58—60页。

[5] 吴军其、彭玉秋、吕爽、汪翠翠:《基于手机终端移动微学习的可行性分析》,载《中国教育信息化》2012年第19期,第13—15页。

统课堂的有效补充,将对促进教育公平和因材施教起到积极的推动作用①②。

王双双从信息传播的视角切入,分析了移动学习的影响因素,认为移动学习的影响因素主要来自传播者(包括学习个体、教师、教学组织、服务厂商)、信息资源、媒介(终端设备及移动通信技术)及学习环境四个方面③。而刘刚等认为处在微时代的移动学习需要关切四个问题:学习者需要重构自我的学习时空;在学习内容的设计上要关注学习内容间的隐性关联;注重学习内容的质,而非以量取胜;注重思维的可视化设计④。也有研究者指出,有关"微学习"资源的设计、开发及其学习活动设计等方面的研究,将是移动微学习所需解决的关键问题⑤。

(2)线上学习方式

计算机技术以及"微学习"的发展,也在逐渐改变着人们的学习方式与习惯,不管是学校教育还是自主学习,线上学习已经成了重要的辅助学习的方式。

数字化学习方式被众多学者进行研究。姜强等指出,大数据通过"量化一切"而实现学习的数据化,彻底改变认知和理解知识的方式,通过采集用户学习数据,进行基于全量数据的学习分析,为学习策略的选择和调整提供参考,以达到能够为用户提供个性化分析、判断、人性化推送与服务的目的⑥。随着学习者对网络媒介接触的增加,课内学习方式由单一变得多元,学习者在课外依托互联网所开展的学习活动,使他们具备了反哺课堂的能力,学习者不再是单纯地消费教授者所提供的讲授

---

① 谢伟:《移动微学习:传统课堂的有效补充——以微信公众平台为例》,载《中国教育技术装备》2016年第2期,第25—27页。

② 肖锦龙:《基于移动互联微学习系统》,载《科技视界》2015年第8期,第177、282页。

③ 王双双:《信息传播视角下移动学习的影响因素研究》,河南大学硕士学位论文,2012年。

④ 刘刚、胡水星、高辉:《移动学习的"微"变及其应对策略》,载《现代教育技术》2014年第2期,第34—41页。

⑤ 吴军其、彭玉秋、吕爽、汪翠翠:《基于手机终端移动微学习的可行性分析》,载《中国教育信息化》2012年第19期,第13—15页。

⑥ 姜强、赵蔚、李松、王朋娇:《个性化自适应学习研究——大数据时代数字化学习的新常态》,载《中国电化教育》2016年第2期,第25—32页。

服务，而是以各种形式参与到教学活动中①。可以说，传统课堂教学方式的优势和数字化学习方式的优势得以结合，这种混合学习的方式用课堂教学情感沟通的天然优势弥补了数字化学习的缺陷，而数字化学习为研究性学习的进行提供了延伸的学习环境，通过对信息资源的收集利用，帮助学习者以探究知识、发现知识、创造知识以及展示知识的方式进行学习，能够充分发挥学生的主动性，促进成人学习能力的发展②③④。

此外，很多研究者也对"微学习"的学习方式提出了一些建议。徐毅等研究者认为"微学习"作为一种非正式的学习形态，也应该享有与正式的学习形态相同的"权利"，也应该拥有自己的一套完整的课程体系，要加强"微"资源建设与开发，增加"微"活动设计，完善"微"环境建设⑤。刘志远等研究者提出，"微学习"活动中内容推荐、协同交互、行为预测等功能的实现，需要基于对大数据进行处理，神经网络方法和技术是实现这些功能的重要手段。有研究者将反馈误差学习控制与径向基函数神经网络相结合，提出了一种基于神经网络在线学习的自适应控制办法⑥。

（3）网络教育及学习行为

随着教育界对"微学习"方式的引入，"微学习"理论与应用研究从教育教学的视角出发，研究如何更好地学习，主要包括建构主义理论、教育教学设计、培训等，这与张振虹等的研究结果相一致。建构主义学习理论反对被动接受知识，强调学习者的主动性，这正符合"微学习"的理念，也是传统学习模式的重大突破。

张利娜等研究者指出，与传统课堂学习相比，"微学习"没有固定的

---

① 汪学均、熊才平、刘清杰等：《媒介变迁引发学习方式变革研究》，载《中国电化教育》2015年第3期，第49—55页。

② 王陆：《虚拟学习社区社会网络位置分析与助学者群体的发现》，载《中国电化教育》2010年第3期，第23—27页。

③ 张万仪、张莉：《基于网络的研究性学习模式的构建与实施策略》，《重庆交通大学学报》（社会科学版）2010年第2期，第83—86页。

④ 龚花萍、龚怡：《数字化学习与学习型社会构建策略》，载《图书馆学研究》2011年第9期，第41—44、65页。

⑤ 徐毅、方菲：《微型学习：数字化学习环境下非正式学习的新形式》，载《中国教育技术装备》2014年第14期，第47—48页。

⑥ 刘志远、吕剑虹、陈来九：《基于神经网络在线学习的过热气温自适应控制系统》，载《中国电机工程报》2004年第4期，第183—187页。

时间和场所,也没有固定的指导老师,学生的学习呈现个性化、碎片化[1]。网络学习空间平台是一个以教师、学生和家长为服务对象的网络化社交学习平台,能够建立优质教育资源的共建共享机制,让学生进行个性化学习。比如线上课程平台会自动根据学生的年龄、学习情况甚至心理活动,自动判断该学生的水平,并在该水平上提供相应难度的题库、课程和练习,这从根本上改变了传统课堂教育中机械的教学体系,让"量身定制"的服务成为可能,有利于学习者实现意义建构[2]。

随着网络教育的开展,网络环境下师生之间如何进行情感交互日渐为人们所关注。研究者们分析了网络教育中师生情感交互缺失的主要表现:在认知目标与情感目标上严重失衡、教学模式单一、缺乏师生之间的互动反馈、教师的角色与职能被弱化或替代等。也提出了在网络教育中构建师生情感交互平台的策略:基于 BBS 论坛的情感交互、基于"任务驱动"的情感交互、基于协作学习的情感交互策略、基于多元评价的情感交互策略等[3][4][5]。亓雪冬等研究者认为浏览与搜索是微学习的基本方式,程序化监控和分析是微学习的基本保障,反馈和交互是微学习深入的关键环节,如果学习者不能深入理解微学习模式的内在特点,把握其内在规律,学习效果和学习效率必将大打折扣[6]。

刘建中、高荣国等研究者指出,网络教学资源共享交流不充分,造成教学内容的重复开发,浪费严重,学生参与网络互动的积极性不高,网络的教学应用在移植课堂教学形态的同时,应该存在自身的形态方式,就是网络的学习形态、知识形态和教学形态,网络学习形态要保证学习

---

[1] 张利娜、孙艳芬:《移动网络环境下大学生学习方式研究》,载《电子商务》2016 年第 1 期,第 68—69 页。

[2] 张子石、金义富、吴涛:《网络学习空间平台的规划与设计——以未来教育空间站为例》,载《中国电化教育》2015 年第 4 期,第 47—53 页。

[3] 范晓姝、范晓琪:《网络教育中师生情感交互的缺失与构建》,载《现代教育管理》2013 年第 1 期,第 76—79 页。

[4] 陈荣:《网络教学互动对教与学的影响》,载《陕西广播电视大学学报》2009 年第 4 期,第 24—27 页。

[5] 刘中宇、李延霞、杨艳萍:《基于交互决定论的网络教育资源互动平台设计》,载《现代教育技术》2010 年第 9 期,第 50—54 页。

[6] 亓雪冬、李霞、葛元康:《微学习模式探析》,载《计算机教育》2016 年第 4 期,第 160—162 页。

的本质意义[1][2]。

(4) 网络学习环境

网络学习环境是实现微学习的重要基础,很多学者从这个角度出发研究微学习实现的外部条件。

杜智涛经过研究发现,在影响网络微学习意图行为的主要因素中,学习情境起到最关键的作用,创造一种移动化、泛在化、互动性、前沿性的学习情境,对于学习者学习、分享等行为具有极大的促进作用[3]。李盛聪等研究者提出,网上虚拟学社、虚拟教室、虚拟实验室等都是随着信息技术的进步而更进一步发展的常见的网络虚拟学习环境,学习者置于其中,如同身处三维空间的现实世界,并以感官与之发生交互作用,得以身临其境地体会各种社会生活场景和模拟场景,实现真正意义上的"做中学"[4]。徐正巧等研究者认为网络学习处在一个非常自由的环境之中,因为基于网络的移动微学习平台不受地域、时间和方式的限制,任何人都可以在任何时间、任何地点使用任何设备通过网络进入系统进行自由学习[5]。这种身临其境和自由自主学习的环境,为"微学习"的发展提供了肥沃的土壤。

多位研究者提出个人学习环境的问题。个人学习环境是适应新理念支持下的网络在线学习方式,它能够催生多样性和自治性的学习网络,有利于促进学习者的终身学习[6]。个人学习空间作为网络学习空间的重要组成部分,是以学习者为中心的个性化学习环境,以服务于学习者个性化学习需求为出发点,鼓励并赋权学习者自主管理空间、按照自己的

---

[1] 刘建中:《网络环境下教与学互动中的问题分析》,载《陕西广播电视大学学报》2010年第3期,第26—28页。

[2] 高荣国:《网络教育的形态真谛——解析网络的学习、知识和教学形态》,载《中国远程教育》2012年第8期,第25—29页。

[3] 杜智涛:《网络"微学习"参与者行为的影响因素——基于结构方程模型的实证分析》,载《情报杂志》2017年第1期,第173—181、20页。

[4] 李盛聪、杨艳:《网络学习环境的构成要素及特征分析》,载《电化教育研究》2006年第7期,第52—55、62页。

[5] 徐正巧、赵德伟:《网络环境下的移动微学习系统的探索与研究》,载《电脑知识与技术》2013年第9期,第6645—6646页。

[6] 谢佳、李玉斌:《个人学习环境:挑战网络学习环境的主导设计》,载《现代教育技术》2009年第3期,第34—38页。

节奏和序列开展学习、自愿投入适当的认知和情感资源，这使得它成为网络学习空间的重要范型之一[①][②]。而对个人学习空间、学习资源聚合模式和个性化推荐引擎构建等学习环境设计要素进行的分析，能够辅助教学决策，优化学习过程，推荐符合学习者个性的学习资源，实现个性化学习[③]。

泛在学习的网络环境和技术的共享环境也是学者们研究的热点。王硕等研究者认为，泛在网络学习环境中知识的共享便是在整个社会范围内的泛在学习者与组织间进行的，在这个过程中，知识不断在显性化和隐性化之间转变，并实现知识的创新[④]。同时，社交网站的多项功能对于构建具有良好互动功能、支持密切协作的网络学习环境，也具有重要的应用价值[⑤]。何彤宇等研究者提出，网络学习环境的优劣直接影响着网络学习的成效，要解决数据的多源异构性和新兴网络技术的应用问题，才能改变各网络学习系统和资源库之间存在的信息孤岛现象，最终实现网络学习环境之间"直通车"目标[⑥][⑦]。

2. 国外网络"微学习"研究的主要内容

综合以上分析，国外关于网络"微学习"的研究主要包括三大主题：在线学习和教育、在线学习策略以及机器学习。

[①] 贺斌、薛耀锋：《网络学习空间的建构——教育信息化思维与实践的变革》，载《开放教育研究》2013年第4期，第84—95页。

[②] 毕家娟、陈琳、宋盐兵：《泛在学习环境下个人学习空间的构建》，载《广州广播电视大学学报》2014年第5期，第9—13页。

[③] 杨进中、张剑平：《基于社交网络的个性化学习环境构建研究》，载《开放教育研究》2015年第2期，第89—97页。

[④] 王硕、徐恺英、陈宇碟：《泛在网络学习环境下知识共享的理性思考》，载《情报理论与实践》2014年第1期，第37—39、3页。

[⑤] 肖广德、高丹阳：《应用SNS网站功能构建网络学习环境初探》，载《中国电化教育》2010年第4期，第121—124页。

[⑥] 何彤宇：《大数据时代网络学习环境的数据融合》，载《现代教育技术》2013年第12期，第11—15页。

[⑦] 张豪锋、李春燕：《网络学习生态系统的平衡机制探索》，载《河南师范大学学报》（哲学社会科学版）2009年第2期，第244—247页。

(1) 在线学习和教育（Online learning and education）

这一主题的研究主要包括在线学习的普及、技术支持、未来发展，以及传统教育和在线教育的结合、人们对线上教育的接受程度等。

移动网络技术和智能移动设备的集成使得开发先进的移动远程学习系统成为可能，如智能手机和平板电脑的运用，使在线和印刷课程材料紧密结合在一起，研究表明，移动电话有可能增强学习效果[1][2][3]。Sung等研究者的研究也表明，有效的教学方法可以提高不同媒体的学习效果，而使用手持式教学媒体可以提高学生继续学习的意愿[4]。Subramaniam Chandran的研究表明，技术能够超越多元文化群体中的相对剥夺，移动学习利用了学习者的自我激励和冲动，为多元文化的社会群体提供可持续的远程教育[5]。

Mie Buhl等研究者提到MOOC等在线学习课程为终身学习提供了可能性，借助网络的便捷性满足全世界迅速和日益增长的教育需求[6]。Kurzman等研究者也指出，远程教育和在线教育的出现，尤其是在高等教育和继续教育方面，已经成为一种向任何有上网能力的人提供大学指导的方法[7]。Thoms、Morteza Mellati等研究者指出，线上的互动和虚拟学习社区

---

[1] Ozcelik, Erol; Acarturk, Cengiz. Reducing the Spatial Distance between Printed and Online Information Sources by Means of Mobile Technology Enhances Learning: Using 2D Barcodes [J]. Computers and Education, 2011 (3): 2077-2085.

[2] Marguerite Koole; Janice L McQuilkin; Mohamed Ally. Mobile Learning in Distance Education: Utility or Futility? [J]. Journal of Distance Education, 2010 (2): 59-82.

[3] Jang Ho Lee; Doo-Soon Park; Young-Sik Jeong; Jong Hyuk Park. Live Mobile Distance Learning System for Smart Devices [J]. Symmetry, 2015 (2): 294-304.

[4] Sung, Eunmo; Mayer, Richard E. Online multimedia learning with mobile devices and desktop computers: An experimental test of Clark's methods-not-media hypothesis [J]. Computers in Human Behavior, 2013 (3): 639-647.

[5] Subramaniam Chandran. Sustainable Distance Education Through Mobile Learning: A Case Study in Multicultural Context [J]. OIDA International Journal of Sustainable Development, 2010 (3): 35-40.

[6] Mie Buhl; Lars Birch Andreasen. Learning potentials and educational challenges of massive open online courses (MOOCs) in lifelong learning [J]. International Review of Education, 2018 (2): 151-160.

[7] Kurzman, Paul A. The Evolution of Distance Learning and Online Education [J]. Journal of Teaching in Social Work, 2013 (4): 331-338.

的干预会给学生的认知学习带来积极的影响,在线移动学习对学习者的语言学习成绩也有显著的影响[1][2]。

Stanton 等研究者指出,未来的教育极有可能是传统教育和线上教育的结合,传统的课程结合了在线学习来减少学生的役入时间,并利用技术来加强他们的人际互动,将这两种方法的关键优势相结合,形成一种混合模式,这种模式中,教师是否能从传统的面对面的课堂角色过渡到更广泛更复杂的混合学习要求的角色,对学习结果的好坏有很大的影响[3][4]。因此 VÁZQUEZ-CANO 等研究者建议大学继续发展新的教学策略,以连接各种不同形式的泛在学习设置[5]。

(2) 在线学习策略(Online learning strategies)

网上课程的增加导致了对影响在线学生学习策略的大量研究出现,互动和交流是在线学习的一个重要策略,Watson Firm 等研究者证明了征求学生观点或者倾听学习者声音的必要性[6][7]。Susi Peacock 等研究发现,很多在线学习取决于一个共同的目标,而高质量的在线教育经验重在合

---

[1] Thoms, Brian; Eryilmaz, Evren. Introducing a Twitter Discussion Board to Support Learning in Online and Blended Learning Environments [J]. Education and Information Technologies, 2015 (2): 265–283.

[2] Morteza Mellati; Marzieh Khademi. The Impacts of Distance Interactivity on Learners' Achievements in Online Mobile Language Learning: Social Software and Participatory Learning [J]. International Journal of Web-Based Learning and Teaching Technologies, 2015 (3): 19–35.

[3] Stanton, Wilbur W.; Stanton, Angela D'Auria. Traditional and Online Learning in Executive Education: How Both Will Survive and Thrive [J]. Decision Sciences Journal of Innovative Education, 2017 (1): 8–24.

[4] Anna Comas-Quinna. Learning to teach online or learning to become an online teacher: an exploration of teachers' experiences in a blended learning course [J]. ReCALL, 2011 (3): 218–232.

[5] VÁZQUEZ-CANO, Esteban. Mobile Distance Learning with Smartphones and Apps in Higher Education [J]. Educational Sciences, 2014 (4): 1505–1520.

[6] Watson, Firm; Castano Bishop, Marianne; Ferdinand-James, Debra. Instructional Strategies to Help Online Students Learn: Feedback from Online Students [J]. TechTrends, 2017 (5): 420–427.

[7] Laurie F. Ruberg. Transferring Smart E-Learning Strategies into Online Graduate Courses [J]. Smart Education and Smart e-Learning, 2015 (41): 243–254.

作对话①。Rafael Duquea 等研究者提出，网络学习者群体的形成，依赖成功的合作和互动，以及需要共同遵循的标准②。Vuopala 等研究发现，学习环境的交互形式存在差异，群体相关的互动主要集中在群体工作的协调上，如规划和组织团体活动，而且任务相关的交互主要是对先前消息的评论或回答③。

在线学习者的自我调节能力（SRL）一直备受关注。Beat A. Schwendimann 等研究表明，学生对学习目的的认知影响着他们学习策略的选择，学习成绩较高的学习者倾向于提前生成学习日志、更多地使用"计划、监控、调试"的学习策略，而弱势学生更注重"评价"④。Zlatovi 等学者的研究表明，学生选择网络课程的动机和策略以及他们的在线学习结果可以被预测，学生的学习策略可以在较短的时间内受到在线评估的影响，学生通过各种类型的在线评估，转向更理想的深度学习策略⑤⑥。但是具有强大的自我调节学习技能在提供低水平支持和指导的学习环境中至关重要，"目标设置"和"战略规划"帮助个人课程目标的实现，同时"元认知策略"和"时间和学习环境"与学习者满意度呈正相关，而

---

① Susi Peacock; John Cowan. Retreats for intramental thinking in collaborative online learning [J]. Reflective Practice, 2017 (1): 1-13.

② Rafael Duquea; Domingo Gómez-Péreza; Alicia Nieto-Reyesa; Crescencio Bravob. Analyzing collaboration and interaction in learning environments to form learner groups [J]. Computers in Human Behavior, 2015 (47): 42-49.

③ Vuopala, Essi1; Hyvönen, Pirkko1; Järvelä, Sanna1. Interaction forms in successful collaborative learning in virtual learning environments [J]. Active Learning in Higher Education, 2016 (1): 25-38.

④ Beat A. Schwendimann; Gabriel Kappeler; Laetitia Mauroux; Jean-Luc Gurtner. What makes an online learning journal powerful for VET? Distinguishing productive usage patterns and effective learning strategies [J]. Empirical Research in Vocational Education and Training, 2018 (1).

⑤ Zlatovi, Miran; Balaban, Igor; Kermek, Dragutin. Using online assessments to stimulate learning strategies and achievement of learning goals [J]. Computers and Education, 2015 (91): 32-45.

⑥ Chin-Hsi Lin; Yining Zhang; Binbin Zheng. The roles of learning strategies and motivation in online language learning: A structural equation modeling analysis [J]. Computers and Education, 2017 (113): 75-85.

与"寻求帮助"呈负相关[①][②]。Jaclyn Broadbent 通过研究自我调节学习（SRL）策略与在线和混合背景下的学生成绩表现的相关性，表明了使用时间管理和细化策略的相对重要性[③]。

（3）机器学习（Machine learning）

机器学习对教育资源的建构、对网络知识的挖掘和组织起着至关重要的作用。Alpaydin 认为："机器学习是用数据或以往的经验，以此优化计算机程序的性能标准。"[④] 机器学习算法是一类从数据中自动分析获得规律，并利用规律对未知数据进行预测的算法[⑤]，是对人的意识、思维和信息过程的模拟，是一门人工智能的科学[⑥]。信息庞杂的网络通过机器学习来整合知识、优化学习资源，在教育领域日益受到重视。

机器学习可以通过可视化、精准化、智能化的方式进行知识建模，帮助学生对知识产生全面、系统、有效的认识和理解，还可以建立预测模型（Predictive Model）和描述模型（Descriptive Model）分析教育数据，比如自适应学习（Adaptive Learning）平台，通过分析和记录学习者的数据、习得规律和算法，为学习者提供智能的个性化推荐和指导。

国外很多学者都研究了机器学习在教学领域的应用，如分类、回归、聚类、文本挖掘、异常检查、关联规则挖掘、社会网络分析、模式发现和序列模式分析等机器学习方法在教育数据中的挖掘等[⑦][⑧]；同时，机器

---

① René F. Kizilceca；Mar Pérez-Sanagustínb；Jorge J. Maldonadobc. Self-regulated learning strategies predict learner behavior and goal attainment in Massive Open Online Courses [J]. Computers and Education, 2017 (104): 18 – 33.

② Choi, Beomkyu. How People Learn in an Asynchronous Online Learning Environment: The Relationships between Graduate Students' Learning Strategies and Learning Satisfaction [J]. Canadian Journal of Learning and Technology, 2016 (1).

③ Jaclyn Broadbent. Comparing online and blended learner's self-regulated learning strategies and academic performance [J]. The Internet and Higher Education, 2017 (33): 24 – 32.

④ Alpaydin, Ethem. Introduction to machine learning [M]. Cambridge: MIT press, 2004.

⑤ Mitchell T M. Does machine learning really work? [J]. AI magazine, 1997, 18 (3): 11 – 20.

⑥ Langley P. Elements of machine learning [M]. San Francisco: Morgan Kaufmann, 1996.

⑦ Romero C, Ventura S. Data mining in education [J]. Wiley Interdisciplinary Reviews-Data Mining and Knowledge Discovery, 2013, 3 (1): 12 – 27.

⑧ Papamitsiou Z K, Economides A A. Learning analytics and educational data mining in practice: A systematic literature review of empirical evidence [J]. Educational Technology & Society, 2014, 17 (4): 49 – 64.

学习也提供了图像中的目标检测、语音识别、自然语言处理、专家系统和文本翻译等，以及它与诸如数据挖掘和数据库等其他领域的相互作用，这些都是网络"微学习"得以实现的技术基础。

Ayoubi Sara 等研究指出机器学习作为从数据中提取知识的强大技术，为构建支持自主、自我管理的网络提供了可能的解决方案[1]。机器学习与专家系统在学生学习过程中可以扮演虚拟教师的角色，提供准确、实时的知识推送、信息反馈、动态模拟、学习建议，帮助学习者建立知识间的联系，促进学习者进行学习反思[2]。机器学习技术通过对教育与学习数据的挖掘，在学生建模[3][4]、学生行为建模[5][6][7]、预测学习表现[8][9]、预警

---

[1] Ayoubi Sara; Limam Noura; Salahuddin Mohammad A; Shahriar Nashid; Boutaba Raouf; Estrada-Solano Felipe; Caicedo Oscar M. Machine Learning for Cognitive Network Management [J]. IEEE Communications Magazine, 2018 (1): 158–165.

[2] Liao S H. Expert system methodologies and applications—a decade review from 1995 to 2004 [J]. Expert systems with applications, 2005, 28 (1): 93–103.

[3] Yudelson M, Hosseini R, Vihavainen A, etc. Investigating automated student modeling in a Java MOOC [C]. Proceedings of the 7th International Conference on Educational Data Mining, Massachusetts: International Educational Data Mining Society, 2014: 261–264.

[4] Baker R S, Goldstein A B, Heffernan N T. Detecting the moment of learning [C]. Springer Berlin Heidelberg, 2010: 25–34.

[5] Wen M, Rosé C P. Identifying latent study habits by mining learner behavior patterns in massive open online courses [C]. The 23rd ACM International Conference on Conference on Information and Knowledge Management, New York: ACM, 2014: 1983–1986.

[6] Cetintas S, Si L, Xin Y P, etc. Automatic detection of off-task behaviors in intelligent tutoring systems with machine learning techniques [J]. IEEE Transactions on Learning Technologies, 2010 (3): 228–236.

[7] Doleck T, Basnet R B, Poitras E G, etc. Mining learner-system interaction data: Implications for modeling learner behaviors and improving overlay models [J]. Journal of Computers in Education, 2015 (4): 421–447.

[8] Kotsiantis S B. Use of machine learning techniques for educational proposes: A decision support system for forecasting students' grades [J]. Artificial Intelligence Review, 2012 (4): 331–344.

[9] Firmin R, Schiorring E, Whitmer J, etc. Case study: Using MOOCs for conventional college coursework [J]. Distance Education, 2014 (2): 178–201.

失学风险[1][2]、学习支持和评测[3][4]以及资源推荐[5][6]等方面有很好的应用。

综上所述,"微学习"既是"学习理念"的变革,也是学习方式与教育技术的进化,它通过微型移动终端的学习平台对碎片化、模块化和微小的学习内容进行处理,实现知识的重组、创新与传播[7]。网络"微学习"作为一个多学科交叉、多方法融合的研究领域,吸引了国内外不同领域越来越多的关注,形成了诸多的研究主题。国内研究大体可以分为"移动学习资源、线上学习方式、网络教育及学习行为、网络学习环境"四个类团;国外研究大体上可以分为"Online learning and education、Online learning strategies、Machine learning"三个类团,这些类团中,国内在"移动学习资源"主题上受到较大的关注,并且研究较为成熟;国外在"Online learning and education"上受到较大的关注,且研究较为成熟。无论是国内还是国外,其研究主题之间都充分联结、交叉与融合,形成了良好的传播形式,同时也具有一定的研究集中度,形成了较为成熟的研究框架与诸多有价值的研究成果,未来这一研究方向具有良好的研究前景。

---

[1] Aulck L, Velagapudi N, Blumenstock J, etc. Predicting student dropout in higher education [J]. arXiv, 2016: 16 - 20.

[2] Thammasiri D, Delen D, Meesad P, etc. A critical assessment of imbalanced class distribution problem: The case of predicting freshmen student attrition [J]. Expert Systems with Applications, 2014 (2): 321 - 330.

[3] Kinnebrew J S, Biswas G. Identifying learning behaviors by contextualizing differential sequence mining with action features and performance evolution [C]. The 5th International Conference on Educational Data Mining, Massachusetts: International Educational Data Mining Society, 2012: 57 - 64.

[4] Ahadi A, Lister R, Haapala H, etc. Exploring machine learning methods to automatically identify students in need of assistance [C]. The Eleventh Annual International Conference on International Computing Education Research, New York: ACM, 2015: 121 - 130.

[5] Klasnja-MilicevicA, Vesin B, Ivanovic M, etc. E-learning personalization based on hybrid recommendation strategy and learning style identification [J]. Computers & Education, 2011 (3): 885 - 899.

[6] Wang Y H, Liao H C. Data mining for adaptive learning in a ESL-based e-learning system [J]. Expert Systems with App lications, 2011 (6): 6480 - 6485.

[7] 张振虹、杨庆英等:《微学习研究:现状与未来》,载《中国电化教育》2013 年第 11 期,第 12—20 页。

但同时，国内外的研究也存在一定的差异：一是从研究方法上看，国内多是理论描述和定性分析，定量分析的规模小，突破性很弱，国外多用到调查统计、计量模型、数据挖掘等方法，研究的问题更加具有针对性，更有深度；二是国内的研究比较集中，国外的研究涉及的领域和问题更加多元。

总体而言，近十年来关于网络"微学习"的研究，经历了从形式到实质、从理论到实践、从转型到融合、从工具论到社会论的过程，以往研究不断成熟的同时，新维度的研究视角也不断地被提出。由此可见，未来"微学习"的研究应更加多元化，更加注重"微学习"的"微"带来的变化，着力于"微学习"的技术开发与系统实现，使之成为真正的、具有实用性的学习方式；此外，也要重视"微平台"上的"知识传播"或"信息传播"，在研究方法上开辟出新的进路。国外相关研究的很多研究方法、分析视角也值得我们进一步学习，进行新的理论探索，为未来的"微学习"研究奠定更加坚实的基础，为新媒体环境下的知识获取提供更多的视角。

第二节 相关理论研究基础

一 关于移动学习的研究

近年来所出现的新型移动终端，无疑是"微学习"使用最为广泛的载体，因此，"微学习"的研究从某种程度上而言，与移动学习（M-learning）乃一脉相承，"微学习"的研究是以移动学习的研究为基础的，而移动学习的发展为"微学习"的出现提供了可能，移动学习与"微学习"成为了全媒体环境下人们碎片化学习的主要途径。

国外关于移动学习这一领域的研究前沿，主要集中于欧美发达国家，其中既包括欧盟资助的相关研究项目，也包括高校科研机构和一些商业公司参与开发的项目。这类研究包括两大类别：一类是由 E-learning 提供商发起的，其主要借鉴 E-learning 的实现方案与推广经验，在此基础上，着重要发展 M-learning，推进企业培训的应用；另一类由教育组织及相关的教学机构发起，其着眼于学校的教育教学，尝试运用新媒体来改善教学管理与学习方法。具体项目如表 2—9 所示。

表2—9　　各类移动学习项目

类别＼项目名称	资助方	项目参与方	立项目的
从数字化学习到移动学习 From e-learning to m-learning	欧盟达·芬奇研究计划	爱立信教育、挪威NKI远程教育机构、德国开放大学、爱尔兰国际教育机构、罗马第三开放大学	应用移动通信技术，推进和加强职业教育与培训的改革，并解决欧洲信息通信技术方面的培训问题
移动学习行动 Mobil learn Action	数字化欧洲行动研究计划	欧洲、以色列、瑞士、美国和澳大利亚的24个合作伙伴	探究如何用先进的移动通信技术，开展基于问题的非正式学习，探索结合工作进行学习的方法
m-learning研究项目	欧洲信息委员会	意大利萨勒诺大学的CRMPA中心，英国剑桥培训与开发有限公司，英国的Ultra lab，瑞典的Lecando AB，英国的学习和技能发展机构	开发一种使欧盟各国年轻人可以获取信息与学习内容的便携式移动设备
斯坦福大学学习实验室研究	斯坦福大学	学习实验室的研究者	开发m-learning，将移动电话用于斯坦福语言教学中心
手持学习资源研究计划 Handheld learning Resource	英国伯明翰大学	伯明翰大学教育技术研究小组	将移动通信技术应用于学习
NAIT移动学习项目	加拿大北阿尔伯塔理工学院	加拿大北阿尔伯塔理工学院，多伦多圣尼嘉学院及McGraw-Hill，Bell Mobility，Blackboard等公司	探索无线通信技术应用于教学领域的可能性

资料来源：顾小清：《终身学习视野下的微型移动学习资源建设》，华东师范大学出版社2011年版，第55—65页。

国内关于移动学习的研究，稍晚于欧美经济发达国家，主要是在教育部的策划下开展的，较早的项目是教育部推进的"移动教育"项目，该项目由北京大学、清华大学和北京师范大学参与。项目内容涉及两点：一是推进"移动教育"信息网的建设，通过 GPRS 或短信平台向师生提供信息服务；二是推进"移动教育"服务站体系建设，为师生提供更好的信息处理及学习支持的相关服务。

随着移动学习在我国研究的深入，一些商业机构与国外终端制造商也开始致力于利用移动终端设备提供学习信息服务的研究。早在 21 世纪初，网易、搜狐等网站就推出了移动电视、手机博客、短信学习服务等；诺亚舟公司、文曲星公司等，当时也着手推进了移动学习的相关产品开发；除此之外，诺基亚公司的多款手机内置了"行学一族"软件，为用户提供移动学习的服务支持，这些应用在中国的移动学习发展过程都留下了重要的足迹。

二 关于"微学习"概念的研究

"微学习"（microlearning）这一概念最早由奥地利学者马丁·林德纳（Martin Lindner）于 2004 年首次提出，他认为"微学习"是一种存在于新媒介生态系统中，基于微型媒体和微型内容的新型学习模式。随后，他从三个方面对"微学习"进行了详细的解读，他指出："首先，'微学习'是建立在数字微内容与微媒体基础之上的一种新的系统，借助于该系统，可重新对学习进行规划；其次，'微学习'的界定以'松散和可传达的知识'、'即时知识'以及'关联知识'等为前提，因此，'微学习'对既有的教育教学理论构成严峻的挑战；最后，'微学习'不是一个理论性的概念，而是一个具有极强的经验型的概念，故应通过分析、设计、发展等流程化的实验方法，来开发具体的'微学习应用程序'与'微学习内容'。"[①] 在其带动下，因斯布鲁克大学成为欧洲"微学习"研究的

---

① Martin Lindner. What is Microlearning? [A]. Micromedia and Corporate Learning: Proceedings of the 3rd International Microlearning 2007 Conference [C]. Innsbruck: Innsbruck University Press, 2007: 52 – 63.

大本营,从 2005 年开始,该大学每年举办"微学习"国际会议①。

此后,更多学者对"微学习"进行了探讨,西奥·哈格(Theo Hug)认为"微学习"是处理比较小的学习单元并且聚焦时间较短的学习活动,具有学习时间简短、内容主题精简、课程设置模块化、学习过程情景化、学习形式多元性及发布渠道全媒体性等特征②。彼得·布鲁克(Peter A. Bruck)认为"微学习"是建立在数字微内容与微媒体基础之上的一种新的系统;它以"松散分布式知识"、"即时知识"及"关联知识"等为前提,对既有的教育教学理论构成严峻挑战;它极具实践性,应开发具体的"微学习应用程序"与"微学习内容"③。Teemu Leinonen 认为"微学习"是一种以移动设备为支持,知识内容微型化和模块化,不受时间和空间限制的一种学习方式④。

国内最早研究"微学习"的学者是祝智庭、张浩、顾小清等,他们探讨了"微学习"的形成背景,提出了"微学习"概念及实现微学习的设计原则⑤。陈维维和李艺指出"微学习"是一种运用移动设备可随时随地进行的学习形式,并对移动"微学习"系统空间结构和学习过程的叙事结构进行了探讨⑥。张浩从媒介生态环境、社会文化情境和认知理论基础等入手,分析了"微学习"成因及发展背景;并从"微学习"存在与供给、标注与分类、提取与定制、聚合与混搭等方面研究了"微学习"

---

① http://www.microlearning.org.

② Theo Hug. Microlearning: A New Pedagogical Challenge [A]. Learning & Working in New Media: Proceedings of the 1st International Microlearning 2005 Conference [C]. Innsbruck: Innsbruck University Press, 2005: 7-13.

③ Peter A. Bruck. What is Microlearning and why care about it? [A]. Mciorlearning and E-learning 2.0: Proceedings of the 2nd International Microlearning 2006 Conference [C]. Innsbruck: Innsbruck University Press, 2006: 7-11.

④ Teemu L. Building the Culture of (e-) Learning in Microcontent Environments [A]. Proceedings of Microlearning 2007 Conference [C]. Australia, Innsbruck: Innsbruck University Press, 2007: 24-33.

⑤ 祝智庭、张浩、顾小清:《微型学习——非正式学习的实用模式》,载《中国电化教育》2008 年第 2 期,第 10—13 页。

⑥ 陈维维、李艺:《移动微型学习的内涵和结构》,载《中国电化教育》2008 年第 9 期,第 16—19 页。

资源现状及建设开发问题①。

三 关于"微学习"教育方式的研究

基于"微学习"的教育方式也引起学界关注。因斯布鲁克大学从2005年至今举办的历届微学习会议中,关于微学习教育方式研究一直是重点话题,其内容涉及终身教育、工会教育、教师培训以及普通学校等多方面。如琳妮·齐泽姆（Lynne A. Chisholm）研究了终身教育背景下的微学习②；马里奥·赫勒（Mario Heller）将研究视角落在工会教育上,探讨了如何通过微内容拓展传统课堂教育,为工人自我提升提供服务③；谭杰·贾丁（Tanja Jadin）与波尔·缦德桑纳（Paul Maderthaner）基于对奥地利101所高中的调查,探讨了"手提电脑课堂"在运用"微内容"对中等教育模式进行创新的典型应用④；此外,土耳其学者古勒（Cetin Güler）、阿尔坦（Arif Altun）和阿斯卡（Petek Askar）探讨了土耳其德佩大学对"微学习"应用实践情况,他们将52名即将工作的学生分成11个小组,然后,让每个小组实际参与微学习内容的准备、包装、发布、存储与调用等学习设计中,并对这些内容进行测评⑤。

国内学者也从不同领域探讨了"微学习"的教育方式：柯清超等探讨了"微学习"在企业培训中的作用及实现方式,指出企业"微学习"要考虑组织与学习者特性、学习资源、技术实现和学习评价等要素,通

---

① 张浩：《微型学习：理念、环境与资源》,载《现代教育技术》2009年第4期,第50—52页。

② Lynne A. Chisholm. Micro-Learning in the Lifelong Learning Context [A]. Learning & Working in New Media: Proceedings of the 1st International Microlearning 2005 Conference [C]. Innsbruck: Innsbruck University Press, 2005: 5-7.

③ Mario Heller. Microlearning in Trade Union Education [A]. Mcirolearning and E-learning 2.0: Proceedings of the 2nd International Microlearning 2006 Conference [C]. Innsbruck: Innsbruck University Press, 2006: 173-192.

④ Tanja Jadin, Paul Maderthaner. Laptops as a resource for microlearning scenarios? Findings from a survey on the implementation of laptop classrooms in Austrian upper secondary education [A] Micromedia and Corporate Learning: Proceedings of the 3rd International Microlearning 2007 Conference [C]. Innsbruck: Innsbruck University Press, 2007: 197-211.

⑤ Cetin Güler, Arif Altun, Petek Askar. Teacher Trainees as Learning Object Designers [A]. Microlearning and Capacity Building: Proceedings of the 4th International Microlearning 2008 Conference [C]. Innsbruck: Innsbruck University Press, 2008: 103-112.

过前端分析、通道选择、内容设计、活动设计和评价设计等阶段完成[1]。李振亭等研究了"微学习"在成人教育中的应用方式[2]。吴姗姗探讨了微博支持"微学习"的实现方式。[3] 张豪锋和朱喜梅探讨了现代移动通信设备和技术在辅助远程教学中的作用，并提出基于手机终端的远程"微学习"方式。[4] 张栋科探讨了大学生在英语词汇上的"微学习"问题，他从学习内容、技术支持和学习者三个方面探讨了"微学习"在该场景应用中的可行性。[5] 顾小清和顾凤佳结合成人学习的特点及移动工具的特征，基于课程设计、媒体设计、通信设计等方面构建了"微学习"设计方案。[6] 萧穆和闫振中提出了移动"微学习"的内容设计、媒体设计、交互设计和通信设计等实施方案。[7]

第三节 本章小结

本章基于共词分析，运用聚类分析方法、多维尺度分析方法、战略坐标分析方法，从宏观尺度对国内"微学习"的研究现状及相关研究成果进行了梳理。通过分析可以看到，目前关于"微学习"的相关研究主要集中在三个领域：教育领域、计算机技术领域和信息传播领域。由此可见，"微学习"的相关研究具有极强的交叉性和跨学科性。在此基础上，梳理了与"微学习"相关的研究，如关于移动学习以及关于"微学

---

[1] 柯清超、姜淑杰、尤欢欢：《企业微型学习设计与评价研究》，载《现代远程教育研究》2010年第5期，第65—70页。

[2] 李振亭、赵江招：《微型学习：成人教育的新途径》，载《成人教育》2010年第7期，第35—37页。

[3] 吴姗姗：《微博客与微型学习的契合》，载《宁波教育学院学报》2011年第4期，第102—104页。

[4] 张豪锋、朱喜梅：《移动微型学习在远程教育中的应用》，载《继续教育研究》2011年第4期，第75—76页。

[5] 张栋科：《移动微型学习应用于英语词汇学习的可行性分析》，载《软件导刊》2011年第7期，第12—13页。

[6] 顾小清、顾凤佳：《微型学习策略：设计移动学习》，载《中国电化教育》2008年第3期，第17—21页。

[7] 萧穆、闫振中：《微型学习理论指导下移动学习材料设计的研究》，载《现代远距离教育》2010年第2期，第14—18页。

习"的概念、教育方式和系统开发的研究等。

  总之,目前"微学习"研究有了良好的开端,但仍存在一些不足:一是对学习者知识获取行为模式研究不深入,未能把握学习者不同背景、不同情境的学习特点,这使得微学习产品的个性化开发缺乏理论支撑;二是未能提出多媒介无缝、高效组合的微学习实现方案,难以构建真正的泛在化、个性化的微学习环境。因此,未来"微学习"的研究重点应在构建微学习行为模式、开发个性化微学习产品及搭建多媒介融合的系统平台等方面。

第 三 章

"微学习":媒介融合环境下终身学习的新理念

本章着重探讨"微学习"的形成背景与发展环境,分析了媒体融合环境下信息组织与知识创新的变革形势,对未来学习形式进行了展望,指出"微学习"是未来的重要学习形式。在此基础上,对"微学习"的基本内涵及其特征进行了剖析。

第一节 媒介融合下信息组织与知识创新的变革

技术的发展和变革,使得媒介形态从原来的报纸、广播、电视到现在的网络、电脑、手机等新兴媒介,不断发生着变化,数字技术和网络系统的成熟使得原本泾渭分明的媒介之间不断融合,不同形式的媒介彼此之间的互换性与互联性得到了加强,改变了人们对世界的传统认知,人们的生活方式、思维与行为习惯等都发生了巨大变革,学习模式也发生了巨大变革。学习模式的变革以媒介融合为技术支撑、以信息的重新组织为切入点、以知识创新为目标,以实现社会知识的增长为价值评判依据。

一 融合:媒介的新生态

"媒介融合"(Media Convergence)概念由美国马萨诸塞州理工大学的浦尔教授最早提出,它指的是在现代化技术的发展过程中,各种媒介技术呈现出一体化的进程，图、文、视等不同的媒介形态与功能融合、汇聚在同一个终端上。媒介融合的表现可以从微观层面、中观层面和宏观层面三个视域分别来理解。

微观层面的媒介融合指的是媒介技术的融合，主要表现在信源、渠道、终端这三个方面的融合。信源融合指的是基于数字化网络技术，任何不同形态的信息（包括图片、影像、文字、声音等）都可以转换成为比特信号在同一个平台上传输与扩散；渠道融合指的是信息的传输从以前单一的渠道向互联互通的渠道发展，主要表现为广播电视网、互联网以及电信网"三网融合"；终端融合则是指受众在接收信息的过程中可以使用不同接受终端设备，目前来看，终端融合主要指的是3C融合[①]，即通信、计算机、消费类电子产品，包括网络电视、平板电脑、多媒体电脑等。

中观层面的媒介融合主要指媒介形态、媒介技能以及媒体组织这三个方面的融合。媒介形态融合指图、文、音、视等媒介形态融合为"同媒体多形态"，从而使得信息表达更加立体生动；媒介技能融合指媒介形态的融合要求媒体从业者能够掌握多方面的媒介技能，这也是对当代媒体从业者新的挑战；媒体组织融合指的是媒体组织之间的界限越来越模糊，跨领域、跨行业组织之间的融合已经成为趋势，如传媒业与电信业、科技产业、计算机产业等领域的融合，这种融合充分利用了媒介资源，降低了运营成本，提升了组织的核心竞争力。

宏观层面的媒介融合主要包括网络虚拟环境与现实环境的融合以及传者与受众之间的融合。技术的发展使得媒介环境较李普曼时代的拟态环境，发生了许多重大的变革，显著表现为在信息技术的支持下，越来越多的人开始利用网络在线上发起活动，鼓励群众线下参与，人们可以通过网络进行互动、讨论，组织活动，减少了中间烦琐的程序，能够最大限度地提高参与积极性；此外，在这个过程中，任何人都可以作为信息传播的主体进行信息的传播和接收，现实中的一些硬性条件和规定在网络环境中被打破了，同时也消解了原有传者和受者之间的界限。

[①] 蔡雯、王学文：《角度·视野·轨迹——试析有关"媒介融合"的研究》，载《国际新闻界》2009年第11期，第87—90页。

二 共享与共建：媒介融合下信息组织的新形式

在技术的支撑下，人们开始利用各种媒介以及技术进行信息组织，如使用搜索引擎、标签等根据信息特点和内容进行排序，将无序的信息整合成有序的信息，从而使得信息通过组合达到更便于传播与流通的效果，方便人们利用和有效地传递信息。为了实现知识的共享，一部分信息被编码并外化为显性的、结构化的知识，进行广泛的甚至是代际间的传播，实现知识的融合与发展。

共享，指在媒介融合的背景下，根据媒介平台的多样性，将知识信息进行整合、提炼后，在各媒介平台分发与扩散，共建，则是指用户在对信息处理时拥有一定的自主性，从被动的吸取知识转向主动对信息进行编码，主动构建知识，学习者不仅仅可以从互联网上获取知识，同时也能及时进行反馈与修改。以博客、维基百科为例，它们都为用户提供了创建、组织、发布和共享信息的开放式平台，学习者可以根据自己的认知，将最有意义、最有价值的资源与信息发布在平台上，让知识成为全社会的共同财富。学习者能对平台上的信息进行修正、补充，随时发布，不用受限于传统的规则和约束。RSS、社会化标签为知识的聚合与分享提供了便利，它将不同的信息通过标签化的方式聚集到统一平台上，用户通过搜索引擎可以自由访问任意标签下的具体内容。由此可以看到，媒介融合下的信息组织改变了以往"只读"模式，向着共享与共建的方向不断发展。

三 协同与共生：媒介融合下的知识创新

信息组织是将无序化、碎片化信息按照特定的规则，依托一定算法与技术实现方式，整合成为有序的信息内容的过程，目的是人们能够有效利用和传递信息。但是它提供给学习者的是碎片化、片面的信息，学习者如果想更深入地利用信息，则还需要对信息进一步的分析和加工，从而得到结构化、系统化、规律性的知识。信息组织在知识创新的过程中起到基础性的作用，信息只有经过人脑的提炼与加工，变成对于人类有用的内容，才能形成价值；同时，人脑也要吸收外部信息，逐步使自己的知识体系完整化、多元化，才能够实现知识的创新。知识的共建与共享最终也是为了实现知识的协同与共生。

"当代社会表现出共生共存的状态,是一个信息、资源、技术充分共享,人与自然、人与人、国家与国家相互依赖的社会。"① 共生为我们了解世界、认识世界提供了一种新思维、新视角。"共生是人们最终追求的终极目的,这种共生是人与人的共生、人与自然的共生、人与宇宙的共生。"② 共生的思想在教育学习领域也具有极强的适用性,是教育学习领域的共同趋向③。共生更多指向整个学习生态,强调人与系统、与环境间的紧密关联,主要包括学习者之间、学习者与环境、学习者与资源之间的相互作用、共同发展共生。网络数字时代,学习环境不断演化,使得学习者能够于任意时间、任意地点均能进行学习,学习成为一种动态发展、嵌入生活的活动。学习者与资源的共生体现在学习者可以通过各种学习系统以及BBS、博客、微博等网络平台记录自己的学习历程和体会,使得这些学习资源随着学习者的成长而不断积累与发展,人们基于学习资源的不断交流互动形成一个长期的、群体参与的圈群化学习共同体,分享学习资源的过程促进着个人和集体知识的构建。个体学习的过程重在知识的获取,群体学习则更加注重学习者与学习者之间协同创造,个人在向他人传授知识的同时,个人本身也在进行知识的建构,通过协同合作,不同的观点进行聚合分化,实现知识的创新。

第二节 未来学习的一种设想:"微学习"

一 移动与泛在:新的知识获取环境

移动互联网和智能手机的发展也导致了学习模式的多模态化和泛在化,学习者在这样的环境下可以通过手机端的学习软件或者其他社会化媒体获取知识,体现了学习活动的时空延伸;学习者可以随时随地不受时间和空间的限制而获取海量的信息。知识的分布是泛在的,因此获取

---

① 周成名、李继东:《共生时代的哲学和伦理基础》,载《湘潭大学学报》(社会科学版)2000年第5期,第45—48页。

② 吴飞驰:《我看见了看不见的手》,载http://www.zq99.com/zqjdzz.asp.163.2004-10-07。

③ 聂竹明:《从共享到共生的e-learning研究》,南京师范大学博士学位论文,2012年。

知识的渠道、交流知识场景也具有极大的灵活性。而正因为学习者获取知识、信息的时间地点是不固定的,因此,其掌握的知识也是零散和碎片化的,如何将这些零散、碎片化的知识、信息拼接成一个完整的知识图谱是未来"微学习"系统设计的着力点。

二 连通与交互:新的学习模式

网络信息时代的学习活动具有无时、无处不在的泛在特征,这使知识呈现碎片化的状态而如何将这些碎片化的知识建构成系统的知识体系,需要将传统的学习模式转变为连通与交互的学习模式。

连通的学习模式,突破了传统以学校和班级为中心的教学组织体系,消解了传统意义上的课堂边界,网络环境下开放的学习资源和学习情境,使学习过程不再受到课时和空间的限制,学习者可以随时通过网络链接到自己的学习资源。此外,没有了传统的教学目标,学习更多以兴趣为导向,以社群为学习组织形式,学习者的主动性与个性化得到充分体现。

交互的学习模式,包括人与人之间的交互以及人与机器之间的交互。由于学习者所得到的信息往往是片面的,因此需要通过沟通与交流使得信息更加全面和具体,借助互联网这一平台不仅可以发现更多志同道合的人,同时也能将信息和知识传递给他人;此外,基于知识图谱、深度学习等技术的知识推荐、知识聚合等"人—机"交互,使学习资源的获取更加便捷,学习效率与学习效果得到极大提升。

三 多元化与去中心化:知识传播主体身份的融合

媒介融合打破了原有信息传者与受者间的关联,使得知识传播者身份不断融合,从图3—1中可以看出,传播的主体既是传者又是受者,传播过程中传播者可以向一个或者多个接受者传递信息,同时也可以选择接受一个或者多个传者信息。每个传播主体又会受到自我印象、人格结构、人员群体、社会环境等因素的影响,在传播内容和接受内容的过程中都会对信息进行取舍和加工,并不断进行反馈,以符合自身的认知。因此,在这样的环境下,传者与受者之间没有明显的区别。

学习者可以借助媒介,建立起社群或者问答社区、论坛等与世界各地的人就问题进行深入探讨，在此过程中，学习者不仅能够在这里汲取多元化、异质化知识，同时，任何人都能够作为知识的接力者和创造者，将知识进行传播，并及时获得反馈，或者利用微信公众号、微博等随时发布信息，成为信息的发布者。

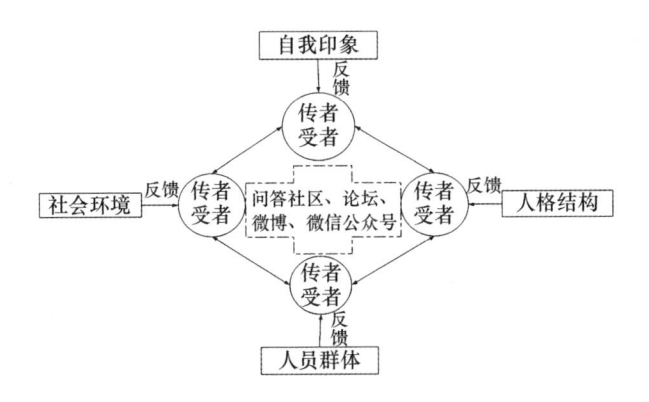

图3—1　知识传播主体身份的融合

四　微型化与网格化：知识资源的存在模式

在信息社会中，一张图片、一则消息的题目、一段语音、一封邮件……都蕴含着无穷的信息，而且这些微型化、碎片化的信息都散落在我们生活的方方面面，在Web2.0时代，更多是用户自创的内容，这些内容都是基于对Web1.0时代的文件和页面内容的分解[①]，它们被分割为较小的学习模块。此外，将这些内容信息进行网格化处理是"微学习"的另一个特征。总之，"微学习"就是利用微型媒介平台，对作为学习资源的微型内容进行学习的一种新型学习方式[②]，是"将学习资源切分成粒度较细的学习单元，使之能够在短时间内学完的一种学习活动"。

[①]　张浩、杨凌霞、陈盼：《微内容环境中的学习者体验设计初探》，载《远程教育杂志》2009年第6期，第67—68页。

[②]　张振虹、杨庆英、韩智：《微学习研究：现状与未来》，载《中国电化教育》2013年第11期，第12—20页。

第三节 "微学习"的内涵与基本特征

一 "微学习"的内涵

本研究认为网络"微学习"是一种以互联网、移动互联网等新媒体技术为支撑，以微型、短小、精练、形式多样的知识资源为学习内容单元，使学习者在非预先设计的情境下能够随时选择、获取、加工知识内容的一种自主学习的方式。

尽管诸多研究者对"微学习"这一概念认识各异，但是他们的认知都含有以下共性要素：学习内容与学习资源的微型化、短小化，学习媒介网络化、便携化与可移动化，学习环境生活化，学习者是一种轻松而休闲的体验。

"微学习"活动中，学习媒介包括智能手机、平板电脑等移动设备和微信、微博、App 等应用软件；学习内容不再局限于传统教材、讲义，而是以微小、简短的方式呈现，包括图片、文章、音频、视频等诸多不同的形式，且以超链接的方式进行知识组织；学习环境不局限于某一个地点，而是以移动化的方式高度嵌入生活环境，以随时随地随学的方式呈现；学习者以终身学习为目标，不仅局限于学生，更包括各个年龄段的上班族、SOHO、家庭主妇等社会各层面的人士。

"微学习"与其他学习方式的区别如图 3—2 所示。"微学习"可以在任何时间和任何地点；学习内容不一定以结构化和系统化的方式呈现，而是以模块化、单元化的方式将许多短小的知识点形式进行重新组织；学习方式不是由浅入深、循序渐进的线性模式，而是基于问题的非线性模式。"微学习"以联通主义学习观、建构主义学习理论、情境认知学习理论、非正式学习理论、分布式认知理论等为理论基础，逐步形成一套以学习者为中心的新学习理论体系。

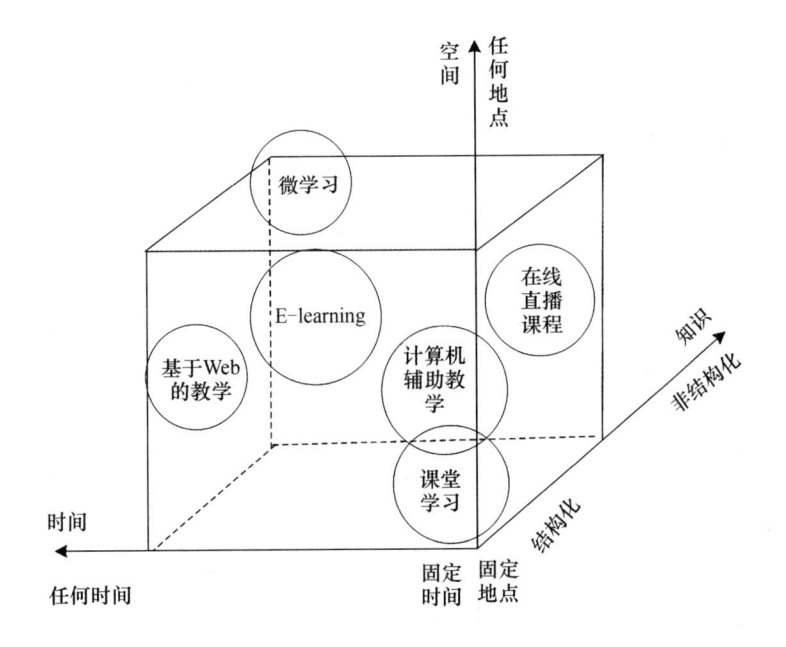

第三章 "微学习"：媒介融合环境下终身学习的新理念 / 47

图3—2 微学习与其他学习方式的区别

二 "微学习"的特点

1. 内容的简洁性

"微学习"的学习资源一般是基于某一个主题，并围绕该主题将一个核心知识点呈现出来，"微学习"的内容即为"短小、松散、实用的片断化知识内容"[①]。"微学习"内容的表现时长也比较短暂，总体来讲，"微学习"内容表现出微型化、单元化、短暂化等特征。"微学习"中的知识单元之间并不是没有联系，而是有着一种"隐性的关联关系"，这种关联关系反映了一种知识体系结构。

2. 形式的多样性

"微学习"内容具有多样性，其呈现方式有以下几种：短文字、图片、音视频以及链接等，新闻、短信、邮件、博客、微博、知识百科词

---

① 樊福印：《"主—导"互动模式下的数学学习——成人微学习支持服务研究》，载《继续教育研究》2014年第1期，第40—42页。

条、小游戏等均可以是微学习的内容来源①。"微学习"内容表现形式的多样化、丰富性，使学习内容的推送渠道变得更加多元化，为学习者提供了更加丰富的备择集。

3. 载体的便捷性

随着移动互联网的快速发展以及各种便携式移动终端的普及应用，使得人们使用互联网的方式产生了巨大变革，中国互联网络信息中心（CNNIC）发布的第43次《中国互联网络发展状况统计报告》显示，2018年12月中国手机网民规模达8.17亿，网民通过手机接入互联网的比例高达98.6%。而台式电脑、笔记本电脑的使用率均出现下降，手机不断挤占其他个人上网设备的使用②。移动互联网推动学习设备设施智能化和场景多元化，使得学习者的学习环境越来越摆脱书本、课程、地点的约束，变得更加灵活，学习活动的整个过程则变得更加便捷。手机、iPad等便捷性的移动终端成为"微学习"的主要载体。

4. 时空的灵活性

"微学习"活动会运用各种移动终端，如智能手机、平板电脑等，学习者能够在任何时间、任何地点随时随地地开展学习活动，学习时间和空间较具有很强的灵活性、随意性，学习者与学习过程有着更为紧密的融合。能够使学习者有效利用碎片化时间学习，为学习者争取到更为丰富的学习时间。与此同时，"微学习"活动还可以使学习者能够更自主、更加个性化地设置学习计划与学习方案，学习进程更灵活。

5. 学习过程的趣味性

"微学习"活动中让学习过程更有趣，"微学习"的每个学习单元持续时间比较短，学习资源内容注重学习者的兴趣和对学习者吸引力，这相较于传统学习模式，可以极大地减轻学习者学习的心理压力，使学习者从枯燥无味的学习过程中解脱出来，变为寓学于乐、寓乐于学。这使学习者能够在较为愉悦、轻松的体验中完成学习过程，构建自己的知识体系，"学习结果厚重，但学习过程轻松"是"微学习"活动的实现目标之一。

---

① 张豪锋、朱喜梅：《整合式微型学习探微》，载《现代教育技术》2010年第7期，第21—23页。

② 中国互联网络信息中心：《中国互联网络发展状况统计报告》。

6. 学习资源的丰富性

互联网为"微学习"所需的学习资源内容提供了非常宽广的渠道，大量的资源以指数化的速度剧增，使得学习资源变得史无前例的丰富，为学习者提供了更多可供选择的学习内容。但网络中的信息呈现出碎片化、非正式、质量良莠不齐等问题，也给学习者提出了新的考验。

第四节　本章小结

融合是当前媒介存在与发展的基本趋势，传统的通信方式、媒介终端形式都面临着融合的趋势。媒介融合环境下，信息组织与表现方式、知识获取与创新方式都面临着新的变革，共享与共建、协同与共生是信息组织与知识创新的基本特征。在这一形势下，学习模式也发生了巨大的变革，移动化与泛在化、连通化与交互性、多元化与去中心化、微型化与网格化，成为当前学习方式的新特征，一种新的学习形式——"微学习"正在成为人们获取知识的新途径。本章着重探讨了"微学习"的形成背景与发展环境，阐释"微学习"这一学习形式在当前的必要性。

第 四 章

"微学习"活动体系：基于系统论的视角

本章基于系统论的视角对"微学习"活动进行了研究，提出了"微学习"活动系统的构成要素、活动层次结构以及实现过程。本章是第5—7章的总括，这三章内容分别围绕本章提出的"微学习"活动的学习主体、客体、工具与环境等构成要素而展开探讨。

第一节 "微学习"活动体系的构成要素

祝智庭教授提出教学传通模型，用于解释"教"与"学"环境中各要素及其相互作用。他指出，"教"与"学"的过程中具有这样几个核心要素：学习主体、学习内容、学习工具，以及由这些核心要素围绕着特定教学目标而构建的学习空间。如图4—1所示。各类空间相互联通影响，形成学习活动的情境。该模型将"教"与"学"过程中涉及的内部与外部诸多因素均包含进来，为学习调控过程与学习环境建构过程这两者的融合提供了一个良好的视角。

依据教学传统模型，"微学习"的整个活动过程包括以下元素：学习主体、学习客体或学习内容、学习工具。角色空间即由学习主体构成，学习主体这一元素是指参与学习活动的人，既可以指向学习者本身，也可以指向学习者的同伴、教师和教学机构等。内容空间与工具空间分别是指学习客体及学习活动的支持要素，它们是保证学习活动能够有效开展所必需的学习资源、学习工具以及其他学习支持要素，工具等支持要素实际上是学习活动中的中介因素。这两个要素的来源多种多样。在特定的学习活动情境里，学习内容和学习工具既可以是基于某一活动空间所特有，也可以是全局性的，服务于整个学习空间所有任务活动的普适性工具。工作空间即学习活动本身，学习主体、学习内容和学习工具在某一学习空间中，围绕着特定的学习目标，表达特定的学习情境。学习者在这一学习空间中运用学习工具空间的学习操作内容空间的学习资源，同时，与角色空间中相关的学习伙伴进行交流、互动、协作。协调空间是学习目标，学习者根据个人的需求在角色、内容和工具空间作出相应的筛选，形成学习目标，这个目标动态调整。以下分别对"微学习"活动中的主体、客体、工具要素进行进一步分析。

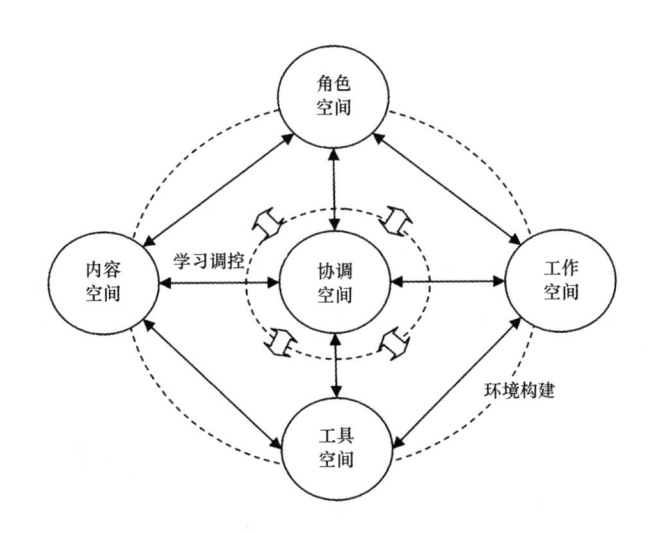

图 4—1 教学传统模型

说明：改自祝智庭，2006。

一 "微学习"活动的主体：学习参与者

学体主体的各元素指向所有参与学习的人员，包括学习者、助学者（如教师）、管理者等。在传统教学中，学习主体可以分为教师和学生两种类型。但在"微学习"活动中，严格的角色、身份区分不再存在，一个学习者也可能是助学者，同时也是管理者，这里通称为学习参与者，他们在学习活动中同时扮演着学习内容的创建者、学习资源的消费者、学习活动的指导者、学习效果的评价者等多重身份角色。学习参与者可以根据其学习目标、角色特征、贡献程度、学习需要，穿梭于其他人所构建的公开的学习空间和学习网络中。

当然，"微学习"活动中，身份角色的行为也需要进行认定，并根据这种认定来确定其权限。比如对资源的删除，必须要由创建者来进行。角色既可以来自学习者对自己学习活动本身的定位，也源于学习者在学习活动中的参与程度和贡献程度。

角色存在着一定的不同的分工与等级关系，也对应不同的操作行为权限。如"微学习"活动中助学者的角色具有传统教学模式中教师的部分功能，他在学习者的学习活动中发挥着以下作用：一是扮演着学习者学习过程中的协作互动伙伴功能，参与学习过程的创建与管理；二是扮演着学习者学习效果的评判者角色；三是发挥着学习者效仿、引导、案例的作用。

根据学习者的学习动机及其所处的不同学习阶段，将其分为以下几种类型：

一是依赖型学习者，对于学习目标与学习计划不确定，是一种被动型的学习，需要引导性、督促性的学习管理；

二是兴趣型学习者，基于兴趣偏好从事学习活动，具有较强的积极性、主动性；

三是参与型学习者，其学习任务、目标并非必须性，而仅仅是一种非功利性和非目的性的学习习惯，其在学习过程中获得情感需求的目的要大于实际利益；

四是自我导向型学习者，这一类学习者具有较强的目标性、自律性，自己有能力进行学习计划与学习方案的设计。

从依赖型到自我导向型，是一个由低到高逐步升级的过程。此外，助学者的角色也各有不同，如专业型、咨询型、协作型、管理型、计划型、研究型、批评型等，大致可以分为权威专家、资源推荐或兴趣激发者、协调者和促进者、顾问咨询者几种类型。学习者和助学者的匹配如表4—1所示。

表 4—1　　　　　　　　　　学习者和助学者的匹配

		助学者类型			
		权威专家	资源推荐或兴趣激发者	协调者和促进者	顾问咨询者
学习者类型	自我导向型学习者	严重不匹配	不匹配	接近匹配	匹配
	参与型学习者	不匹配	接近匹配	匹配	接近匹配
	兴趣型学习者	接近匹配	匹配	接近匹配	不匹配
	依赖型学习者	匹配	接近匹配	不匹配	严重不匹配

资料来源：王兴辉等，2005。

面对较强依赖性学习者，需要权威专家这样的助学者，也可能会需要资源推荐或兴趣激发这样的助学者。面对兴趣型学习者，需要资源推荐或兴趣激发这样的助学者，当然，有时也会需要权威专家和协调者和促进者这样的助学者。参与型学习者，更需要协调者和促进者型助学者，有时也会需要资源推荐或兴趣激发者和顾问咨询者这样类型的助学者。具有较高层次的自我导向型学习者，最需要的是顾问咨询者这样的助学者，有时也需要协调者和促进者这样的助学者。

二　"微学习"活动的客体：学习资源

"微学习"活动的客体是指学习课程、知识资源等内容元素及其相应的载体。在传统教学模式下，学习内容以课程体系的方式被预先设计，并按照一定的知识体系、学习次序、逻辑结构进行封装，结构化约束在特定课程场景。

"微学习"活动中的学习资源多以非结构化的方式呈现，包括其他学习者分享、讨论、评价、发表的相关内容。学习资源并非一定以严格的逻辑结构、知识体系进行组织，封装在特定学习单元内，也并非不一定要归属于特定的学习空间。

学习资源以泛在化、分布化的方式分散于学习者学习空间之外的各个角落，但这些碎片化的学习资源以某种关联的形式相互链接，形成一个知识网络结构。比如，学习者如果觉得某一资源有用，可以将其关联进自己的学习空间，添加到自己的学习任务清单中，尽管这个学习资源存在于其他学习平台。

由于学习资源的粒度较细，且形式多样、灵活，可以很好地实现学习资源的重构与再次利用。当然，非结构化的学习资源是"微学习"过程中的主要资源，但由教师、教育机构提供结构化的课程也可以是"微学习"中的学习资源，包括系统性的课程、练习等。

三 "微学习"活动的支持要素：学习工具与环境

工具元素指在"微学习"过程中协助学习者更好参与学习活动的各种支持技术与工具，它包括学习计划工具、学习资源管理工具、用户管理工具、社交工具、协作工具、信息采集与知识挖掘工具、评价工具、推荐工具等。"微学习"工具有两类：

一是中介类工具，这类工具起到学习者与学习资源、其他学习者的桥梁作用，学习者通过这些工具来获取和利用各种学习资源、与其他学习者交流协作、融入学习环境等。

二是认知类工具，这类工具能够拓展、延伸和学习者的认知能力，体现为一种有效的人机交互关系，如知识图谱、推荐工具帮助学习者制订学习计划、筛选学习资源；另外，知识挖掘工具帮助学习者提高对知识结构与知识体系的认知，由此形成学习者与工具技术的整合。

学习工具有着不同的分类维度，按对内容的组织可以划分为两类：一是内容操作工具，支持学习者对学习内容的创建、修改、分享、评论、评价、分类、打标签等工具，操作行为开放、自由、不受制约；二是内容存储工具，用于对各种不同类型的学习资源存储、迁移的工作，如内容库、数据库等。

按照功能划分，学习工具可以划分为信息发布工具、信息检索工具、学习计划辅助制订工具、认知建构工具、推荐工具、通信交流工具、评估工具等。按应用的环境与条件，可以划分为同步性的工具、异步性工具、交互工具、非交互工具等；按照形态，可以划分为游戏形态的工具、实验形态的工具、平台形态的工具、插件形态工具等。

在"微学习"活动中，对学习工具较为适合的分类方式是依据这些工具所服务的知识领域来划分，可以划分为通用和专用两类：一是通用型工具。这类工具能够适用于所有类型的学习活动，如学习计划工具、通讯交互工具等；二是专用型工具，用于特定的学习活动中，由学习者按需选择配置。

随着云计算技术的发展，学习工具的服务更多地从本地迁移到网络，其设计架构也逐渐从过去的"大而全"转向"小而活"的方式，另外，在服务接口上，越来越多地采用标准化、规范化的接口模式。由此，"微学习"活动中的工具能够方便、低成本地灵活设计、配置、聚合，实现多情境、个性化的需求；此外，学习工具也能够以非常低的成本实现共建、共享与重用。

作为学习活动支持要素的工具，其直接功能就是构建一个适宜的学习环境。"微学习"环境是一个具有开放性、泛在化的环境，它是一个能够自我成长、有序进化、协同发展的生态系统。

这个学习环境是一个多层次结构：核心是学习资源，学习参与者在学习资源的基础上开展各种学习活动，如开展知识获取、学习交流与知识分享、知识创建等行为；"微学习"环境是由各种工具、系统平台构成的一个泛在化、移动化的学习时空；它的外部是整个社会环境，即"微学习"活动的外部环境，由社会经济、历史、文化、道德、制度等构成，它们为"微学习"内部环境提供文化、资源、制度等输入要素。

第二节 "微学习"活动的层次结构

一 "微学习"活动的总体结构模型

"微学习"活动包括四个层次模块，即学习目标层、学习方案层、学习资源层和学习支持层。如图4—2所示。学习目标层解决为什么学习、学习对象是什么的问题。目标的确定来自对学习者学习需求的挖掘，可以由学习者根据学习需求自己设定，也可以由系统根据学习者初始设定的兴趣偏好，进行个性化推荐。

在此目标下，学习方案层实现如何学的问题，包括学习任务与学习计划的设置、学习路径的安排以及学习历史回顾等具体活动，是学习活动的链路与实现方案；学习资源层解决学习内容来源问题，包括结构化的学习资源与非结构化的学习资源，结构化的学习资源是指那些系统性

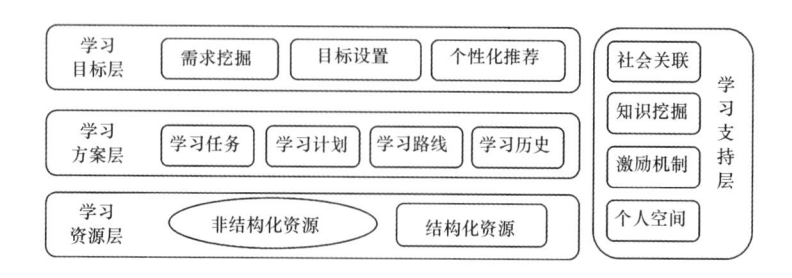

```
学习目标层    需求挖掘    目标设置    个性化推荐      社会关联    学
学习方案层    学习任务    学习计划    学习路线  学习历史    知识挖掘    习
                                                          激励机制    支
学习资源层    非结构化资源        结构化资源              个人空间    持
                                                                    层
```

图 4—2　"微学习"活动的架构模型

的课程教学资源，多由教育机构提供；非结构化的学习资源是指非系统性、碎片化的学习资源，如其他学习者分享的知识资源、学习者相互讨论交流的内容等。

学习目标层、学习方案层、学习资源层这三个层次自上而下形成一个完整的学习活动逻辑体系，每个层次实现特定的目标，拥有特定的运作规则和逻辑，下一个层次的内容是对上一个层次内容的细化与分解。

学习支持层作为学习活动的工具，贯穿学习活动的始终，包括实现学习者与其他学习者之间的社会关联的社交工具，也包括实现知识组织、知识聚合、知识推荐、知识挖掘的工具，同时还包括引导学习者内容分享、持续学习的各种激励机制，以及实现个人学习活动汇集、意见表达的个人主页空间等。

二　学习目标层

学习目标层是整个学习活动的动力层。在"微学习"环境中，学习与生活、工作，甚至娱乐，都融合在一起；学习者的学习活动无论是在学习内容上，还是在学习时间、学习空间上，都有着极大扩展。如何在多变、复杂的学习环境与学习内容中做出持续而适当的定向目标成为保障学习效果与学习效率的关键。因此，学习目标层需要确定为什么学习和学习什么，即对学习需求的挖掘，以及对学习目标、学习内容和学习对象的设定。

"微学习"活动的目标有以下几种来源：一是现实的学习需求，如辅助学业考试考级的现实需求，提供相关的学习资源与学习交流渠道；二是来自学习者的兴趣偏好，基于这些兴趣为学习者搭建一个终身学习的平台。这两种方式可以由学习者根据需要自己进行设定。另外，当学习者对学习目标不甚清晰时，"微学习"系统应能够为学习者推荐适宜的学习目标，或通过提示引导学习者完成学习目标的设定。

推荐可以通过以下方法来实现：一是从学习者的学习历史中获取，在了解学习者现阶段的学习状况及存在的问题后可推测下一阶段的学习需求，确定下一阶段的学习目标；二是从既有学习目标的知识体系中获取，由于知识结构的关联性和渐进性，一个知识内容可以延展出其他的知识内容，进而可以使学习者不断地形成不同阶段的学习目标；三是社会关联获取，由于学习者在学习过程中不断加入一些学习社群、与其他学习者进行交流，因此也可以不断地了解自己的知识盲点，拓展自己的学习内容，进而形成下一步的学习目标。

"微学习"活动的学习目标应当具有明确性、可操作性、层次性和多样化等特点。

首先，学习目标应是具有明确性的。在一个开放的、与生活和工作融为一体的环境中，学习者的注意力极易被其他各种因素所干扰，任何一个微小的环境变化，都可能引发学习者注意力的偏移与精力的分散。因此，只有一个非常明确的学习目标才能够为学习者指明学习行为的方向，将行为定位到与目标学习计划相关的活动上来，减少外部环境的干扰。

其次，学习目标应是具有可操作性的。在设计学习目标时，不能定得太高或者太低，要与学习者的知识水平与知识储备相符。如果学习目标设置得过高，学习者难以达到，可能会打击学习者的学习信心，从而使学习者产生放弃的想法；但如果目标太低，则不容易让学习者形成一种压力感和紧张感，不容易最大限度地调动起学习者的动力、好奇心和兴奋点，不利于提高学习效率，从而影响到学习效果。

最后，学习目标应具有一定的层次性和多样性。从时间维度上看，学习目标应有近期、中期和长期目标，或周目标、月目标和季目标等，这可以进一步形成具有操作性的学习计划。近期目标能够让学习者尽快地体验到学习的成就感，从而增强学习者的自我效能感；中期或远期目标能够使学习者的学习行为更有连贯性、持久性，有利于学习者认知的深入推进以及高阶思维模式的养成。此外，从功能上看，学习目标包括知识技能目标、社交的目标和情感的目标。从进度安排上看，学习目标还可分为维持型目标和增长型目标，前者使学习者通过经常性的学习，维持与巩固现有的知识水平，如英语学习等；而后者是通过新的知识点学习，提升学习者知识量。

总体来讲，"微学习"活动中，学习目标是学习者学习活动的航标，一个明确、具体且具有可操作性的学习目标，能够最大限度地解决网络环境下人们遇到的信息迷航问题，保证学习者的学习效率和效果。

三　学习方案层

学习目标确定后，需要确定学习方案，解决"如何学"的问题，将庞杂的学习目标进一步细化分解，变成具有可操作性的活动任务和合理的操作步骤，并在时间、精力上为学习者做出有效的学习计划和实施方案，包含设置学习任务、学习计划、学习路径等方面。当然，与传统课堂教学事先设计一个完整、系统、固定的学习方案不同，"微学习"环境下的学习方案并不是一蹴而就、一成不变的，它是动态发展的，它随着学习情境及学习条件的演化而不断被补充和完善。

对学习目标进行细分有两种方式：一是"瀑布法"，根据知识体系、知识结构和知识的逻辑顺序，按照一定的层次，自上而下地对学习目标进行分解，形成一个完整的学习路径；二是"涌现法"，学习者根据既有的知识积累和学习经验，尽可能地罗列出、关联起与学习目标相关的内容，然后再将这些内容按照一定的逻辑关系建立起学习次序，由此生成学习计划和学习任务。

"瀑布法"一般是由教师和教育组织来实现，而对于学习者来讲，为自己设计完整的学习方案非常困难；"微学习"环境下的非正式学习多以"涌现法"为学习目标的分解方式，但如何保证学习方案的科学性、合理性是一个重要的问题。因此，"微学习"系统应能够提供学习目标的分解和学习方案设置的辅助工具，如提供知识地图、搭建学习交流协作平台，或邀请教师或教学组织设计知识路线，引导学习者有效完成学习目标。

学习者完成学习目标进行分解之后，需要设计学习方案，确立学习任务、学习方法、学习计划与学习路线，虽然"微学习"系统支持并鼓励学习者个性化设计学习方案，但由于学习者并不能够完整掌握知识体系的全貌，往往并不能顺利完成这个任务，因此，需要纳入更多的支持元素来辅助学习者设计自己的学习方案，设计模式是一种重要的支持元素，它可以为学习者提供可借鉴的学习方案的设计思路。

学习方案的设计模式可以分成"以人为设计导向"和"以内容为导向"的两类设计模式。

第一类是"以人为设计导向"的设计模式，即通过人们之间的交互形成学习方案。这种模式又可以分为三种：一是"教学式"，由教师角色构建学习方案，其基本逻辑是"学习→练习→测验→复习"；二是"模仿式"，对成功学习者的学习路径进行梳理，形成可借鉴的学习路线提供给初期学习者，为初期学习者提供可借鉴与模仿的对象，其基本逻辑是"模仿→理解→测试→应用"；三是"协作式"，与其他学习者共建学习社群，相互交流、分享资料、讨论评价，其基本逻辑是"交流→内化→分享→评价"。

第二类是"以内容为导向"的设计模式，即围绕学习问题、学习案例与学习资源形成学习方案。这种模式又分为三种：一是"问题型"，学习者提出问题，通过不断地探索问题、思考问题、发现问题、解决问题、总结问题，逐步深化对问题的理解，形成自己的知识体系，其基本逻辑是"提问→思考→理解→求证→再思考"；二是"案例型"，给学习者提供一个案例，让其从不同的视角来剖析案例，并从中找到案例中蕴含的问题、解决思路和知识，其基本逻辑是"案例选取→剖析→结论→评估"；三是"资源型"，让学习者在检索学习资源、了解相关研究、撰写文献综述的基础上发现问题，了解前人的研究成果，并构建起自己的知识体系，其基本逻辑是"信息检索→提出问题→剖析问题→发现知识"。

四 学习资源层

作为整个"微学习"活动基础的学习资源层是学习内容来源。学习资源涉及两种：一是结构化的学习资源，是指由教师或教育机构提供的系统性的课程体系、配套练习等学习资源，它按照知识的逻辑体系、学习进路进行排序；二是非结构化的学习资源，是指那些由其他学习者分享的知识资源、学习者相互讨论交流的内容，它具有非系统性、碎片化、零散性等特点。

Stephen Downes 提出学习资源有三种不同的形式[①]：一是作为"事物"而存在，如学习内容、学习工具。这种类型的学习资源建立于信息与媒介的基础上，以一种有形的图、文、音、视频内容形态而存在；二是作为"事件"而存在，如课堂、讨论、会议等，以一种行为、活动而存在；三是作为"流程"而存在，如学习足迹等，以一种历史、进程而存在。

在 Stephen Downes 提出的这三种形式的学习资源中，第一种形式是一种基于学习或研究成果的结果性资源；而后两种形式是基于学习行为和学习活动的过程性资源。以"事件"而存在的学习资源实际上是创建了一种学习的"场"，是以一种空间的方式而存在。网络环境下联通主义学习观正越来越受到人们的关注，过程性学习资源在网络环境下也显示出更大的价值，比如基于学习社群的学习资源分享、基于学习历史的学习资源推荐，等等，这些应用都是对过程性学习资源的开发与利用。

在"微学习"活动中，寻找结构性的学习资源相对容易，而获取非结构性的学习资源对学习者来讲并不容易，学习者如何寻找到对自己有用的学习内容是一个关键问题。为了获取到适合自己需求的内容，学习者需要具备以下能力。

一是检索能力，搜索出分散在网络上的、潜在的学习资源，较为准确地获知学习资源从哪里、以何种方式获取。

二是识别能力，能够识别学习资源的优劣，判断哪些资源对自己适用，并做出相应的决策。识别能力是"微学习"环境下对学习者提出的重要挑战。传统课堂学习中，学习者只需要按照既定的学习计划和教师安排的学习进度学习即可，但在"微学习"环境下，由于学习安排更加具有自主性，因此，如何从庞杂的学习资源中识别出对自己有用的内容，是学习者面临的一个重要挑战。

三是关联能力，能够建立起学习资源之间、学习者之间、学习者与学习资源之间的关联，有效地利用这些关联网络，如利用资源订阅工具，构建或加入某些学习社群，不断跟踪最新的学习资源，并使学习资源内

---

① Stephen Downes. Connectivism: A Theory of Personal Learning [EB/OL]. http://www.downes.ca/presentation/208, 2008, 11.3.

化为自己的知识。

这些能力对于初期学习者来讲往往是不具备的，因此，需要引入相关技术来协助学习者实现，比如知识提取与知识挖掘、学习资源聚合、个性化资源推荐、学习资源分享，等等。通过这些工具能够最大限度地挖掘学习资源的价值，并使学习资源有效地与学习方案、学习目标关联起来，为学习者建立学习方案提供参考的线索与选择的依据，最终实现学习目标的达成。

五 学习支持层

学习支持层贯穿学习活动始终，融合并服务于其他三个层次。"微学习"活动中，学习者被放置于一个开放、多态、复杂、多变的环境中，学习者自己获得了学习管理的最高权限，却面临着难以驾驭复杂学习过程的困难，这些困难包括学习方案设计、学习资源获取、学习问题交流以及学习行为激励等，这些困难使学习者面临着巨大挑战，因此，需要学习支持工具给予学习者必要的帮助。

在"微学习"活动中，学习支持方式与传统学习模式有着极大的不同：传统学习环境下，学习支持要素包括教师、同学、课程、环境等方面，如教师与教学组织在传统教学模式中仅仅能提供与认知相关的支持，还能够提供情感、组织相关的支持；课程通过预先设计的知识体系、学习路线与学习资源，使学习能够获得完整、系统的学习支持；同一个班同学之间通过交流、讨论、协作，不但能够使学生在显性知识上获得增长，还能够支持隐性知识的传递。然而，"微学习"活动中，教师职能被弱化，特别在情感、组织上的支持无从实现；课程的概念在某种程度上被开放的学习资源所取代；班级的概念及所形成的边界也不存在，它们在学习支持中的作用式微；不仅学习环境的支持作用被显现，而且可能会比传统教学模式的学习环境有更大的突破和进步。通过网络学习社区、社群所营造的学习交流环境，通过知识挖掘与内容推荐技术所搭建学习支持环境，通过社交网络关联所构建的集体智慧环境，这些都能够为学习者提供前所未有的支持服务。

有效的学习支持有两个层面的作用：一是解决学习者遇到的操作问题，减少学习者在学习过程中发生的失误，促进学习任务的完成；二是使学习者知道学习的方向和盲点，促进学习者向高阶学习发展或未知领域探索。比如对于学习资源的识别与筛选，前者提供给学习者进行资源选择的方法和工具；后者在对学习者进行兴趣、偏好、历史学习行为挖掘的基础上，提出选择意见并推荐适用的学习资源。

学习支持的类型可以分为三种：一是认知支持，即对学习者的知识水平、认知能力等方面的支持与服务，如提供的知识挖掘与学习资源的推荐等工具；二是情感支持，即满足学习者进行社交、认同、表达等情感因素的支持服务，比如提供与其他学习者进行交流、加入学习社群、表达分享等工具；三是组织支持，帮助学习者进行自我管理的支持服务，包括激励机制、个人空间等工具。这些支持涉及学习方案设计、学习资源开发与利用、学习环境与学习生态创建、学习心理与动机、社区管理机制等各个方面，可以为学习者提供个性化、全方面的服务。

第三节 "微学习"活动的实现过程

一 "微学习"的超网络结构及关系挖掘

1. "微学习"活动的超网络结构

网络"微学习"过程构成一个超网络（super network）模型。超网络模型用于分析网络与网络之间的作用关系。超网络与典型的简单网络有着重要的区别，典型的网络结构由诸多"节点"（Node/Vertex）以及它们之间存在的一定的关联关系形成，节点之间的关联关系为"边"（Edge）。在不同的网络结构中，节点用来代表系统中不同的个体，如用户、组织、信息、文档、计算机终端、网页等；边则表示一定的关系，如亲缘关系、互惠关系、交往关系、链接关系等。节点之间通过边而产生信息流、资金流、物质流、能量流等。

这种典型的简单网络图并不能反映出真实的网络结构，比如学术研究的成果网中，简单的一维网络结构能够反映出学者之间的合作关系，但如何表示多个学者合写一篇文章，简单的一维网络结构并不能够很好地处理这种情况。当然，解决这个问题也可以用二部图的方法，即用两组不相交的点集来分别表示这两类网络，研究成果用一组点集来表示，著作者又用另一组不相交的点集表示。但这样一来，网络中的节点失去了同质性的定义，在研究网络的集聚性、连通性以及其他网络拓扑特性时，这两种不同类型的节点，很容易产生歧义，给分析带来很大的难度[1]。

此外，实际网络系统并非孤立的，而是多个网络系统交织在一起，彼此相互作用，比如物流网络与信息流、信息网络与人际社交网络、论文网络与作者网络、公司网络与股东网络等，它们相互交织、相互作用，不可分割。如果分别分析单一网络，解决单一网络的优化问题，往往会以偏概全，无法反映出这些相互交织的网络之间的关系，难以有效地对真实世界进行研究。如何对多个关联网络进行研究，这是很多研究者一直探讨的问题，于是出现了"超网络"的研究方法。由于"微学习"涉及知识网络、人与人的关系网络、人与知识的交互网络等，因此，应当用"超网络"的视角来看待"微学习"的过程。

"超网络"这一概念最早出现在遗传学、计算机科学、运输科学等领域，最早使用"超网络"概念的是 Sheffi Y.，他在城市交通网络均衡分析与数学规划研究中运用了"超网络"这个概念[2]。另外，Nagurney A. 在对上述的相互关联的网络进行分析时，把高于而又超于现存网络的那种复杂的网络（above and beyond existing networks）叫作"超网络"（Supernetwork）[3][4]，他所指的现存网络（existing networks）是指这样的网络：节点对应于空间的位置，节点之间连接的边对应于物理连接，如道路、线缆等。高于而又超于这样的网络，是指一些在这些实体网络之上的虚拟网络，如知识网、社会关系网、信息流等。现实、虚拟两类网络具有相互嵌套、相互作用、共同呈现的特征。

"超网络"这一概念的提出为多个相互交互、协同的复杂网络系统提

---

[1] Estrada E, Rodrigues V R. Subgraph centrality in complex networks [J]. Physical Review E, 200, 71 (5): 1-9.

[2] Sheffi Y. Urban Transportation Networks: Equilibrium Analysis with Mathematical Programming Method [M]. NJ: Printice-Hall, 1985.

[3] Nagurney A, Dong J. Supernetworks: Decision-Making for the Information Age [M]. Cheltenham: Edward Elgar Pulishing, 2002.

[4] Nagurney A. On the relationship between supply chain and transportation network equilibria: a supernetwork equivalence with computations [J]. Transportation Research Part E: Logistics and Transportation Review, 2006, 42 (4): 293-316.

供了分析的工具。关于研究"超网络"的一些算法模型能够为进一步研究这种复杂网络系统的作用机制、影响机制提供有效的方法,这些方法融合了优化理论、博弈论、变分不等式、可视化式等,能够有效地对"超网络"中的流量、时间等变量进行量化分析与计算。

借鉴这些思想,可以提出网络"微学习"过程的超网络模型。它具有以下几个特征。

一是多维度,"微学习"网络包括知识网络、社会关系网络等多个维度。比如由信息、数据、知识等构成的学习资源网络,这些学习资源网络以物化的形式而存在;由学习者、知识传播者、学习社区的服务者等构成的网络,这些网络以生命体的形式而存在;由智能手机、iPad 等各种网络终端设备构成的学习支持网络;由各种学习社区、社群所构成的网络,等等。

二是多层次性,如社会网络是由用户主体之间的关系构成,用户主体间的关系根据强弱态度、交互状态等,可以进一步分为基于兴趣形成的关系网络、基于朋友关系的网络、基于亲缘关系的网络、基于同学关系的网络,等等。同时,这些网络由若干子网络(子图)构成,呈现出多层次性。

三是流量的多维性,"微学习"网络中既有信息流,又有知识流,也有人际关系流。这些"流"相互交叠,反映出"微学习"网络的动态性。

四是多属性,"微学习"网络的描述、测度、衡量指标是多属性的,如描述"微学习"网络的各种参数既有用户的浏览、点击、发帖、评论等指标,也可以有信息的类型、关系的强弱等指标,这些指标从不同的维度反映出"微学习"网络的不同特性。

该过程涉及三个网络场域:一是信息资源网络,是由"微学习"的学习资源所构成的网络;二是知识主体的网络行为所构成的网络;三是知识主体(即学习活动的参与者,包括学习者、知识传播者等)的现实社会关系网,如图4—3所示。碎片化的网络信息要形成结构化的知识,不仅仅要靠网络系统在数据聚合、语义挖掘等方面的技术突破;更要靠在社会网络中具有一定关系(既有强关系,也有弱关系)的人际互动才能形成,前者是基础,后者是关键。现有的研究是单一维度的,要么是从社会网络出发进行研究,要么是从信息技术网络出发进行研究,没有考虑到社会网络和信息技术网络之间的互动。因此，超网络模型在这里具有较强的适用性。

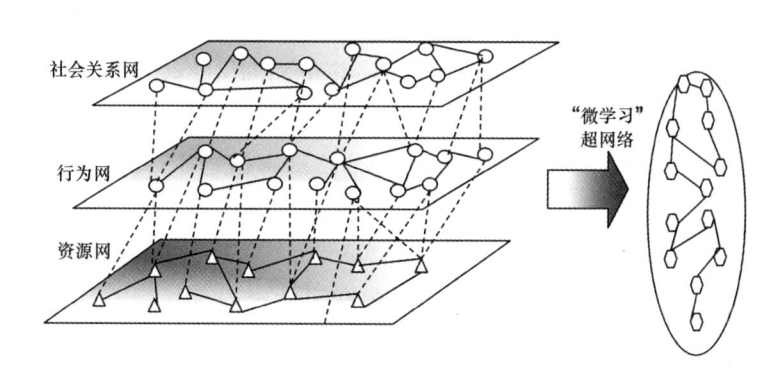

图4—3　"微学习"活动的超网络结构

超网络结构模型对"微学习"活动中知识主体的社会关系网络、知识主体的行为关系网络、学习资源网络进行了定义，并描述了它们之间的映射关系。将知识主体的社会关系网络表示为 $S = (N_s, E_s)$。其中，$N_s = \{n_{s,1}, n_{s,2}, \cdots, n_{s,m}\}$ 为知识主体，是 N_s 的点集；$E_s = \{(e_{s,a}, e_{s,b})\}$ 为边的集合，$a, b = 1, 2, \cdots, m$。当 $e_{s,a}, e_{s,b}$ 为1时，两点之间存在关系，代表两个知识主体之间存在一定的社会关系，如好友关系、同学关系、同事关系等。网络环境下，这里统一用好友关系代替；$e_{s,a}, e_{s,b}$ 为0时，两点之间不存在关系，代表两个知识主体之间没有联系。

将学习资源网络（即信息网络）表示为 $I = (N_i, E_i)$。其中，$N_i = \{n_{i,1}, n_{i,2}, \cdots, n_{i,q}\}$ 为网络环境各种学习资源的类别（领域）。如IT、经济、外语学习、健康等。Web2.0环境下学习资源用 tag 标签分类。$E_i = \{(e_{i,u}, e_{i,v})\}$ 为不同类型资源间的关联关系（如链接关系），$u, v = 1, 2, \cdots, q$。当 $e_{i,u}, e_{i,v}$ 为1时，代表两类资源之间有关联关系；当 $e_{i,u}, e_{i,v}$ 为0时，代表两类资源之间没有关联关系。

将知识主体的行为关系网络表示为 $A = (N_a, E_a)$。其中，$N_a = \{n_{a,1}, n_{a,2}, \cdots n_{a,l}\}$ 为知识主体的各种行为，如加入某网络圈子、粉丝关注、转发分享、添加好友、发帖留言、评论、创建或修改百科等。$E_a = \{(e_{a,x}, e_{a,y})\}$ 为行为节点之间的连线，$x, y = 1, 2, \cdots, l$。当 $e_{a,x}, e_{a,y}$ 为1时，

代表两个行为之间有相同的主体;当$e_{a,x}$,$e_{a,y}$为0时,代表两个行为不是来自同一人。

2."微学习"超网络结构的映射关系

知识主体的社会关系网络、知识主体的行为网络和学习资源网络(即信息网络)这三个网络之间存在着一定的超网络映射关系:

(1)知识主体到其行为的映射

知识主体到其行为的映射关系反映的是"谁做了什么"。这种映射关系可以表示为:

$$N_A(s_i) = \{a_j, a_j N_A, W(s_i, a_j) = 1\} \quad (4-1)$$

式(4-1)中,$N_A(s_i)$是处于一定社会关系网络的知识主体的网络行为集合。$i=1,2,\cdots,m$;$j=1,2,\cdots,l$。$W(s_i,a_j)=1$表示知识主体s_i实施的a_j行为。

这些行为既有知识主体之间发生的,如关注、点赞、邀请、回复、删除等;也有知识主体对信息的操作行为,比如关注、分享、检索、收藏、添加、创建、修改等。

(2)行为到学习资源的映射

知识主体的行为到学习资源的映射反映的是"对哪些学习资源做了何种行为"。这种映射关系可以表示为:

$$N_I(a_j) = \{I_k, I_k N_I, W(a_j, I_k) = 1\} \quad (4-2)$$

式(4-2)中,$N_I(a_j)$为知识主体的行为映射到学习资源类型的集合。$k=1,2,\cdots,q$,$j=1,2,\cdots,l$。$W(a_j,I_k)=1$表示知识主体的行为a_j是基于资源类型I_k所做的,如对该资源的创建、阅读、学习、转发分享、收藏、修改等。

(3)知识主体到学习资源的映射

知识主体到学习资源的映射关系代表"哪类学习资源有哪些人关注、感兴趣和需求",显现出人与学习资源之间的关联。这种映射关系可以表示为:

$$N_I(s_i) = \{I_k, I_k N_I, W(s_i, I_k) = 1\} \quad (4-3)$$

式(4-3)中,$N_I(s_i)$为知识主体s_i对资源类型I_k产生兴趣与需求的情况。$i=1,2,\cdots,m$;$k=1,2,\cdots,q$。在本模型中,知识主体对资源所产生的兴趣、需求是隐性的映射,不能从算法中直接得到,要利用超网络的映射关系对式（4-1）、式（4-2）进行复合计算才能够得到具体的潜在关联关系。

3. "微学习"超网络结构中关联关系的挖掘

张芷源等根据超网络理论对网络实体间的兴趣相似度的隐性联系进行了剖析，并结合用户之间的显性关系网络，设计了一个基于超网络的Web社会群体复杂关系的挖掘算法[①]。以下介绍"微学习"超网络结构中知识主体与信息之间的关联关系的挖掘算法，预测知识主体对信息内容的潜在关注与内在需求，最大化地实现对网络信息的知识化开发与利用。

（1）知识主体社交关系的识别

在网络环境中，知识主体之间的社交关系网络通常是显性的，通过对网络用户在社会化媒体中社交关系的挖掘，可以直接获取到知识主体的社交关系网络。假设一个知识主体 $e_{s,a}$ 对另一个知识主体 $e_{s,b}$ 的交互行为的数量为 $\theta_{sx\text{-}sy}$，其中，$x, y = 1, 2, \cdots, m$，m 为知识主体的人数。这种交互行为一般为关注、留言、回帖、@、加为好友、收藏、点赞、分享知识、邀请回答等行为，这些行为均可以直接从网络中抓取。识别两个知识主体之间的关联关系，可以通过以下方式：

$$T((s_x, s_y) = 1) = \{(s_x, s_y) \mid \theta_{sx\text{-}sy} \geq \beta(\theta)\} \quad (4-4)$$

式（4-4）中，$\beta(\theta)$ 为判别 s_x 和 s_y 这两个知识主体之间亲密关系的阈值，当 $\theta_{sx\text{-}sy} \geq \beta(\theta)$ 时，则表示 s_x 和 s_y 这两个知识主体之间的交互行为超过了一定的阈值，其关系非常亲密，具有稳定的社交关系，比如好友关系，同时，在关系矩阵中的相应位置取值为1；而如果两个知识主体之间的交互行为小于该阈值，则他们还没有形成稳定的朋友关系，在关系矩阵中的相应位置取值为0。这样就构成了知识主体的关系矩阵，这个关系矩阵为 S。

（2）知识主体对学习资源的兴趣

实际上，识别出哪些人对哪类学习资源有兴趣、有关注、有需求，是对这些资源进行知识化开发与利用的前提，那些为人们所关注、需要的学习资源在某种程度上表明这些资源具有较强价值和贡献，而对这些

[①] 张芷源等：《基于超网络的Web社会群体复杂关系建模》，载《上海交通大学学报》2011年第10期，第1536—1546页。

具有一定价值和贡献的资源进行挖掘,则更好地为学习者提供增值服务。

首先,利用矩阵迭代方法计算知识主体与这些资源之间的对应关系,如兴趣、需求等关系;其次,利用基于向量余弦相似度的算法计算用户之间对于资源的兴趣或需求的相似程度。

这里,假设有 m 位知识主体,记作 $N_s = \{s_1, s_2, \cdots, s_m\}$,他们对学习资源进行浏览、收藏、分享等行为有 l 种,浏览、收藏、分享的资源为 $N_i = \{i_1, i_2, \cdots, i_q\}$,这些资源按照内容分类算法,聚合、提炼为不同的类型,在这里,将这些经过算法提炼出的类型称为"资源簇"。每个"资源簇"都是对"粗资源"的归纳、聚合。"资源簇"集合记为:

$$Z_g = \{\lambda_{1g}\ \lambda_{2g}\ \lambda_{3g}\cdots\lambda_{qg}\}^T = (\lambda_{kg})_{q\times 1},\ g = 1,2,\cdots,\Omega \quad (4-5)$$

式中,Ω 表示"资源簇"的数量,该 λ_{kg} 表示该"资源簇"中的某一个资源的存在状态,$\lambda_{kg} = 1$,表示资源 i_k 属于 Z_g;$\lambda_{kg} = 0$,则表示资源 i_k 不属于 Z_g。于是知识主体对于资源的兴趣或需求的关系矩阵如下:

$$Z = (\lambda_{kg})_{q\times 1} = \begin{vmatrix} \lambda_{11} & \cdots & \lambda_{1\Omega} \\ \vdots & \vdots & \vdots \\ \lambda_{qg} & \cdots & \lambda_{q\Omega} \end{vmatrix} \quad (4-6)$$

(3)"知识主体—行为—兴趣"的联合矩阵

知识主体之间关于他们的行为相近度反映人们之间是否有相近的行为,用矩阵 $M_{m\times m}$ 表示,按照网络映射规则生成相应的关系矩阵,得到好友关系矩阵 R 以及每个知识主体行为所对应的资源兴趣或需求矩阵 H:

$$R = (\lambda_{ij})_{m\times l} = \begin{vmatrix} \lambda_{11} & \cdots & \lambda_{1l} \\ \vdots & \vdots & \vdots \\ \lambda_{m1} & \cdots & \lambda_{ml} \end{vmatrix} \quad (4-7)$$

$$H = (\lambda_{jk})_{l\times q} = \begin{vmatrix} \lambda_{11} & \cdots & \lambda_{1q} \\ \vdots & \vdots & \vdots \\ \lambda_{l1} & \cdots & \lambda_{lq} \end{vmatrix} \quad (4-8)$$

在式(4-7)好友关系矩阵 R 中,行表示知识主体,列表示这些知识主体的行为,矩阵中的每个元素 λ_{ij} 表示某一位知识主体 s_i 所做出的第 a_j 个行为。

在式(4-8)知识主体行为所对应的资源兴趣或需求矩阵 H 中,行表示知识主体的行为，列表示这一行为所对应的信息，矩阵中的每个元素 λ_{jk} 表示知识主体对资源 I_k 所做的行为 a_j。

根据超网络映射关系的传递，矩阵 $R \times H \times Z$ 揭示出知识主体与其感兴趣或有需求的资源之间的关联关系，这种关联关系可以通过显性的知识主体社交网络以及知识主体的行为数据来获得。知识主体与其感兴趣或有需求的资源之间的关联关系矩阵表示为：

$$\Pi = R \times H \times Z = (\lambda_{jk})_{l \times q} = \begin{vmatrix} \lambda_{11} & \cdots & \lambda_{1l} \\ \vdots & \vdots & \vdots \\ \lambda_{m1} & \cdots & \lambda_{lm} \end{vmatrix} \times \begin{vmatrix} \lambda_{11} & \cdots & \lambda_{1q} \\ \vdots & \vdots & \vdots \\ \lambda_{l1} & \cdots & \lambda_{lq} \end{vmatrix} \times$$

$$\begin{vmatrix} \lambda_{11} & \cdots & \lambda_{1\Omega} \\ \vdots & \vdots & \vdots \\ \lambda_{qg} & \cdots & \lambda_{q\Omega} \end{vmatrix} = \begin{vmatrix} \pi_{11} & \cdots & \pi_{1\Omega} \\ \vdots & \vdots & \vdots \\ \pi_{m1} & \cdots & \pi_{m\Omega} \end{vmatrix} \qquad (4-9)$$

在式（4-9）中，π_{ig} 为知识主体 s_i 对某一类"资源簇"Z_g 感兴趣或有需求的程度，$i = 1, 2, \cdots, m$，$g = 1, 2, \cdots, \Omega$。

知识主体 s_x 对应的"资源簇"的分布程度为 E_i，基于兴趣（或需求）的任意两个知识主体 s_x 和 s_y（其中 $x, y = 1, 2, \cdots m$，且 $x \neq y$）的相似度可以用向量夹角余弦相似度计算得到，即

$$s_m(s_x, s_y) = \cos(\pi_x, \pi_y) = \frac{\Pi_x \circ \Pi_y}{|\Pi_x| \times |\Pi_y|}$$

$$= \frac{\sum_{g=1}^{\Omega} \pi_{x\Omega} \pi_{y\Omega}}{\sqrt{\left[\sum_{g=1}^{\Omega} \pi_{x\Omega}^2\right]\left[\sum_{g=1}^{\Omega} \pi_{y\Omega}^2\right]}} \qquad (4-10)$$

对所有知识主体两两计算其向量的夹角余弦，至此得到各知识主体间关于对"资源簇"的兴趣（或需求）的相似度矩阵 M。合并好友关系矩阵 R 可得到完整的实体关联矩阵。

上面所生成的矩阵 Π 可以预测出知识主体对哪类资源感兴趣或有需求。Π 反映出各知识主体对各领域的关注度不同，依据实际情况可以设定某一阈值 σ，在矩阵 Π 中，超过阈值的项所对应的知识主体被归类为该话题的潜在关注用户集中，当对所有兴趣扫描完成之后，便得到一个关于各"资源簇"所拥有的潜在兴趣者或需求者的矩阵 ϕ。这个矩阵则可以反映学习资源被使用者开发利用的情况。通过对这些资源的开发利用

情况的分析，可以估计该类资源所形成的需求规模，进而可以判断该资源的价值，从而可以为知识主体更好地做好内容推荐，使得学习资源的推送更加具有针对性和有效性。

二 "微学习"活动的实现模式

知识资源在不断运动和发展着，在其形成的最初阶段，往往都是出于一种无序的排列组合之中，它一方面随着人类社会实践与发展不断实现进化、增值；另一方面，它又有自己所独有的系统结构。在信息化社会中，一些负责信息组织机构或具有信息组织功能的工具将这些无序、混乱的知识有序化，在此基础之上进行知识的创新，而"微学习"的基本模式也是基于碎片化、无序化的知识通过信息组织的排序，从而构建新的知识体系的过程。

在以知识为核心的学习过程中，学习者自身的知识系统构建十分重要，在现代信息技术的支撑之下知识生态系统包括三个方面：一是社会与心理支持系统；二是资源支持系统；三是平台支持系统[1]。如图4—4所示。

知识在这三者之间的流动使得学习者能够将从社会环境中所获得的碎片化知识内化为自己的知识，并构建起自己的知识体系；与此同时，学习者还会将知识扩散、输出到外部，通过与他人的分享与交流，实现知识的社会化与外化。此外，在知识社区、学习系统的支持下，形成一个知识场，实现知识创新。野中郁次郎提出的知识创新SECI模型对这一过程进行了系统描述。

在数字时代，大量的信息存在于生活的各个角落，学习者从环境中获取知识一般通过两种途径：一是学习者与社会心理支持系统的交互；二是学习者与资源支持系统的交互。Song 和 Hill 将这样的社会环境划分为支持性因素与设计性因素。社会与心理支持系统指的是在自主学习的环境中所形成的自己与他人协作互助的环境，这些环境承载的是"群体思想、观念以及解决问题的方法"，即 Song 和 Hill 所定义的支持性因

---

[1] 马德芳：《在交互中共享学习生态的自主模式》，载《湖北广播电视大学学报》2006年第7期，第19—21页。

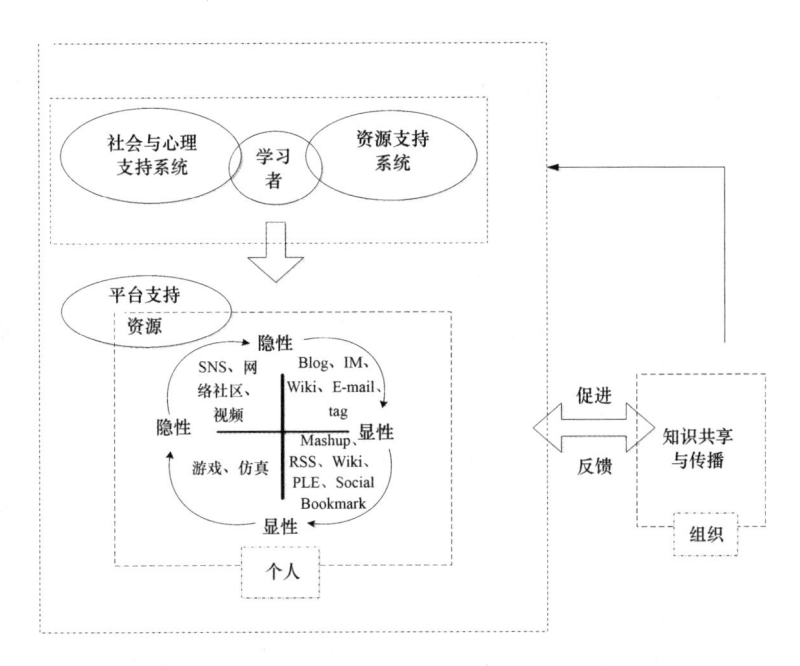

图 4—4　微学习活动的实现模式

素——同伴的帮助和反馈，是"人—人"环境，这是学习者在学习环境中获得信息的一种途径；另一种途径则是学习者与资源支持系统的交互，资源支持系统指的是学习者自主学习的资源环境，即 Song 和 Hill 所定义的设计性因素——学习环境资源和任务等，包括一系列物质化或者数字化媒体终端的内容，而学习者通过这些移动终端能随时获取自己所想获得的信息，是一种"人—机"环境。

学习者从这两种不同信息环境中获得信息，在平台资源系统的支持下内化为自己的知识，将知识内化吸收创新，成为下一个知识的传播者。由于学习者学习途径不同，因此知识转化方式也不同。首先，个人从他人那里学到的知识有一些是通过模仿、观察而来的，是他人的经验、见解等，这些不是通过言语传授得来的，在这种情况下社会化媒体能够将这些隐性知识在学习者之间传递，主要是通过 SNS 这一社会性网络互联应用建立起人与人之间的关系，提供信息和获取信息；此外还借助网络社区和视频、播客等具有情境创造性能的软件，还原的丰富多元的社会化情景，从而使学习者有一种置身其中的感受，使隐性知识能够在学习者之间传递。

其次,学习者从外界汲取到的隐性知识转化为显性知识,可以通过 Blog、IM、Wiki 等来实现,如学习者在 Blog 上可以发布或链接自己所认知的消息和内容,让大家看到并进行讨论;IM 是一种基于互联网的即时通讯软件,在媒介融合的环境下互联网与通信服务融合起来,打破了用户终端的限制,用户可以通过自己的电脑、电话随时获取信息、发布、反馈信息;Wiki 则是主要体现了一种集体智慧的力量,用户可以根据自己的认知,对某一词条不断地进行丰富,或者发现问题,对其修正,将自己的知识、经验总结,使内在的知识外在化。

再次,信息聚合工具能够提升显性知识利用效率的方式。在互联网环境下,任何微小的信息都蕴含深刻的内容,具有强大的力量。而搜索引擎、RSS、Mashup、社会化标签等工具都可以实现信息的聚合。这为学习者自主学习提供了有效的工具,为学习者创新一种实时更新的个人学习环境(Person Learning Environment,PLE),可以极大地提升学习者的学习效率。

最后,把显性知识转化为隐性化的过程就是指将一些明晰的知识转化为个人内在经验的过程,在这一过程中,需要提供一些实践场所,把学到的知识加以应用。[①] 基于社交媒体的各种学习社区、社群为显性知识向隐性知识的转化创造了重要的空间。通过社区、社群,学习参与者之间能够进行有效的互动、沟通,使学习者能够获得别人的一些经验、体会等隐性知识。有时,更为活跃的学习群还会通过线上与线下的互动(如线上与线下的讲座、论坛、沙龙等形式)来提升交流的深度,将拟态环境与现实环境有效融合,为学习参与者创造一个更为真实、有效的学习情境。

三 "微学习"过程中知识场的形成与测量

"微学习"过程中形成的知识场由知识主体维、知识客体维和知识环境维三个维度构成,这三个维度形成了知识场的三维立体空间。如图 4—

---

① 徐璐、曹三省、毕雯婧:《Web2.0 技术应用及 Web3.0 发展趋势》,载《中国传媒科技》2008 年第 5 期,第 62—64 页。

5 所示。这个空间内的各个节点之间相互作用形成知识的流动,进而构建起网络知识场运行系统。

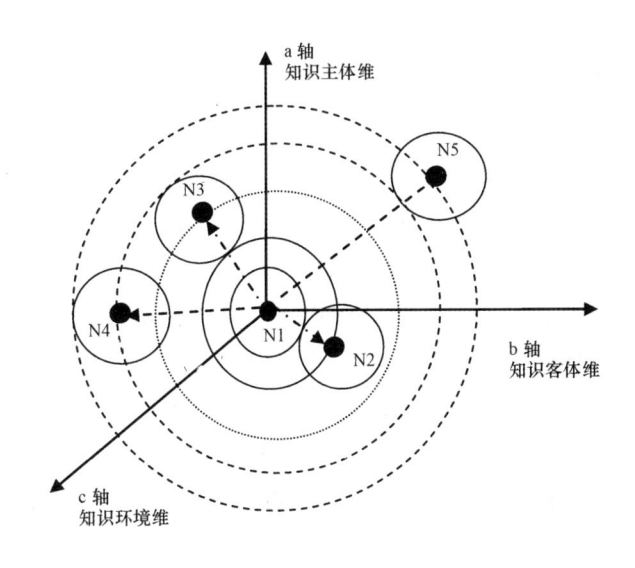

图 4—5 网络知识场三维模型

网络知识场的空间矢量函数表达式为:

$$\vec{K} = K_a(a'b'c)\vec{i} + K_b(a'b'c)\vec{j} + K_c(a'b'c)\vec{h} \quad (4-11)$$

式（4-11）中，$\vec{K}$ 为网络知识场的空间矢量；K_a、K_b、K_c 分别指知识主体维（a 轴）、知识客体维（b 轴）、知识环境维（c 轴）三个维度；$\vec{i}$、$\vec{j}$、$\vec{h}$ 分别为 a 轴、b 轴、c 轴的正向单位矢量。

在知识场中，各个节点均具有知识"源"的作用，同时，也具有知识"汇"的作用，距离知识"源"越接近，知识流动越少地受到阻力影响。知识节点在"知识场"中所处的位置反映了知识流动的程度和效率。

1. 知识主体维

知识主体（学习的参与者）是指网络微信息知识化的参与用户，即"人"，代表着是网络知识场中节点，是知识生产、流动的源头。其属性即是人的知识储备、文化程度、价值观念、情感、思维方式、性格特征、行为习惯、交互关系等因素。这些属性越接近、关系强度越高，则知识流动的水平越高；反之，如果节点之间存在着较大的差异，则知识流动性便不强。

2. 知识客体维

"微学习"活动中，知识客体是一些学习资源，包括信息、数据、知识等。这些学习资源散布在网络环境中，有些以碎片化的信息、数据等非结构化的方式存在，即"隐性知识"；有些以结构化的课程体系、知识体系、学习内容存在，即"显性知识"。

"隐性知识"，包括学习参与者的专业技术、直觉、感悟、经验、价值观等，这些知识具有非正式性、难以表达性；同时，"隐性知识"也包括网络中碎片化的信息以及人们的浏览、点击、参与等行为数据。"显性知识"是指可以结构化、具体化的知识体系，这些知识能够被完整而清晰地表述和有效地编码，能够直接地进行转移和传播。"隐性知识"可以通过网络社区、社群等方式进行转化；也可以通过知识挖掘、知识工程、知识推理、知识图谱等方式进行表示、开发与利用，成为"显性知识"。

知识客体的属性包括知识领域、知识难度、知识层次等。这些属性差异越大，则越不便于形成知识的流动态势，这两点在知识场中的距离也越远；相反，这些属性差异越小，则知识的流动越容易，这两点在知识场中的距离也越近。

3. 知识环境维

知识环境维是知识主体对知识客体开发与利用的空间，是学习者知识获取、知识分享与传播的空间。包括"硬环境"和"软环境"，"硬环境"包括网络学习社区、网络学习社群、网络论坛以及一些社交媒体等，指知识主体参与"微学习"活动的环境；"软环境"指学习参与者知识获取、知识生产、知识分享的整个氛围。网络环境下，知识场的形成对技术的依赖性更强，人们对于技术的要求越来越高，知识挖掘、知识管理等知识工程方法和技术在知识场构建过程中发挥着越来越重要的作用。

环境因素影响着知识获取、知识流动的效率，比如网络学习社区中，良好的交互环境、宽松的讨论氛围，去中心化的组织结构，有利于形成自下而上的知识涌现机制，有利于新知识的创生，也有利于知识的转移、扩散。与此同时，中心化的组织结构，严谨的交流环境，尽管不利于自下而上的知识涌现，但对于规范化、标准化、体系化的知识学习有较高的效率；当然，这也有可能会遏制知识的转移。知识环境要因地制宜、因时制宜，如果强调知识的创造性，则宽松的氛围，去中心化的环境，扁平化的组织结构，则更加适宜和有效；如果强调知识的规范性与标准化，严谨的环境和中心化的组织体系，则更适宜和有效。

网络知识场的测度是要对知识场中知识流动量、知识流动状态、知识流动的方向以及知识场的强度等进行定量化的描述。对于网络知识场中知识创生和知识流动的活跃程度用知识通量这一指标测量。通量是物理学中的概念，是描述某个属性量输送强度的物理量，指在流体运动中，单位时间内流经某单位面积的某属性量，如动量通量、热通量、物质通量和水通量等。这里借用这一概念来描述知识场中知识流动的强度。知识通量这个指标能够非常好地表示知识场中知识的流动性，描述知识场域内的知识流动活跃程度以及知识在该区域是趋于集中（从四周向该区域流入）还是趋于发散（从该区域向四周流出）。

网络环境中的知识场可能是由若干个小知识场叠加而成，比如网络知识社区就是由若干个知识社群叠加而成，为了测量知识场中知识的总流量，假定在知识场中有一个曲面 S，沿正向穿过有向曲面 S 的知识总流量就是上述所称的知识通量，曲面 S 的通量为曲面 S 上所有小面积元通量的叠加。我们可以探讨这个封闭曲面 S 的知识流入与流出的情况。这里将知识通量用 φ 表示。

对于上述知识场，其直角坐标系可以表示为：

$$K(a,b,c) = K_a(a,b,c)e_a + K_b(a,b,c)e_b + K_c(a,b,c)e_c$$
(4 – 12)

$$ds = dbdce_a + dadce_b + dadbe_c \qquad (4-13)$$

则这个知识场中的一个封闭曲面 S 的知识通量可以表示为：

$$\varphi = \int_S K \cdot ds = \int_S K_a dbdc + K_b dadc + K_c dadb = \begin{cases} >0 \\ =0 \\ <0 \end{cases} \quad (4-14)$$

对于知识场中的某一个知识节点，当 $\varphi > 0$，则表明此节点在知识的流动上是入度（indegree）小于出度（outdegree），即知识流出大于流入，这一节点吸收知识小于其发送的知识，该节点是知识创生节点和知识源节点。在某一个知识场域内包含着发送知识的源，如图 4—6（a）所示，知识以正向通过（流出）区域，流出的知识量为正。

相反，如果φ<0，则表明这个节点入度大于出度，即知识流入大于流出，此时知识场域内包含吸收知识的洞，有负的知识源，知识通过该知识场域的知识流量为负。如图4—6（c）所示。实际上可以看到，知识通量为向正侧穿过某一知识场域的正流量与向负侧穿过区域的负流量的代数和。

如果φ=0，不能确定某一知识场域内是否有知识流动，可能是没有任何知识流量，也可能是由于知识汇入量和知识发出量正好抵消的结果。如图4—6（b）所示。

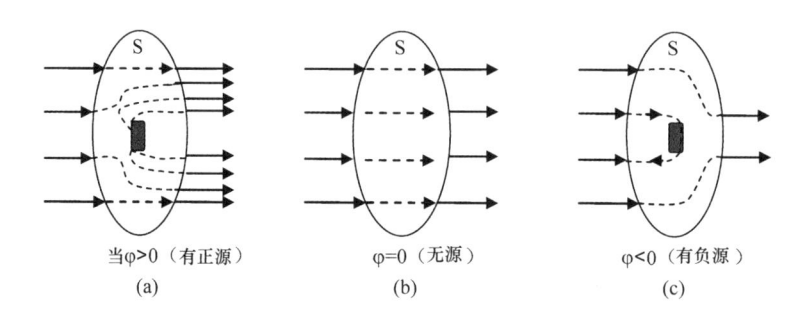

图4—6　知识场中的知识通量示意图

描述知识场中各节点作为知识源的强度和知识流量的密度可以用知识散度这个指标。散度（divergence）这个指标也是来自物理学的一个概念，可用于表征空间各点矢量场发散的强弱程度，物理上，散度的意义是场的有源性，它是空间坐标点的函数，代表矢量场的通量源的分布特性。散度是一个标量，散度为0时，表示该节点无源；散度值为正值时，代表该节点有散发通量的正源（发散源），代表输出大于输入；散度值为负值时，表示该点有吸收通量的负源（汇或洞），代表输入大于输出。

通过穿过知识场域S的通量φ的正负，能够判断出该曲面内是否有正源或负源，引入散度这个指标则可以说明知识节点在该知识场域内的分布情况和发散程度的强弱，即在单位时间从该节点流出的知识量。散度表示知识场中某一节点的通量对体积的变化率，即该节点处穿出包围单位体积的闭合曲面的知识流量，表明知识场内不同的节点以及与节点所处的不同位势的知识流动强度差异。散度测量了该知识源的强度和知识流量的密度，识别该知识节点是一个高知识需求性的节点还是一个高知识供给性的节点。一个知识节点既可以是知识源，也可以是知识汇，既可以发送知识，又可以吸收知识。

知识散度值的大小表明节点发送或吸引知识的强度，其绝对值越大，则表明该知识结点发送知识或吸收知识的强度越高。当知识散度大于0时，表明该节点为知识"源"，知识呈辐射状；相反，如果知识散度小于0时，表明这一知识节点是主要以吸收知识为主的知识"汇"。在一个直角坐标系中，知识散度的公式为：

$$divK = \lim_{\Delta V \to 0} \frac{\oint_s K \cdot ds}{\Delta V} = \frac{\partial K_a}{\partial a} + \frac{\partial K_b}{\partial b} + \frac{\partial K_c}{\partial c} \quad (4-15)$$

或者可以写成：

$$\nabla \cdot K = \frac{\partial K_a}{\partial a} + \frac{\partial K_b}{\partial b} + \frac{\partial K_c}{\partial c} \quad (4-16)$$

上述介绍的通量这一概念刻画了在知识场中，由知识节点构成的区域内的知识流入、流出情况，通量所测量的是知识场域内节点的共同作用，却未考虑到知识节点之间的相互作用关系。但实际上知识节点之间会产生相互作用，这种相互作用的效果并不是简单叠加所能表述的，它往往会产生更为复杂的特征。为了描述知识节点之间交流、互动的程度，这里引入"环量"这一概念。

在物理学中，环量（circulation）是指流体的速度沿着一条闭曲线的路径积分，即一个矢量沿一条封闭曲线积分得到的结果就是环量。环量的量纲是长度的平方除以时间，它是一个标量，常用Γ来表示，其公式为：

$$\Gamma = \oint_l \vec{K} \cdot d\vec{l} = \oint_l K\cos\vartheta dl \quad (4-17)$$

式（4-17）中，l 为有向曲线，其大小为 l，ϑ 为夹角。Γ为0时，则说明无环流存在，即闭合曲线内无旋涡源；Γ不为0时，则说明闭合曲线内含有产生环流的源，即旋涡源。

因为知识场中各要素之间相互作用、相互交流的过程，会产生类似知识旋涡，所以用环量来刻画知识场中的知识流交互、联系作用的状态是可行的。

知识环量描述了节点间知识交流的程度，节点相互联系、相互交流，知识在节点间的流动构成了闭合环路，以知识流动方向通过环路中的知识量总和就是此知识循环的环量。环量与知识流动所经过节点构成的回路内的知识流量有关。

环量面密度用于考察节点附近的环流状态，知识场 K 在点 N 处环量面密度定义为以下比值的极限，表明旋转强弱情况：

$$\tau_n = \lim_{\Delta s \to 0} \frac{\oint_l^\Gamma K \cdot dl}{\Delta s} \qquad (4-18)$$

在矢量场内存在着无数方位的有向曲面，其相应的法线也会存在无数个方向，τ_n 是与方向有关的不确定的标量值。然而，在这些方向中必然存在一个有最大变化率的环量面密度。这个密度或最大环量源强度由旋度这个指标来测量。旋度用来度量节点处的最大知识流量和该知识流量的方向，反映了知识节点与知识流动的关系。旋度在任一矢量方向的投影等于该方向上的环量面密度。

散度对节点知识流量的密度和强度进行了测量，并由此可以断定该节点是一个高吸收性节点还是一个高传播性节点。然而散度并未能测度该节点处的最大知识流量及其方向，而旋度正好可以对此进行测量。旋度在直角坐标系中可以表示为：

$$rotK = u_a\left(\frac{\partial K_c}{\partial b} - \frac{\partial K_b}{\partial c}\right) + u_b\left(\frac{\partial K_a}{\partial c} - \frac{\partial K_c}{\partial a}\right) + u_c\left(\frac{\partial K_b}{\partial a} - \frac{\partial K_a}{\partial b}\right)$$

$$= \begin{vmatrix} u_a & u_b & u_c \\ \frac{\partial}{\partial a} & \frac{\partial}{\partial b} & \frac{\partial}{\partial c} \\ K_a & K_b & K_c \end{vmatrix} = \nabla \times K$$

$$(4-19)$$

为了描述网络知识场中知识流沿某一方面的流速，可以用方向导数这个概念。在物理学中，方向导数是指在函数定义域内的点，对某一方向求导得到的导数。知识场中的方向导数描述了知识场中各节点的领域内沿任意方向的知识流量变化情况，体现了在任意方向知识流动的速度。

其值大于0，则说明知识流量在节点处沿着一个方向是增加的；其值小于0，则说明知识流量在节点处沿着一个方向是减小的。通过方向导数可找到在知识场中知识流量增长最快、下降最快以及增长为零的方向。

对于网络知识场的方向导数可以采用如下方式定义：设知识场空间三元函数 $K=f(a, b, c)$ 在点 $N(a, b, c)$ 沿着方向 l（方向角为 θ,β,γ）的方向导数为：

$$\frac{\partial f}{\partial l} = \lim_{\rho \to 0}\frac{f(a+\Delta a, b+\Delta b, c+\Delta c) - f(a,b,c)}{\rho} \quad (4-20)$$

式中，$\rho = \sqrt{(\Delta a)^2 + (\Delta b)^2 + (\Delta c)^2}$，且 $N'(a+\Delta a, b+\Delta b, c+\Delta c)$ 为在方向 l 上的点，其计算公式为：

$$\frac{\partial f}{\partial l} = \frac{\partial f}{\partial a}\cos\theta + \frac{\partial f}{\partial b}\cos\beta + \frac{\partial f}{\partial c}\cos\gamma \quad (4-21)$$

上述对网络知识场某一知识点的方向导数进行了定义，方向导数可以描述知识场中某节点处知识流量沿特定方向的变化率。而对于知识流沿哪个方向的变化率最大？且此变化率是多少？对于此问题的回答，引入"梯度"这个指标来测度。梯度是一个矢量概念，表示某一函数在该点处的方向导数沿着该方向取得最大值，即函数在该点处沿着该方向的变化最快、变化率最大，这个方向即为此梯度的方向，这个最大的变化率为该梯度的模。梯度垂直于过该节点的等势面，总是指向流量增大的方向。

可以通过梯度这个指标来测量知识场中知识流量的变化率，梯度这个指标还可以衡量知识流动的速度，知识流动最快的方向就是梯度的方向，其大小间接描述了知识的流速。知识场中某一个节点处的梯度，方向是知识流量变化率最大的方向，它的模等于知识流量在该节点的最大变化率的数值。

对于知识场梯度可以采用如下方式进行定义：设知识场空间三元函数 $K=f(a, b, c)$ 在区域 G 内具有一阶连续偏导数，点 $N(a, b, c) \in G$，称向量 $\left\{\frac{\partial f}{\partial a}, \frac{\partial f}{\partial b}, \frac{\partial f}{\partial c}\right\} = \frac{\partial f}{\partial a}\vec{i} + \frac{\partial f}{\partial b}\vec{j} + \frac{\partial f}{\partial c}\vec{h}$ 为函数 $K=f(a, b, c)$ 在节点 N 的梯度，记为 $\text{grad} f(a, b, c)$ 或 $\nabla f(a,b,c)$，即

$$\text{grad} f(a,b,c) = \nabla f(a,b,c) = f_a(a,b,c)\vec{i} + f_b(a,b,c)\vec{j} + f_c(a,b,c)\vec{h}$$

$$(4-22)$$

式中，$\nabla = \frac{\partial}{\partial a}\vec{i} + \frac{\partial}{\partial b}\vec{j} + \frac{\partial}{\partial c}\vec{h}$ 称为向量微分算子或 Nabla 算子，$\nabla f = \frac{\partial f}{\partial a}\vec{i} + \frac{\partial f}{\partial b}\vec{j} + \frac{\partial f}{\partial c}\vec{h}$。

上述测度指标对知识场中知识流动的强度和活跃程度、知识流量的强度和密度、知识节点之间交互的程度进行了测度，这些参数对于研究网络知识场的运行具有重要的作用。而测度整个知识场的总体强弱则由知识场的场强这一指标来实现，场强为矢量参数。其表达式为：

$$\vec{E} = \omega \cdot \frac{Q}{R} \cdot \vec{N} \tag{4-23}$$

式（4-23）中，$\vec{E}$ 为网络知识场的场强；ω 表示网络环境下的知识流动系数，它是通量、环量、等势面等测度指标的函数，它受知识传播者的传播意愿和传播能力、知识接收者的接收意愿、认知能力和吸收能力以及知识传播、流动的渠道等因素影响；Q 表示场源能量，是散度、旋度的函数；R 表示网络知识流动的加速度，是梯度、方向导数的函数；$\vec{N}$ 为单位方向矢量，大小为 1。知识场的场强反映了网络环境中知识发展与演化的总体状态。

由于知识的产生具有"高原"效应或"抱窝"效应，即知识创新总是更容易产生于场强更大的知识场，高质量的知识积聚具有生产更多高质量新知识的能力。由此可以看到，加大知识的积累、沉淀，优化知识的组织与管理，建立起有利于知识创生的激励机制，创建一个有利于知识积聚的知识场，对于知识创新具有重要的意义。

第四节　本章小结

本章基于系统论的视角对"微学习"进行了研究，提出了"微学习"活动系统的构成要素、活动层次结构以及实现过程。

首先，阐述了"微学习"系统的构成要素：作为学习主体的学习参与者、作为学习客体的学习资源以及作为支持要素的学习工具与环境，这些要素之间相互作用、相互依存，构成"微学习"的生态体系。

其次，研究了"微学习"活动层次结构，提出"微学习"活动由四个层面构成：学习目标层、学习方案层、学习资源层以及学习支持层。其中，前三个层次自上而下形成一个完整的学习活动逻辑体系，每个层次实现特定的目标，拥有特定的运作规则和逻辑，下一层是对上一层的细化与分解。学习支持层作为学习活动的工具，贯穿学习活动的始终。

最后，分析了"微学习"活动的实现过程。指出"微学习"活动是"微学习"资源知识化的过程，这个过程呈现出超网络结构；"微学习"活动的实现模式是个人知识循环往复转化的过程，是不断地对分散化、碎片化的信息进行收集、整理、创新和扩散的过程，是一个人不断将知识内在化、外在化、社会化的过程；这个过程也是知识场形成的过程，这个知识场由知识主体维、知识客体维和知识环境维三个维度构成，这三个维度形成了知识场的三维立体空间。

第 五 章

"微学习"参与者行为的影响因素：基于 SEM 的实证分析

本章着眼于对"微学习"系统中学习主体进行剖析。网络"微学习"作为一种自主学习方式，以互联网技术为支撑，以形式多样的知识资源为学习内容，使学习者能够随时随地进行学习，正在推动着学习方式的变革。本章通过对国内主要网络微学习平台使用者的问卷调查，运用结构方程方法，分析了影响网络微学习行为的主要因素。研究发现，对于"微学习"平台使用的易用性和有用性感知、对"微学习"平台的使用态度、学习信念和学习动机等主观规范、学习情境以及使用者的收入、年龄等都对其"微学习"行为有着不同的影响。

第一节 理论假设与建模

一 理论基础

本研究从行为学的视角，借鉴理性行为理论、计划行为理论、技术接受模型和情境学习理论来构建网络"微学习"行为的影响因素理论模型。

理性行为理论（Theory of Reasoned Action，TRA）是研究人类行为最有影响力的理论之一。该理论认为，在个体能够根据所能获取的信息做出理性决策的假设前提下，个体执行某项行为是由其"行为意图"决定的，而"行为意图"则是由个体对其所要执行的行为的"态度"和"主观规范"两个因素构成。所谓"主观规范"是指某种规范的信念和需要遵守的愿望。[1]

---

[1] Fishbein M. and Ajzen I. Belife, Attitude, Intention and Behavior: An introduction to theory and research [M]. Addison-Wesley, Reading, M. A. 1975.

计划行为理论（Theory of Planed Behavior，TPB）是在 TRA 理论基础上发展起来的一个更为完善的理论。TRA 理论强调，一些行为的发展并不一定完全来自态度、主观规范等因素，当个体在面对机会、资源、知识、个人能力局限时，会感知到其所在环境中关于时间和环境方面的约束条件，这些条件会影响到具体的行为。因此，在 TPB 和 TRA 的基础上，引入了"感知的行为控制变量"（perceived behavioral control），用以测量个体对其行为控制能力的感知。这种感知被定义为个体对实施某种行为的难易程度的感知。TPB 理论更适合预测行为的发生过程。[1]

技术接受模型（Technology Acceptance Mode，TAM）认为，用户接受并使用一种新的信息系统的态度和行为由其对该信息系统的"感知有用性"（Perceived Usefulness，PU）和"感知易用性"（Perceived Ease of Use，PEU）来决定。"感知有用性"是指用户使用该系统对提高自己工作绩效程度的一种感知；"感知易用性"则是指用户对使用该系统容易程度的一种感知，同时，感知有用性由感知易用性和一些外部变量构成。[2]

情境学习理论（Situated Learning）认为，学习行为不仅仅是态度、主观规范或使用感知等个体意识建构的心理过程，还是个体与外在环境交互性、社会性、实践性的参与过程。知识的意义、学习者自身意识均是在学习者和学习情境的互动、学习者与学习者之间的互动过程生成的。因此，对于学习行为的研究，必须要考虑到学习情境这一因素。[3][4]

二　模型建构

基于上述理论，本研究提出网络"微学习"行为的影响因素模型（MLBM），如图 5—1 所示，网络微学习参与者的学习意图行为受到三个因素的影响：

---

[1] Ajzen I. The Theory of Planned Behavior. Organizational Behavior and Human Decision Processes [J], 1991, 50: 179-211.

[2] Davis F. D. Perceived usefulness, perceived ease of use, and end user acceptance of information technology [J]. MIS Quarterly, 1989, 13: 319-340.

[3] Brown J. S., Collins A. & Duguid P. Situated cognition and the culture of learning [J]. Educational Researcher, 1989, 18 (1): 32-42.

[4] Lave J. & Wenger E. Situated learning: Legitimate peripheral participation [M]. Cambridge, United Kingdom: Cambridge University Press, 1991.

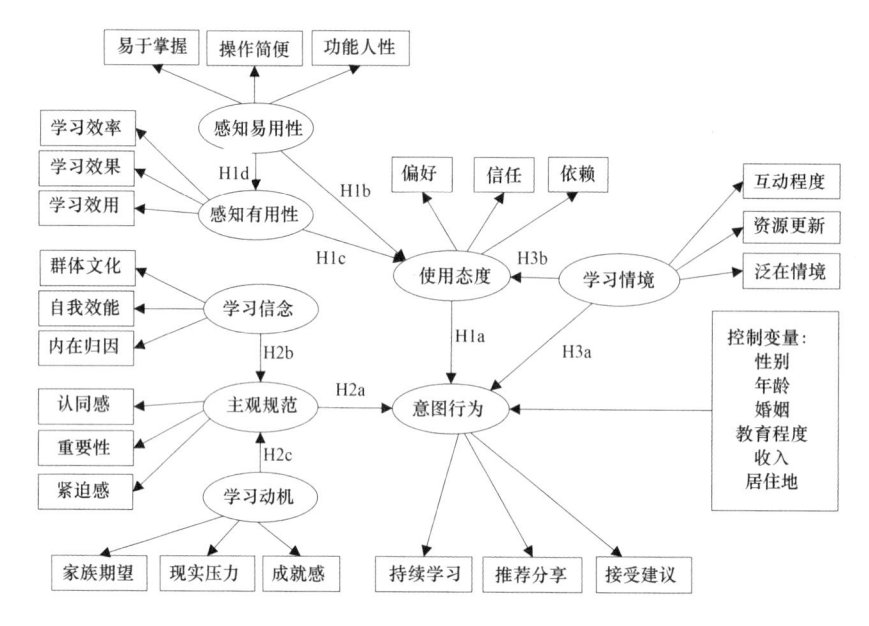

图5—1 研究模型（MLBM）及理论假设

一是学习者对"微学习"系统平台使用态度，包括感知易用性和感知有用性两个方面。使用态度越积极，其微学习的意图行为越主动。同时，学习者对微学习系统平台易用性的感知不但会影响其使用态度，还会影响其对学习系统平台有用性的感知。

二是学习者的学习主观规范。所谓主观规范是指学习者在学习活动中所感受到内在与外在的压力，从而对自身学习行为所形成的某种预期以及内在约束等。它受学习信念和学习动机两个方面影响。学习信念是学习者对自我学习能力、学习态度、学习诉求的主观认知，通常会以一种内在气质、思维模式和行为习惯呈现。学习动机是指引发和维护学习者学习行为的直接动力倾向，包括家庭的期望、学业与工作的压力以及获取知识的成就感与荣誉感等方面。学习者的主观规范越强，则其学习意图行为越积极。

三是学习情境，包括学习过程中的交流互动程度、学习场景的移动化和泛在化程度、学习资源的更新程度等学习场景因素。学习情境会影响学习者对"微学习"系统平台的使用态度，也会通过使用态度而影响学习意图行为。学习情境的互动性和移动性、资源的更新性越强，学习者的使用态度和学习意图行为越积极。本书提出的假设关系如表5—1所示。

表5—1　　　　　微学习行为影响因素之间的假设关系

编号	假设关系	文献
假设 H1a	微学习者对学习系统平台的使用态度对其学习意图行为起到正向作用	Fishbein, M and Ajzen I, 1975；Ajzen I, 1991；Davis F D, 1989
假设 H1b	微学习者对学习系统平台的感知易用性对其使用态度起到正向作用	Davis F D, 1989 周岩，2009①
假设 H1c	微学习者对学习系统平台的感知有用性对其使用态度起到正向作用	
假设 H1d	微学习者对学习系统平台的感知易用性对感知有用性起正向作用	
假设 H2a	微学习者的主观规范对其学习意图行为起正向作用	Fishbein M and Ajzen I, 1975；Ajzen I, 1991
假设 H2b	微学习者的学习信念对其学习的主观规范起正向作用	Fishbein M and Ajzen I, 1975
假设 H2c	微学习者的学习动机对其主观规范起正向作用	
假设 H3a	微学习者的学习情境对于其学习意图行为起正向作用	Brown J S, 1989；Lave J & Wenger E, 1991
假设 H3b	微学习者的学习情境与其对微学习系统平台的使用态度呈正向关系	

三　变量测量

为了验证模型中潜变量的关系，需要确定潜变量的测量变量。测量变量主要来源于各相关文献，同时，为了适应本研究的环境与研究目的，对一些测量变量进行了归纳和修正，并适当增加了新的测量变量，如表5—2所示。

---

① 周岩：《基于TRA和TAM的大学生网络学习行为模型构建》，载《中国电化教育》2009年第11期，第58—62页。

表5—2　　　　　　　各潜变量的测量指标与问题条目

潜变量	测量变量	问题条目	文献
意图行为	持续学习	我长期坚持通过网络微学习平台进行学习	Gefen, D, 1997①；汪羽，2014②
	推荐分享	我会把目前的学习经验和使用体验分享给他人	
	接受建议	我经常听取微学习平台中其他人给我的建议	
学习情境	互动程度	我经常会在学习系统平台中与他人交流互动	黄越岭和朱德全，2015③
	资源更新	微学习平台中的学习资源更新速度很快	
	泛在情境	微学习平台能够使我在任何时间和地点学习	
使用态度	偏好	我很喜欢使用微学习平台进行学习	ROGERS E M，1995④
	信任	微学习平台提供的内容非常权威	
	依赖	我目前的学习已经离不开微学习平台了	
主观规范	认同感	学习能够让我获得其他人的认同	Bhattacherjee A. 2000⑤
	重要性	学习对我来说是非常重要的事	
	紧迫感	我必须要抓紧时间学习，不然就晚了	

---

① Gefen D, Straub D. W. Gender differences in the perception and use of E-mail: an extension to the technology acceptance model [J]. MIS Quarterly, 1997, 21 (4): 389 – 400.

② 汪羽：《大学生网络学习行为量表的编制》，辽宁师范大学2014年版。

③ 黄越岭、朱德全：《网络学习情境性评价模型：建构与实施》，载《远程教育杂志》2015年第3期，第26—32页。

④ Rogers E M. Diffusion of Innovations (4th) [M]. New York: Free Press, 1995: 107 – 156.

⑤ Bhattacherjee A. Acceptance of e-commerce services: the case of electronic brokerages [C]. Systems, Man and Cybernetics, Part A: Systems and Humans, IEEE Transactions, 2000, 30 (4): 411 – 420.

续表

潜变量	测量变量	问题条目	文献
感知易用性	易于掌握	目前的微学习平台非常容易掌握	Koufaris, M, 2002①
	操作简便	目前的微学习平台操作起来非常简单	
	功能人性	目前的微学习平台功能非常具有人性化	
感知有用性	学习效率	网络微学习平台能够极大提高我的学习效率	
	学习效果	我觉得通过网络微学习平台能够学到很多知识	
	学习效用	通过网络微学习平台进行学习对我的成长帮助很大	
学习信念	群体文化	一直以来我身边的学习氛围都很浓厚	刘儒德等,2009②
	自我效能	我觉得自己有较强的学习能力	
	内在归因	目前我所遇到的多数问题都是由于自己知识水平和学习努力不够所致	
学习动机	家庭期望	我的家庭很希望我成为爱学习、有知识的人	王迎等,2006③;莫闲,2008④
	现实压力	目前的学业或工作迫切要求我学习充电	
	成就感	学习能够使我有很大的成就感	

---

① Koufaris M. Applying Technology Theory Acceptance consumer behavior [J]. Information Systems Research, 2002, 13 (2): 205 – 223.

② 刘儒德、高丙成、和美君、宋灵青:《论学习信念的形成》,载《北京师范大学学报》(社会科学版)2009 年第 5 期,第 20—24 页。

③ 王迎、彭华茂、黄荣怀:《远程学习者学习动机测量工具的编制与应用》,载《开放教育研究》2006 年第 5 期,第 74—78 页。

④ 莫闲:《学习动机整合理论的建构与研究展望》,载《心理科学》2008 年第 6 期,第 1517—1520 页。

第二节 模型验证

一 数据收集及描述性统计

研究数据通过网络调查，持续时间为2015年5月至2016年1月。采用配额抽样和简单随机抽样相结合的方法。根据各主要网络"微学习"平台的用户规模来配额发放问卷，这些网络"微学习"平台包括以下几类：一是基于C2C模式的网络在线学习平台，包括百度传课、多贝网、好知网、几分钟网、第九课堂、技能学习网等；二是基于B2C模式的网络在线学习平台，包括网易云课堂、51CTO、跟谁学、萝卜网、好学网、勤学网、优才网等；三是学习资源聚合平台，包括课程图谱、网易公开课、MOOC学院等；四是基于移动端的学习APP，包括拓词、爱卡微口语、百词斩、得到APP、一起学堂、教摄影等；五是知识、经验、分享社区，包括知乎、豆瓣、果壳等。共发放问卷4000份，有效问卷2582份。综合最终样本信息，样本分布相对均衡。如表5—3所示。

表5—3　　　　　　　　人口统计变量的描述性统计

变量	类别	频率	百分比（%）	变量	类别	频率	百分比（%）
性别	女	1124	43.5	月均收入（元）	<2000	318	12.3
	男	1458	56.5		2000—2999	116	4.5
年龄（岁）	≤20	420	16.3		3000—3999	93	3.6
	21—29	981	38.0		4000—4999	105	4.1
	30—39	725	28.1		5000—5999	154	6.0
	40—49	360	13.9		6000—6999	419	16.2
	≥50	96	3.7		7000—7999	610	23.6
婚姻	已婚	1401	54.3		8000—8999	532	20.6
	单身	1181	45.7		≥9000	235	9.1

续表

变量	类别	频率	百分比（%）	变量	类别	频率	百分比（%）
教育程度	小学及以下	3	0.1	居住地区	农村	62	2.4
	初中	64	2.5		乡镇	112	4.3
	高中/中专/技校	590	22.9		县级市/县城	335	13.0
	大专	376	14.6		地级市城区	459	17.8
	本科	1439	55.7		省会城市	1055	40.9
	研究生及以上	110	4.3		直辖市	559	21.6

二 数据信度与效度

量表的信度和效度使用主成分分析和验证性因素分析（CFA）来检验。由于 KMO 值为 0.762，表明该数据适合作因子分析[1]。如表 5-4 所示。所有的指标均加载于预期的因子上，因子载荷均远高于交叉载荷，说明有较好的聚合效度和区分效度[2]。

表 5—4　　　　　　　　探索性因素分析旋转成分矩阵[a]

	成　分							
	1	2	3	4	5	6	7	8
beha1	0.111	0.163	0.228	0.304	0.054	0.039	0.561	0.407
beha2	0.095	0.037	0.210	0.213	0.075	0.093	0.782	0.079
beha3	0.092	0.075	0.146	0.163	0.086	0.057	0.821	0.099
sn1	0.024	0.124	0.824	0.086	-0.037	0.001	-0.035	0.060
sn2	0.001	0.025	0.801	-0.015	0.002	0.056	0.194	-0.092
sn3	0.039	0.056	0.753	0.039	0.058	0.066	0.233	-0.001
uatt1	0.108	0.097	0.102	0.780	0.080	0.057	0.145	0.163
uatt2	0.102	0.026	-0.047	0.771	0.134	0.098	0.204	-0.068
uatt3	0.058	0.054	0.056	0.769	0.133	0.106	0.079	-0.039

---

[1] Kaiser H. F. An Index of Factorial Simplicity [J]. Psychometrika, 1974, 39 (1): 1—36.
[2] Chin W. W. The Partial Least Squares Approach for Structural Equation Modeling [A]. in: G. A. Marcoulides (Ed.), Modern Methods for Business Research [C]. Mahwah, N. J.: Lawrence Erlbaum Associates, 1998: 295-336.

续表

	成　分							
	1	2	3	4	5	6	7	8
beli1	0.039	0.826	0.076	0.061	0.010	0.060	0.024	0.030
beli2	0.035	0.823	0.043	0.029	0.073	0.081	0.023	0.000
beli3	0.100	0.781	0.079	0.079	0.126	0.078	0.111	0.030
moti1	0.020	0.016	0.026	0.083	-0.052	0.818	0.044	-0.032
moti2	0.084	0.085	0.075	0.095	0.060	0.779	0.052	0.060
moti3	0.058	0.117	0.015	0.060	0.041	0.815	0.043	0.016
uful1	0.064	0.103	0.002	0.165	0.780	0.011	0.116	0.038
uful2	0.105	0.069	0.032	0.092	0.805	0.036	0.046	0.018
uful3	0.006	0.033	-0.010	0.070	0.818	0.000	-0.001	0.024
easy1	0.840	0.099	0.026	0.083	0.040	0.039	0.049	0.017
easy2	0.832	0.115	-0.009	0.114	0.103	0.024	0.119	-0.012
easy3	0.783	-0.029	0.046	0.056	0.035	0.097	0.032	0.036
envi1	0.037	0.044	0.027	-0.016	0.089	-0.003	0.109	0.764
envi2	0.017	-0.041	0.066	0.042	-0.009	-0.002	-0.064	0.733
envi3	-0.037	0.053	-0.224	-0.012	-0.013	0.052	0.267	0.595

注：提取方法：主成分。旋转法：具有 Kaiser 标准化的四分旋转法。a. 旋转在 5 次迭代后收敛。

结构信度和效度可运用 CFA 来进一步检验。如表 5—5 所示，Cronbach's α 系数和 CR（Composite Reliability，组合信度）均大于 0.7，这显示出在信度上有较为满意的表现[1]。

表5—5　　　　　　　　验证性因素分析（CFA）结果

	Indictor	Standard loadiong	Cronbach's α	CR	AVE	Multicollinearity statistics	
						Tolerance	VIF
意图行为	beha1	0.768	0.790	0.789	0.55	—	—
	beha2	0.741					
	beha3	0.724					

[1] Straub D., Boudreau M., Gefen D. Validation Guidelines for IS Positivist Research [J]. Communication of AIS, 2004 (13): 380-427.

续表

	Indictor	Standard loadiong	Cronbach's α	CR	AVE	Multicollinearity statistics	
						Tolerance	VIF
主观规范	sn1	0.664	0.752	0.754	0.51	0.871	1.148
	sn2	0.750					
	sn3	0.716					
使用态度	uatt1	0.722	0.741	0.742	0.49	0.702	1.425
	uatt2	0.728					
	uatt3	0.648					
学习信念	beli1	0.722	0.771	0.770	0.53	0.961	1.041
	beli2	0.722					
	beli3	0.736					
学习动机	moti1	0.687	0.750	0.750	0.50	0.984	1.016
	moti2	0.695					
	moti3	0.740					
感知有用性	uful1	0.739	0.751	0.751	0.50	0.957	1.045
	uful2	0.721					
	uful3	0.664					
感知易用性	easy1	0.768	0.780	0.784	0.55	0.938	1.066
	easy2	0.828					
	easy3	0.615					
学习情境	envi1	0.613	0.701	0.747	0.50	0.703	1.423
	envi2	0.628					
	envi3	0.665					

注：所有标准化因子负荷的显著性均在 $p<0.001$。

对于结构效度，需要检验聚合效度（Convergent Validity）和区分效度（Discriminant Validity）。聚合效度基于对指标载荷的检验和 AVE 这一参数（the Average Variance Extracted，平均方差抽取量）来验证。如表5—5 所示，AVE 值总体上达到了相关要求[1]。所有指标的标准化载荷具

---

[1] Fornell C., Larcker D. Structural Equation Models with Unobservable Variables and Measurement Error: Algebra and Statistics [J]. Journal of Marketing Research. 1981, 18 (1): 39-50.

有较强的显著性（小于 0.001），本研究中所使用的量表具有良好聚合效度[1]。

通过比较 AVE 的平方根与各潜变量的相关系数来检验区分效度，如表 5—6 中的数据，对角线即为 AVE 的平方根，非对角线上的即为潜变量相关系数，前者均大于后者，可以判断具有较优的区分效度。

表5—6　　　　　　　　　　区分效度检验结果

	意图行为	主观规范	使用态度	学习信念	学习动机	感知有用性	感知易用性	学习情境
意图行为	0.745							
主观规范	0.292	0.711						
使用态度	0.594	0.183	0.700					
学习信念	0.292	0.226	0.242	0.727				
学习动机	0.244	0.152	0.297	0.257	0.708			
感知有用性	0.28	0.062	0.395	0.249	0.371	0.709		
感知易用性	0.304	0.1	0.328	0.135	0.233	0.232	0.742	
学习情境	0.47	-0.014	0.125	0.26	0.112	0.126	0.073	0.707

运用 Harman 单因素方法检验共同方法偏差（Common Method Bias），对所有变量进行探索性因素分析，未旋转的因子解中，抽取出 7 个因子，最大的因子解释了 19.40% 的方差，即没有一个因子在总方差中占有重要的地位，说明共同方法偏差并不明显。另外，我们根据 Liang 等提出的方法来进一步验证共同方法偏差[2]，结果显示变量载荷显著，而共同方法因子载荷不显著，由此可以看出本研究不涉及共同方法偏差问题。

另外，进行多重共线性分析，如表 5—5 所示，方差膨胀因子（VIF）的值都在 10 以下，说明多重共线性问题不存在。

---

[1] Chin W. W. A. Gopal, W. D. Salisbury, Advancing the Theory of Adaptive Structuration: the Development of A Scale to Measure Faithfulness of appropriation [J]. Inf. Syst. Res, 1997, 8 (4): 342-367.

[2] Liang H., Saraf N., Hu Q., Xue Y. Assimilation of enterprise systems: the effect of institutional pressures and the mediating role of top management [J]. MIS Q. 31 (1), 2007, 59-87.

三 竞争模型

认知神经科学研究表明,情绪直接或间接地影响着个体的学习活动[1]。因此,本研究在模型中加入一个新的变量——情绪,构建一个新的嵌套模型,对竞争模型进行验证。在新的竞争模型中,情绪变量作用于学习行为,并受主观规范的影响。由于相关研究证明焦虑情绪对学习行为起着重要影响,这里探讨焦虑情绪的作用,从三个方面对焦虑情绪进行测量:一是生理体验层面,具有注意力不集中、记忆力下降等认知问题[2];二是主观心理层面,具有不确定感、不可控感和不安全感[3];三是外在行为表现层面,具有逃避现实、回避现实和选择拖延倾向[4]。

图5—2为原研究模型的标准化路径系数,可以看到模型中的9个假设关系均得到了不同程度的证实。图5—3为竞争模型的标准化路径系数,情绪变量对于学习行为的影响不显著。

运用似然比检验(Likelihood Ratio Test)计算研究模型与竞争模型的χ^2值之差,如表5—7所示。两个模型的χ^2值之差为1115.222,$p < 0.001$,两个模型之间有显著性差异,两个模型并不等价,拒绝竞争模型;此外,从表5—7中可见,研究模型的拟合指标优于竞争模型。因此,情绪变量不应加入模型中,仍使用本研究设计的研究模型。

---

[1] 孙芳萍、陈传锋:《学业情绪与学业成绩的关系及其影响因素研究》,载《心理科学》2010年第1期,第204—206页。

[2] Etkin A. Functional neuroanatomy of anxiety: A neural circuit perspective [A]. In Behavioral neurobiology of anxiety and its treatment (Current topics in behavioral neurosciences) [C]. Berlin Heidelberg: Springer, 2010, 2: 251 – 277.

[3] Bishop S. J. Neurocognitive mechanisms of anxiety: An integrative account [J]. Trends in Cognitive Sciences, 2007, 11 (7), 307 – 316.

[4] Grupe, D. W., & Nitschke, J. B. Uncertainty and anticipation in anxiety: An integrated neurobiological and psychological perspective [J]. Nature Reviews Neuroscience, 2013, 14 (7): 488 – 501.

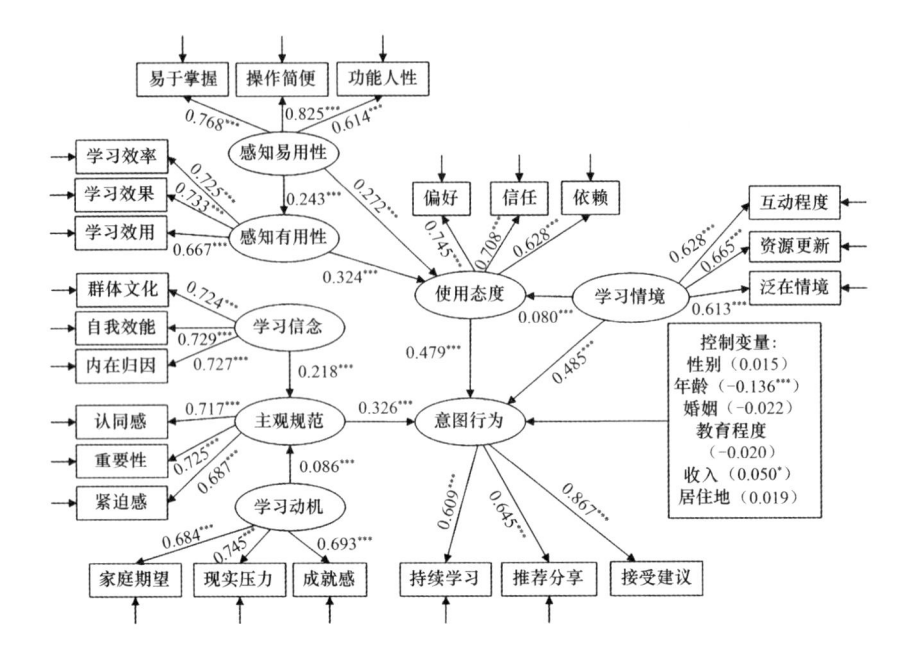

图 5—2　研究模型的路径系数

注：* p<0.05，*** p<0.001。

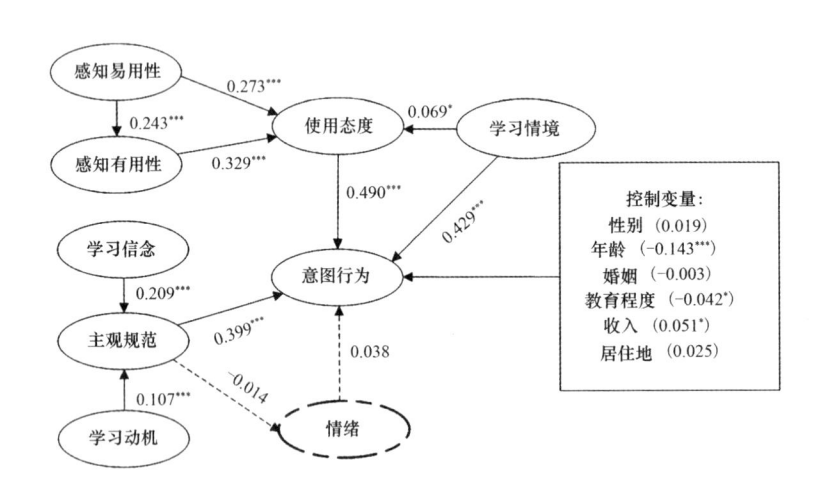

图 5—3　竞争模型的路径系数

注：* p<0.05，*** p<0.001；虚线表示路径系数不显著。

表 5—7　　　　　　　　　竞争模型的比较

因变量	自变量		研究模型	竞争模型
意图行为	主观规范		0.326*** (0.023)	0.399*** (0.024)
	使用态度		0.479*** (0.028)	0.490*** (0.026)
	学习情境		0.485*** (0.030)	0.429*** (0.031)
	情绪		—	0.038 (0.028)
	控制变量	性别	0.015 (0.017)	0.019 (0.018)
		年龄	−0.136*** (0.023)	−0.143*** (0.024)
		婚姻	−0.022 (0.022)	−0.003 (0.023)
		教育程度	−0.020 (0.019)	−0.042* (0.019)
		收入	0.050* (0.022)	0.051* (0.022)
		居住地	0.019 (0.018)	0.025 (0.018)
使用态度	感知有用性		0.324*** (0.026)	0.329*** (0.026)
	感知易用性		0.272*** (0.027)	0.273*** (0.027)
	学习情境		0.080*** (0.031)	0.069*** (0.031)
感知有用性	感知易用性		0.243*** (0.023)	0.243*** (0.023)
主观规范	学习信念		0.218*** (0.028)	0.209*** (0.028)
	学习动机		0.086*** (0.028)	0.107*** (0.028)
因子载荷				
意图行为	持续学习		0.609*** (0.016)	0.715*** (0.014)
	推荐分享		0.645*** (0.015)	0.732*** (0.015)
	接受建议		0.867*** (0.015)	0.758*** (0.014)
主观规范	认同感		0.717*** (0.017)	0.749*** (0.015)
	重要性		0.725*** (0.015)	0.665*** (0.016)
	紧迫感		0.687*** (0.016)	0.715*** (0.016)
使用态度	偏好		0.745*** (0.016)	0.717*** (0.016)
	信任		0.708*** (0.017)	0.730*** (0.016)
	依赖		0.628*** (0.018)	0.641*** (0.017)
学习信念	群体文化		0.724*** (0.014)	0.724*** (0.014)
	自我效能		0.729*** (0.014)	0.728*** (0.015)
	内在归因		0.727*** (0.015)	0.729*** (0.015)

续表

因变量	自变量	研究模型	竞争模型
学习动机	家庭期望	0.684*** (0.017)	0.684*** (0.016)
	现实压力	0.745*** (0.016)	0.693*** (0.017)
	成就感	0.693*** (0.017)	0.744*** (0.016)
感知有用性	学习效率	0.725*** (0.016)	0.733*** (0.016)
	学习效果	0.733*** (0.016)	0.725*** (0.016)
	学习效用	0.667*** (0.017)	0.667*** (0.018)
感知易用性	易于掌握	0.768*** (0.014)	0.767*** (0.014)
	操作简便	0.825*** (0.013)	0.825*** (0.013)
	功能人性	0.614*** (0.017)	0.614*** (0.017)
学习情境	互动程度	0.628*** (0.034)	0.454*** (0.024)
	资源更新	0.665*** (0.016)	0.508*** (0.025)
	泛在情境	0.613*** (0.017)	0.657*** (0.034)
拟合指标			
Number of Free Parameters		96	104
LL		−74737.783	−84539.542
LL SCF		1.0661	1.0558
χ^2		1749.448***	2563.469***
d.f.		372	463
χ^2 SCF for MLR		1.0065	1.0093
χ^2 的 P 值		0.0000	0.0000
$\triangle\chi^2$		—	1115.222***
CFI		0.923	0.885
TLI		0.913	0.872
RMSEA		0.038 (0.036 0.040)	0.042 (0.040 0.044)
SRMR		0.043	0.040
AIC		149667.566	169287.084
BIC		150229.773	169896.141
Adjusted BIC		149924.754	169565.704

注：* $p<0.05$，*** $p<0.001$。

四 间接效应

为了考察中介变量的作用机制,测量了各条路径的间接效应。由表5—8中可见,学习情境对网络微学习的意图行为无论是直接效应还是间接效应都最强,总间接效应达到0.523,占总效应的66.2%;学习者对微学习平台感知易用性对其学习意图行为的影响其次,其间接效应为0.168,占总效应的21.2%。而学习动机对学习意图行为的间接效应最低,达到0.028,占总效应的3.5%。

表5—8　　　　　网络微学习行为影响因素的间接效应

路径	分路径间接效应	总间接效应	占比	
学习情境→使用态度→意图行为	0.039** (0.015)	0.523*** (0.032)	0.049	0.662
学习情境→意图行为	0.485*** (0.030)		0.613	
感知易用性→感知有用性→使用态度→意图行为	0.038*** (0.005)	0.168*** (0.017)	0.048	0.212
感知易用性→使用态度→意图行为	0.130*** (0.016)		0.164	
感知有用性→使用态度→意图行为	0.155*** (0.015)	0.155*** (0.015)	0.196	
学习信念→主观规范→意图行为	0.071*** (0.011)	0.071*** (0.011)	0.090	
学习动机→主观规范→意图行为	0.028*** (0.010)	0.028*** (0.010)	0.035	

注:** $p<0.01$,*** $p<0.001$。

第三节　讨论与启示

综合上述分析可以看出,网络"微学习"参与者的学习行为与课堂学习有着极大的差异,学习情境与感知易用性对学习意图行为起着重要的作用,同时,微学习也体现出学习者的一种自觉性和习惯性,而非较强的目的性和动机性。

1. 学习情境对网络"微学习"行为起着最关键的作用

网络"微学习"行为中,学习情境对于学习的意图行为的影响至关重要($\beta=0.485$),其影响高于主观规范($\beta=0.326$)和使用态度($\beta=0.479$)。学习情境不但直接影响学习的意图行为,还通过影响使用态度间接影响着学习行为,这种间接效应占总效应的66.2%。网络"微学习"与传统的课堂学习以及计算机网络辅助学习等具有很大的区别,它以一种移动化、泛在化和高度生活化的方式出现。学习不再是个体自身的活动,而是个体之间进行知识交互的社会化活动,是学习者在社会网络关系中利用碎片化时间对片段化学习资源进行结构化的联结和重组的过程[①]。在这个过程中,学习者不仅仅通过学习平台获取知识,还通过知识交流为群体学习贡献知识,这些知识经过学习平台的加工重组,再回馈给知识网络并推送给个体,形成一个开放的知识生态。学习系统与技术平台不仅是一个学习工具,还是一个知识聚合、知识协作和知识社交平台,这要求其不仅仅具有易用、好用的使用体验,更要能为学习者创造一个学习与生活快速切换、平滑衔接与有效融合的情境,搭建知识网络和学习社群。

因此,"微学习"平台开发者必须要把核心任务放在个性化学习情境的营造上:一是充分利用移动化多屏互动方式,将学习场景有机嵌入生活环境中,实现双向融入,为移动化、泛在化学习提供技术支撑。二是建立有效的知识分享机制和O2O(线上线下)社群组织模式,构建知识社交圈和学习社交网;同时,通过社会化参与和学习任务完成"榜单"等形式,形成基于社会关系的学习竞争与激励氛围。三是基于语义网、Mashup、智能推荐等技术,高效整合网络中松散分布的非结构化的微信息,构建资源迭代更新的知识库,并实现精准化、个性化知识推荐,引导学习者进入学习情境。

2. 网络"微学习"平台的易用性是提升学习者兴趣并保证持续学习行为的前提

学习者对"微学习"系统平台的感知易用性对学习意图行为的总间

---

① Siemens G. Connectivism: A learning for the digital age [J]. Instructional technology& distance learning, 2005 (1): 3-10.

接效应达到0.168，占总效应的21.2%；而感知有用性对学习行为的间接效应为0.155，占总效应的19.6%。同时，感知易用性对感知有用性起到显著的正向作用（$\beta = 0.248$）。可以看到，感知易用性比感知有用性对微学习行为的影响更重要，"微学习"者对系统易用性的感知不仅直接影响着他们对学习系统平台的使用态度，还直接影响着他们对系统有用性的感知，进一步间接影响着他们的使用态度。"微学习"活动的非正式性和生活化的学习场景，需要系统平台的使用更加容易掌握、操作更加简单和便捷、功能更具人性化。只有这样，才有可能吸引更多的潜在使用者，形成用户规模；用户在进一步使用的过程中才有可能体验是否对自己的学习有用，进而产生使用黏性。

这给"微学习"系统平台产品开发提供了重要思路：一方面，"微学习"平台的功能一定要简单、简便、简约，舍弃不必要的功能，保留最核心的功能，特别是人机交互界面一定要简洁；自动隐藏用户不需要的信息，简化用户的认知过程；对于必要的功能项，简化其操作难度，将复杂的操作逻辑按照逻辑关系和操作复杂度，拆分为一些简单易用的模块。另一方面，要进行情感化的功能设计，操作上符合人性，增强使用者对系统的可控感，如设计学习进度条、及时的错误提示和等待提醒等，让用户明确感知当前界面状态，形成操作预期，引发学习者认知愉悦，从而为用户带来积极的情绪体验。

3. 网络"微学习"参与者的学习意图行为体现出学习者的一种学习自觉性和习惯性，而非较强的目的性和动机性

"微学习"者的学习动机对学习意图行为的间接效应最低，为0.028，占总效应的3.5%；而学习者的学习信念对其学习意图行为的间接效应达到0.071，占总效应的9.0%。可以看到，"微学习"参与者的学习意图行为主要源自其良好的学习信念和习惯而非现实的学习压力。如果把学习信念看成一种自觉而自发的学习习惯，把学习动机看作一种现实的、有较强目的性的内在或外在的动力或压力的话，那么，"微学习"行为更可能是由于其多年形成的一种生活方式和学习习惯使然；而非主要来自其学业、工作的现实压力、家庭期望以及其他现实性功利目的。"微学习"是一种非正式学习方式，是一种"生活中学、做中学、玩中学"的

学习方式①。这不同于课堂学习、远程教育等正式学习有专门的教师、固定的场景,其学习时间偶然性、学习地点随意性、知识来源多渠道化、学习形式多样化。这种非正式的学习方式主要依靠学习的自觉与自发,学习效果实际上也难以得到确定性保障。因此,有较强的学习压力或明确而功利的学习目的的学习者会以课堂等正式学习方式作为首选,"微学习"只能做为辅助和补充的学习方式。与传统课堂学习不同,"微学习"情境中学习资源的趣味性、新颖性、精练性比知识的体系化和结构化程度更重要。

基于此,"微学习"平台的开发者应立足于非正式学习的特性,学习内容上不求"全、大、多、详",而应求"趣、小、活、精"。创建基于图文音视等不同形式、短小精练、优质的微学习内容,可以通过自建、外包、众包、UGC 等模式来创建,后期需要进行内容筛选、编辑加工与系统组织。同时,学习的内容可以不局限于传统课程教育的知识体系,向兴趣、爱好等"长尾化"知识拓展,如音乐、读书、营养、茶艺等生活知识,也可以基于某一个专业问题形成一个课程,开辟更多的学习领域,形成丰富的学习社群。

4. 高收入、年轻人是网络"微学习"的主要参与者

模型的控制变量中有两个变量与学习意图行为呈现出显著相关性:年龄与"微学习"意图行为呈显著负相关($\beta = -0.136$),收入与"微学习"意图行为呈显著正相关($\beta = 0.050$)。由此可见,网络"微学习"参与者以高收入的年轻人为主。总体上来讲,拥有较高收入的人其可支配收入相对于支出有更多的剩余,生活较为宽裕,他们对自我发展预期、社会认同、生活品质有更高要求,网络微学习这种学习方式能够给他们营造一种学习场景,满足他们自我提升的期望。而年轻人即是所谓的"85 后""90 后""00 后"这一群体,他们是伴随着新媒体的发展而成长起来的人群,他们对于网络新媒体等新技术、新应用的接受能力较强,他们的创新意识、学习诉求也更强,网络"微学习"这种知识获取方式更容易引起他们的关注和使用。"微学习"平台的开发者应深入挖掘这类

---

① 余胜泉、毛芳:《非正式学习——E-Learning 研究与实践的新领域》,载《电化教育研究》2005 年第 10 期,第 18—23 页。

人群的特性和需求，有针对性地进行产品功能设计、课程开发和知识推荐，不断创新运营模式。

第四节 本章小结

本章的实证研究发现高收入、年轻人是网络"微学习"的主要参与者；在影响网络"微学习"意图行为的主要因素中，学习情境起到最关键的作用，创造一种移动化、泛在化、互动性、前沿性的学习情境，对于学习者学习、分享等行为具有极大的促进作用；同时，"微学习"活动中，学习者的学习信念比学习动机更重要，"微学习"行为主要体现出学习者的一种学习自觉性和学习习惯，而非来自现实压力和明确的目的；此外，"微学习"系统平台的易用性是吸引更多潜在的使用者，并形成使用黏性的前提。这些结论为"微学习"系统平台开发者提供了重要的理论借鉴。

但本研究也存在以下几个方面局限：一是"微学习"系统平台在功能定位、运营模式上存在较大的差异，比如基于 B2C 的视频教学平台和知识、经验分享型平台无论是学习内容的形式、学习方式，还是在学习者的使用诉求和学习行为上都有很大的不同，而本研究并没有考虑到这些差异性，这是一个很大的缺陷；二是从很多研究成果看，情绪对学习行为有着重要的影响，尽管本研究在竞争模型中对此问题有所涉及，但在研究视角上还不够系统，测量指标设计的科学性上尚需要进一步检验，研究结论还显得说服力不够；三是为了简化模型，将 TRA、TPB、TAM 模型中的"意图"与"行为"这两个变量合并为一个变量。但实际上从学习意图到学习行为之间还有一个过程，学习意图更可能受到使用态度与主观规范等内在因素的影响，而学习行为更可能受到学习情境等外在因素的影响，这两者存在着一定的差异。以上问题皆是下一步研究的方面。

第六章

基于知识元的"微学习"资源构建

本章着眼于对"微学习"系统中的学习资源系统进行研究,主要运用扩展主题图方法构建了基于知识元的"微学习"资源整合模型,在此基础上介绍了知识与情境的推理算法,以及知识推荐与知识导航的实现方式。

第一节 从信息元到知识元:"微学习"资源的诞生

信息元是信息的最小单位,其基本形态为文本、图形、图片、动图以及音视频等,或者这些形态的相互组合。每个信息元包含一个中心主题,且该中心主题具有不可再分性。比如一张图片作为一个信息元,表达了一个完整的中心主题,将图片分割后,则不能表达一个完整的主题。多个信息元的组合就构成了信息,信息能够回答某个特定的问题,并具有某些特定的意义或较为完整的逻辑,包含某种可能的因果关系,能够回答"Why"(为什么)、"What"(什么)、"Where"(哪里)、"When"(何时)、"How"(如何)、"Who"(谁)等问题,具有完整的消息或意义。信息经过加工处理、应用于生产、生活,有效指导任务执行或解决问题,并在长期内被证明具有真实性与可靠性,才能转变成知识。知识分为隐性知识(Tacit Knowledge)和显性知识(Explicit Knowledge)。

隐性知识是指那个存在于个体头脑中的感悟、直觉、价值观、心智模式以及非正式的、不易于表达的技能、技巧、经验等。隐性知识具有以下特点:一是主观性和非理性。其存在载体是人的大脑,是通过主体的感官感知或直觉领悟而获得，不是经过逻辑推理而获得。二是默会性。隐性知识一般不易于用确定的概念化表述来说明，基于语言、文字、图表或符号不易于明确的表述，不易于通过大众媒体等形式来进行传递，只能通过耳提面命式的"师传"方式或团体协作方式，而使人能够"潜移默化"地接受。三是情境性。隐性知识总是依托于特定情境，有较强的文化属性和默会特征，那些拥有同样文化传统的人才能够了解、知晓、共享相互之间的隐性知识体系，这包含不同的自然、社会和人文体系。显性知识是指那些客观的理性知识、顺序性知识、数字知识、科技知识等。显性知识能够明确而清晰地表达，并以一种逻辑性的方式保存于书籍、期刊、程序、手册等具体载体中，可以通过语言、文字等编码方式进行传播，因此也称编码知识。隐性知识的价值必须通过与显性知识的转化来实现。野中郁次郎（Ikujiro Nonaka）和竹内弘高（Hirotaka Takeuchi）于1995年在他们合作的《创新求胜》一书中指出隐性知识与显性知识的转化包括社会化（Socialization）、外部化（Externalization）、组合化（Combination）和内部化（Internalization）四个过程，即著名的SECI模型[1]。其中，"社会化"是人们不断进行交流、互动、讨论、经验分享的过程，主要实现隐性知识之间的转化。"外部化"是用户将头脑中的经验、体会等隐性知识通过文字、图片、影片以及概念、比喻、公式、公理等方式表达成显性知识的过程。"组合化"是将各种显性知识组合化、系统化、有序化的过程。其形式，一是专门的编辑人员对碎片化的知识以一定方式进行组织、编辑、整理，形成系统的知识体系；二是通过知识挖掘、语义Web、Multi-Agent技术、知识推荐系统，为用户提供系统、有用、精准的知识内容。"内部化"是用户将显性知识进行学习、吸收、消化，转化个人的知识和能力的过程。

构成显性知识的不能够继续细分的，且能够表达一个完备知识单元的知识，我们称为"知识元"。知识元是显性知识中的最小单元。知识元能够表达一个完备的事实、内容、原理、方法、技巧，它具有一个完整的逻辑性。知识元通过不同的组合形成了不同的知识单元，诸多的知识

---

[1] Nonaka I., Takeuchi H. The Knowledge-Creating Company：How Japanese Companies Create the Dynamics of Innovation [M]. New York：Oxford University Press, 1995：56–61.

单元按照一定逻辑进行组织，则成特定的知识系统①。目前，人们对知识的存储、标引与检索的粒度还主要以整篇文献为单元，对知识元这一粒度上的挖掘还存在一定的难度。人们想要查询某项知识，仍然主要是依托对文献的检索，知识的利用效率仍然较低。只有将知识挖掘深化、精细到知识元这个层面，让人们直接查询知识元、组合知识元，才能提升知识创造与利用的效率。

诸多知识元在一定的语义下排列组合成知识体系，使知识实现增值，或产生新知识。实现知识元的链接，发掘各知识元的相关联系，创造新的知识是知识元服务的重要手段和目的。知识元间的链接构成知识网络，知识网络之间的分类、组织，按照一定的知识分类体系构建索引，则构成结构化的知识系统，这些知识系统不断完善扩展、证明或证伪，推动人类知识成果的进步。

基于知识元的学习资源构建已经成为当前知识创造、知识传播与知识应用的热点，并已经取得了突出的成就。如在 e-Learning 数字学习资源的生成系统中，采用 IEEE LTSC（Learning Technology Standards Committee，学习技术标准委员会）的 LOM（Learning Object Metadata，学习对象元数据模型）作为知识元，个性化生成满足学习者需求的学习资源和教学资源。同时，结合音视频、三维动画、游戏、虚拟现实等技术，使学习资源更加丰富化、形象化，极大地提高学习者的学习效率。

信息演化成知识的过程是一个逐渐形成完备图的过程，如图 6—1 所示。图（a）是网络上的碎片化的信息。这些碎片化的信息被用户关注，信息之间形成一定的关联。随着被更多的人关注，这些碎片化的信息的关联性越来越强，同时也有更多的碎片信息加入进来，如图（b）和图（c）。这些碎片信息关联被更多的挖掘，其所形成的网络规模变大，当微片化信息之间的关联形成了完备网络图时，就形成了知识元，如图（d）。多个知识元之间形成一定的关系，便形成了知识体，如图（e）。这一过程类似于细胞进化的过程，在进化的过程中，知识不断地完善，内化成人的经验、智慧、科技成果等。

---

① 温有奎等：《知识元挖掘》，西安电子科技大学出版社 2005 年版，第 143—147 页。

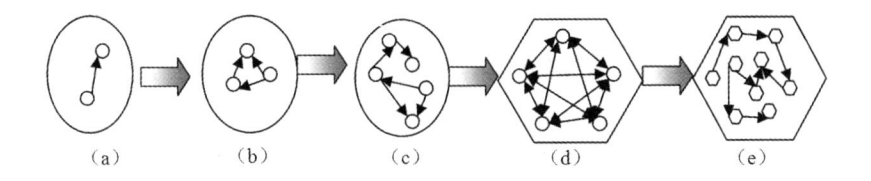

图6—1　微信息演化成知识的过程

第二节　"微学习"资源的主题地图

网络环境产生的碎片化信息呈指数增长趋势,如何有效地从这些碎片化信息中进行知识提取与重组,形成有效的学习资源,是"微学习"资源建构的重要基础。

目前,解决这一问题的方法主要有传统的分类方法、搜索引擎技术、基于本体的资源聚合方法、基于语义的资源聚合方法、基于主题图的方法等。其中,主题图作为描述信息资源的数据方式,能够有效表达知识概念之间的关联和资源的定位,并与其他技术结合以机器能够理解的方式进行知识组织,在信息资源的知识表达方面得到诸多学者的关注。基于此,本研究以主题图为实现框架,结合知识元、本体、相似性算法以及推荐技术,对"微学习"知识资源的建构进行研究,从主题图的生成、融合到知识推荐、知识导航构建一个较为完整的实现路径与技术框架。

"微学习"资源的建构是将碎片化的信息进行知识化、结构化处理的过程。SECI模型的四个过程既包括了知识传播过程、个人知识内化的学习过程,也包括了知识组织、知识管理、知识推荐等知识的序化过程。这四个环节中,社会化、外部化和内在升华主要由人的参与实现,杜智涛从知识贡献与知识获取两个视角对用户在知识化的作用进行了探讨[1]。而知识汇总组合过程既可以由人进行分类、编辑、整理,也可由机器来实现。当前Web2.0环境下网络"微信息"数量规模巨大,且呈指数增长,人工序化难以完成,必须要借助于机器来实现。

---

[1] 杜智涛:《网络知识社区中用户"知识化"行为影响因素——基于知识贡献与知识获取两个视角》,载《图书情报知识》2017年第2期,第105—119页。

当前，实现知识汇总组合的技术主要有以下几类。一是基于 RSS 技术的信息序化，实现用户订阅的信息聚合[1]。二是基于搜索引擎技术的信息序化，实现信息由特征聚合向内容聚合转变，其实现方法包括统计聚合方法[2]、人工神经网络和机器学习等人工智能聚合方法[3]以及这两者的混合方法[4]。基于 RSS 和搜索引擎的方法侧重于信息层面的聚合，而缺乏知识层面的挖掘。三是基于语义与本体技术的信息序化，通过对网络信息资源语义表示，对概念及其关系进行挖掘，实现从信息到知识的组织与序化[5][6][7][8][9]。四是基于主题图的信息序化，通过 XML 语言和 RDF 资源描述框架为信息和知识的组织提供一个统一的表达方式与序化模型[10][11][12]。总体来看，目前关于知识汇总组合的技术正逐步由信息集成向知识的抽取与融合变迁；同时，语义模型、本体技术和主题图技术不断结合，实现知识的自动抽取、推理与运算；此外，更加注重用户的兴趣、需求特征，以此来构建个性化的知识序化服务。因此，本章结合主题图、

---

[1] 陈力、刘明政：《RSS 技术与信息媒体聚合》，载《情报杂志》2006 年第 9 期，第 34—36 页。

[2] Ishii, H., Tempo, R., Er-Wei Bai. A Web Aggregation Approach for Distributed Randomized PageRank Algorithms [J]. IEEE Transactions on Automatic Control, 2012, 57 (11): 2703 - 2717.

[3] Granitto P M, Verdes P F, Ceccatto H A. Neural Network Ensembles: Evaluation of Aggregation Algorithms [J]. Artificial Intelligence, 2005, 163 (2): 139 - 162.

[4] 赵美红：《一种实用高效的聚类算法》，载《软件学报》2008 年第 5 期，第 697—705 页。

[5] Christer Carlsson, Matteo Brunelli, József Mezei. Decision Making with a Fuzzy Ontology [J]. Soft Computing, 2012, 16 (7): 1143 - 1152.

[6] Stefan Anderlik, Bernd Neumayr, Michael Schrefl. Using Domain Ontologies as Semantic Dimensions in Data Warehouses [J]. Conceptual Modeling, 2012, 7532: 88 - 101.

[7] 贺德方、曾建勋：《基于语义的馆藏资源深度聚合研究》，载《中国图书馆学报》2012 年第 7 期，第 79—87 页。

[8] 黎英：《基于图论的语义 Web 服务聚类方法》，载《计算机工程》2011 年第 22 期，第 51、52、55 页。

[9] Victoria Nebot, Rafael Berlanga. Building Data Warehouses with Semantic Web Data [J]. Decision Support Systems, 2012, 52 (4): 853 - 868.

[10] Park J., Cheyer A. Just for Me: Topic Maps and Ontologies [J]. Lecture Notes in Computer Science (LNCS). Springer Berlin Heidelberg, 2006, 3873: 145 - 159.

[11] 韩永青、陈卓群、夏立新：《国内外主题图应用研究述评》，载《图书情报知识》2008 年第 6 期，第 105—109 页。

[12] 余利娜：《利用智能主题图开展网络知识组织研究》，载《图书情报工作》2011 年第 20 期，第 115—120 页。

本体技术、语义模型、用户兴趣挖掘等多种方法，构建一个由技术实现的知识汇总实现路径。

一 主题图与扩展主题图

主题图（Topic Maps，TM）是一种知识表现语言和知识组织方式，用于描述知识结构并使之与信息资源建立联系，它结合了传统索引、人工智能等技术，通过主题、关联、事件的概念来展现某领域的知识结构。ISO/IEC 13250 对主题图（TM）做出如下描述：主题图是一套对信息进行有效组织的方法，它能够为用户提供有效的信息导航。TM 融合了传统索引、人工智能等技术，通过主题、关联、事件的概念来描述某一领域的知识结构，是一个对信息资源进行结构化表达的模型。可以看到，TM 模型实际上是一个用于描述知识结构、电子索引的模型与标准，它通过统一的方式与标准对信息资源进行标注、分类、导航，在各种信息资源和数据中构建起有价值的关联网络，TM 其实是一套构建知识管理系统的方法论。人们把主题图描述为"信息世界的 GPS"。

TM 包括三个要素：主题（Topic，T）、关联（Association，A）和事件资源（Occurrence，O）三个要素；TM 由资源层和主题层两个层次构成，资源层包括所有的信息资源电子文档、数据库文件、网页、电子书籍；主题层是在资源层之上定义的，如资源名称、特性、类型等信息，主题是 TM 的基本知识单元。主题可以是人、事、时、地、物等任何事物，包括人、实体、概念等，凡是能引起用户讨论的对象都可以是一个主题，实际上，任何不存在或不具有具体特征的事物也可以作为主题，每一个主题往往被赋予一个名称，以及一个统一的资源识别符（URI）[①]。

一个主题可以联结至一个或多个与该主题相关的事件资源（Occurrence）。关联用于表示主题之间的语义关系，这种关系可以是一对一、一对多或多对多等多种形式。TM 既可以描述知识概念之间的关联，也可以定位与知识概念关联的资源的位置，可以非常高效地适应网络环境下的知识组织需求。

以上介绍的主题图的两层结构能够实现主题与资源的关联，但两层

[①] 何建新：《主题图及其应用》，载《中国索引》2005 年第 1 期，第 26—29 页。

结构的主题图，其资源粒度仍然是文件，只能支持主题导航，而缺少对知识元层面上的语义关系的描述，难以实现基于语义层面的知识导航。为了实现细粒度的知识导航，需要对现有的 TM 进行扩展。

二 "微学习"资源主题图的要求

"微学习"资源主题图的总体目标有以下几个方面：表述某一专业领域的信息（主题）；表述方式易于理解并支持学习；主题地图的构建应具有一定的可拓展性。具体来讲，应有以下要求：

1. 概念（Concepts）

概念学习应当是学习活动中最关键的一环，因此，主题图应有一个或大于一个概念体系，用于定义一个领域的知识体系。通常概念有不同的多个命名，这些命名间会有某种关联关系。于是基于一定的层级结构对这些命名进行分类，或按一定的关联关系将它们嵌入网络中。

2. 内容（Content）

内容一方面要提供与主题有关的信息，另一方面也包括学习活动的相关参数。如"微学习"活动的内容有学习资源的大小、学习资源的具体信息、学习活动所持续的时间等。若把内容放到概念结构中，它的实例则包含定义、注释及时间等属性。如果内容是文本、视频等形态，则需要采用独立的主题。内容条目须在具体化设计之后才能够成为主题，如把某概念的定义转化为主题，并且添加注释等补充内容。

3. 衔接与连贯（Cohesion & Coherence）

所谓衔接是指文档语言结构，连贯指文本段落的语义一致性。在"微学习"资源主题图中，信息项与信息项的关联方式应便于交际的产生。主题图应注明内容项之间所存在的交际关系或者修辞关系，以使各内容项之间的关系具有较高程度的衔接性与连贯性。

4. 情境（Contexts）

在"微学习"活动中，概念的内容与结构是应当关注的要点，要将内容适于的主题和层次确定下来，同时也要把内容所适于的学习活动形式也确定下来。应对主题图的范围、边界有一个界定，从而可以描述其所适于的情境。

5. 连通性（Connectivity）

对分散化、异源性、异构化的信息内容进行聚合是主题图的构建目标。因此，主题图模型中应有一个标识系统，这一标识系统包括两个方面：一是寻址主题，指可以被直接引用的主题，比如网页就利用 URL 即可识别；二是非寻址主题，就是不可以被直接引用的实体，如对于人、事和概念等实体，人们只能够利用相对规范的资源或百科网页来间接描述。

6. 顺应性（Compliance）

"微学习"资源的主题图所遵循的架构应当对应于其定义的关系类型；同时，主题图应当按照一定的标准规范构建，以实现学习资源的跨平台整合。此外，"微学习"主题图还需要有一个关于版权的协议，实现不同层次的知识产权保护。

三 基于知识元 ETM 的"微学习"资源整合架构

从以上对主题图的介绍可以看到，基于 TOA 结构的两层次主题图是一种较为简单的本体语言，在形式化、推理性、智能化程度上仍需要进一步提升。为了更好地组织和利用大规模的、分布式的、异构和动态的碎片化信息，一些学者提出了对两层次主题图进行扩展的思路。Park J. 等提出采用增加层的 TM 结构以及从局域 TM 到全局 TM 的协同知识构造的思想，构建了一个新的协同知识构造系统，首先是从元数据、概念及其之间语义关系、知识元和知识元关联的非结构化资源中得到一些基本的知识元素；其次，根据概念和知识元的关联关系生成一个局部主题图；最后，将来自不同资源结点的各个局部主题图整合在一起，产生一个全局知识地图[1][2]。

Cortese J.、Lu Quan 和 Chen Jing 等提出在现有的两层结构的主题图中插入一个层，即知识元层，构建一个可扩展的主题图（Extended Topic

---

[1] Park J., Cheyer A. Just for Me: Topic Maps and Ontologies [J]. Lecture Notes in Computer Science (LNCS). Springer Berlin Heidelberg, 2006, 3873: 145–159.

[2] Park J., Hunting S. XML Topic Maps: Creating and Using Topic Maps for the Web [C]. Boston: Addison-Wesley Longman Publishing Co., Inc., 2002, 14 Addison-Wesley (2002).

Map, ETM），这个可扩展的主题图可以实现知识元、主题、知识元间关联的扩展，实现基于知识元的导航[①②]。

Lu H. M. 等、Jiang L. 等分别提出开发扩展主题图的工具包和构建智能主题图（Intelligent Topic Maps, ITM）的方法，并基于智能主题图 ITM 对多资源知识服务、分布知识整合、知识逻辑组织进行了研究[③④⑤]。

吴江宁和田海燕对传统的两层主题图模型进行了扩展，并将之应用于文献组织中，提出了基于主题图的多层文献组织模型（TMDOM），从文献内容中提炼出主题并根据文献的类别来定义主题位于的层次，通过各主题之间的关联来表达文献间的关联；整个模型构建过程包括文本表示、文本聚类和主题地图生成三个模块，并提出了文本间相似度的计算方法[⑥]。

鲁慧民等也提出对传统两层次主题图模型进行扩展，将知识元及其相互之间的关联关系放入主题层与资源层中间，构建起一个从主题到知识元再到资源的三层扩展主题图模型，提出基于该扩展主题图模型的分布式知识融合体系结构，设计了基于全信息的主题图相似度算法、扩展主题图融合算法及融合规则，实现了分布式环境下知识的有效融合[⑦]。

这些研究都尝试对传统两层 TAO 结构的主题进行扩展，使之知识导

---

① Cortese J. Internet Learning and the Building of Knowledge [M]. Young Stown: Cambria Press, 2007.

② Lu Quan, Chen Jing. A Grid Agent Model for Information Retrieval Based on Topic Map and Knowledge Elements Mining [C]. 2009 International Conference on Environmental Science and Information Application Technology.

③ Lu H. M, Feng B Q, Zhao Y L, et al. A new model for distributed knowledge organization management [C]. Proceedings of 2008 Seventh International Conference on Grid and Cooperative Computing. Shenzhen: IEEE, 2008: 261 – 265.

④ Jiang L, Liu J, Wu Z H, et al. ETM Toolkit: A development tool based on extended topic map [C]. Proceedings of the 13th International Conference on Computer Supported Cooperative Work in Design. Santiago: IEEE, 2009: 528 – 533.

⑤ Lu H. M, Feng B Q. An intelligent topic map: based approach to detecting and resolving conflicts for multi-resource knowledge fusion [J]. Information Technology Journal, 2009, 8 (8): 1242 – 1248.

⑥ 吴江宁、田海燕：《基于主题地图的文献组织方法研究》，载《情报学报》2007 年第 3 期，第 323—331 页。

⑦ 鲁慧民、冯博琴、赵英良等：《一种基于扩展主题地图的分布式知识融合》，载《吉林大学学报》（理学版）2009 年第 3 期，第 543—547 页。

航上的实用性更强。本研究借鉴上述研究成果,建立一个基于知识元的扩展主题图(Extended Topic Map,ETM)。基于知识元的扩展主题图 ETM 实际上是在传统的两层 TAO 主题图模型中增加了一个知识元层。逻辑架构如图 6—2 所示。该扩展主题图将知识资源按不同的粒度划分为主题、知识元和资源。其中,主题的粒度较粗,指一个大的知识概念;知识元的粒度较细,指具体的某个知识点,所谓知识元是不可再分割的具有完备知识表达的知识单元。

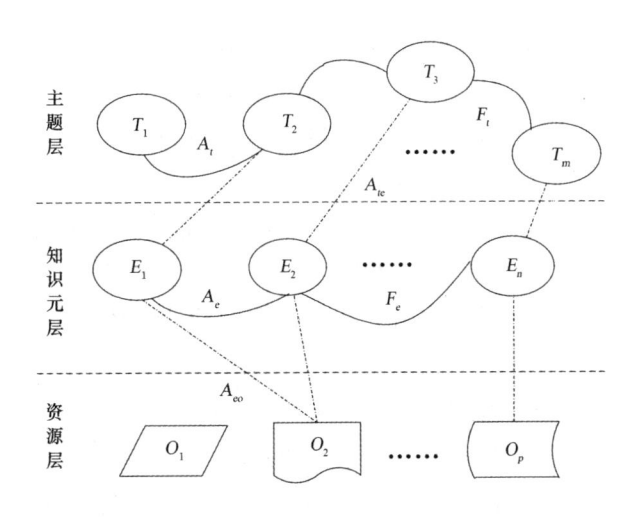

图 6—2 基于知识元 ETM 的逻辑架构

基于知识元的 ETM 由主题、知识元、资源或事件、知识元之间关联关系的类型、知识元间的关联、主题间的关联关系的类型、主题之间的关联、知识与资源之间的关联关系、主题与知识元之间的关联关系等构成,表示为 $(T, E, O, A_e, F_e, A_t, F_t, A_{eo}, A_{te})$。

式中,$T = \{T_1, T_2, \cdots, T_m\}$ 表示主题,可以是任何的名词,如名称等,它是一个非空有限集,以下各元组与之相同,均为非空有限集。

$E = \{E_1, E_2, \cdots, E_n\}$ 为知识元,知识元表达了复杂的逻辑概念,能够使用户获取更详细的知识信息。

$O = \{O_1, O_2, \cdots, O_p\}$ 表示资源或事件集合,由网络中的各种信息资源或主题图外部任意网页地址资源构成。

$A_e = \{A_{e1}, A_{e2}, \cdots, A_{en}\}$ 为知识元之间的关联关系类型，如序列关系、因果关系、示例与参考关系等类型。

F_e 是集合 $E \times E$ 到集合 A_e 的函数，即 $F_e \subseteq (E \times EA_e)$，表示集合 E 中知识元之间的关联。

$A_t = \{A_{t1}, A_{t2}, \cdots, A_{tm}\}$ 为主题之间的关联关系类型，如类与子类、整体与局部、类与实例、概念与属性等关系类型。

F_t 是集合 $T \times T$ 到集合 A_t 的函数，即 $F_t \subseteq (T \times TA_t)$，表示集合 T 中主题之间的关联。

A_{eo} 为知识元与资源间的关联关系，即集合 $E \times O$ 到集合 $\{0, 1\}$ 的函数，表示为 $A_{eo} \subseteq (E \times O\{0,1\})$，如果 $A_{eo}(e_i, o_j) = 1 (e_i \in E, o_j \in O)$，则表示资源 o_j 中包含知识元 e_i；如果 $A_{eo}(e_i, o_j) = 0 (e_i \in E, o_j \in O)$，则表示资源 o_j 中并不包含知识元 e_i。

A_{te} 表示主题与知识元之间的关联关系，即集合 $T \times E$ 到集合 $\{0, 1\}$ 的函数，表示为 $A_{te} \subseteq (T \times E\{0,1\})$。

基于知识元的扩展主题图中的主题、知识元能够描述出某一领域的知识内容，实际上，用户获取知识的目的正是获取和掌握扩展主题图中主题与知识元，通过基于知识元的扩展主题图来实现知识组织，能够较好地体现出知识的多层次、多维度的关联特性，为用户以统一的方式从异构、异源的网络环境中获取所需信息提供了较好的解决方案。

四 "微学习"资源的 ETM 实现路径

网络"微学习"内容资源多数是碎片化、异源、异构、分布式存储的信息资源，需要对这些信息资源进行有机聚合，形成较为结构化、可为学习者推荐的知识资源。因此，首先将碎片化的网络信息资源进行局部性的扩展主题图表示，形成 ETM（扩展主题图）的子图；然后再将多个 ETM 子图进行融合，从而构建一个完整的 ETM 父图。局部性的 ETM 子图可以分别表示为 Ga、Gb、Gc，则 ETM 融合则可定义为：G：(Ga × Gb) →Gc。

基于扩展主题图的网络"微学习"知识资源构建的实现路径大体上可以分为三个步骤：一是扩展主题图 ETM 子图的构建。这一步是将局部资源按照 ETM 的表示逻辑进行主题和知识元的提取，并确立主题、知识元之间的关联关系。二是 ETM 子图之间的融合。按照一定的融合规则和算法，通过对 ETM 子图的相似性进行计算，将具有相似性的 ETM 子图进行融合，构建全局性、统一的 ETM 父图。ETM 子图向父图的融合可以逐步迭代实现。三是在 ETM 父图的基础上，进行知识服务。知识服务包括对学习者的学习资源推荐和学习资源导航。学习资源推荐包括多种推荐算法，这里分别介绍基于用户兴趣的学习资源推荐方法（第 6.5 节）和基于情境的学习资源推荐方法（第 6.6 节）。个性化的学习资源推荐可以使学习者更高效地、更有针对性地获取所需要的知识，减少海量信息环境中的信息过载问题。学习资源导航包括浏览导航和检索导航，是知识服务的一个重要方面，它与知识推荐一起，可以为学习者提供快速、准确的知识查找与资源定位。如图 6—3 所示。

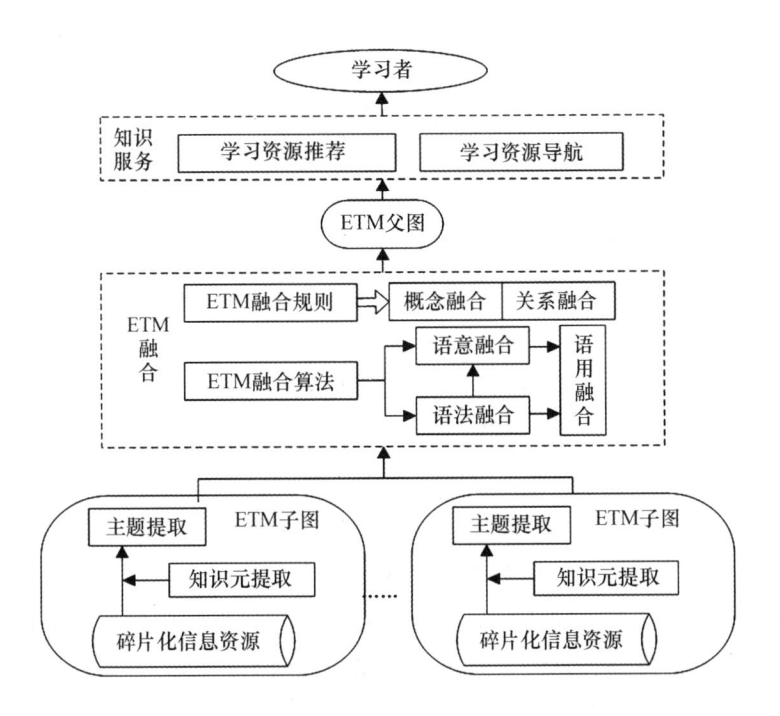

图 6—3 基于 ETM 的网络"微信息"知识化实现路径

第三节　局部 ETM 的生成

构建局部 ETM（扩展主题图）子图的任务是要从碎片化的网络信息资源中提取主题与知识元，对知识进行符号化和结构化的表示，并实现主题与知识元的映射。

一　主题提取

ETM 的主题层是在资源层上定义的，如资源名称、特性、类型等信息。主题的范围很广泛，可以为任何事物，包括人、实体、概念等。一个主题可以与一个或多个与其相关的信息资源关联，后者也被称为该主题的事件。同时，主题类型本身也是一个主题，二者之间相当于"类"与"实例"的关系，比如，主题"莫言"是主题类型"作者"的实例，而主题类型"作者"本身也是一个主题。主题图标准对一些有代表意义和特殊用途的主题名称进行了规定，主题名称包括基本名称、显示名称和排序名称等。其中，基本名称为必须项，其他则是可选项。在同一环境中不同的主题不允许命名为同一名称[①]。

主题提取是构建 ETM、进行知识表示的基础。主题提取过程首先通过网络爬虫和 HTML 分析器对网络信息资源进行抓取，在此基础上，对抓取到的文本进行自然语言处理，提取诸如标题、日期、发布者等元数据，然后内容运用 XML + XML schema 进行结构化表示，并存储于知识仓库，再从这些结构化的知识中获取主题[②]。

主题提取可以视为序列标记问题，首先运用最长字符串匹配算法在抓取并清理过的文本信息中提取出候选术语集；在此基础上，用一个特征向量对候选词进行描述。最后，用分类方法从候选词中确定术语。主题间的关系通过分类算法来解决，首先列出所有可能的关系词对，然后

[①] 严贝妮：《主题图相关问题探讨》，载《情报科学》2005 年第 4 期，第 594—596 页。
[②] Kawtrakul A, Yingsaeree C, Andres F. A framework of NLP based information tracking and related knowledge organizing with topic maps [J]. Lecture Notes in Computer Science, 2007, 4592: 272 -283.

通过分类器选出所需的关系词对，再用特征向量来对各候选词对进行描述[①]。

主题由多个主题因素构成，如对于"课程"这一主题，其主题因素可以是"课程名称、学习目标、前导课程、教师、学生、教材、教学方式、考核标准"等。各主题因素对主题进行某一方面的描述，形成一个层次结构，它们在主题检索中发挥着不同的作用。基于这些主题因素可以构建主题的本体结构模型，表示为 $OT::= \{name, characteristic, relation, operation, environment\}$。$OT$ 为主题的本体结构，它由五个层次构成：$name = \{category, section, material\}$，是该主题所表示的事物种类、构成等方面的语义集；$characteristic = \{feature, rule, appearance, process\}$，是该主题所表示的事物的本身特征、性质等方面的语义集；$relation = \{relevant, purpose, militate, affected\}$，是表示事物间的关联关系的语义集；$operation = \{measure, craft, equipment, operator, evaluate\}$，是对事物进行操作的语义集；$environment = \{place, time, condition\}$，是事物所处的客观环境的语义集。各个层面的主题因素之间形成一个逻辑上的语义关联网，主题因素是该语义关联网中的节点，各因素之间的语义关系是语义关联网的边。

二 知识元提取

知识元是具有完备知识表达且不可再分割的最小的知识单位，它由六个属性构成，即 $E_k = F(O,D,P,V,R,S)$，其中，E_k 为某一个知识元，F 是对知识元的描述，O 为对象，D 为领域，P 为属性集，V 为对象值，R 为 O 与 V 之间的关系，S 为状态。知识元实体的对象结构如下：

知识元本体用于描述知识之间的语义关系，它将知识内容与知识结构相分离，对知识进行形式化、结构化的表达，是实现知识语义化检索的基础。通常知识元本体可以通过语义三元组来进行描述，即 $OE::= \{S,R,O\}$，其中，OE 为知识元本体，S 代表主体；O 代表客体，即主体的执行对象或主体的值；R 表示主体与客体之间的语义关系，可以为关

[①] 余利娜：《利用智能主题图开展网络知识组织研究》，载《图书情报工作》2011 年第 20 期，第 115—120 页。

系、动作、因果等。

从网络碎片化的信息中抽取知识元本体，需要对网页格式进行转换，运用分词、词性标注等自然语言处理方法对文本进行分析，在此基础上进行知识元抽取，主要包括以下几个步骤：一是对网络信息进行去噪、清理，抽取出内容文本，并运用中国科学院计算技术研究所汉语词法分析系统（ICTCLAS）进行分词、词性标注等预处理；二是预处理后的文本分解为由各个独立的子段落所构成的段群，并将各个独立段落分为由独立句子构成的句群，抽取句子中的时间等信息；三是将抽取出的句子分解为"主体"和"对象"两个部分，通过语义分析将"主体"中的动词抽取出来，作为"语义关系"，"语义关系"后面所接的那个词就为"对象"，基于此，就确定了知识元语义三元组①。

比如，对于句子："2016 年 11 月 15 日上午，英特尔 CEO Brian Krzanich 宣布英特尔将在未来两年内投资 2.5 亿美元进行自动驾驶技术的研发。"首先，将时间"2016 年 11 月 15 日上午"抽取出来，存入知识元汇总表单中相应的时间字段内；其次，将句子分为"主体"和"对象"两个部分，"主体"部分为"英特尔 CEO Brian Krzanich 宣布英特尔将在未来两年内投资"；"对象"部分为"2.5 亿美元进行自动驾驶技术的研发"；再次，通过词性判断，从"主体"中抽取出"投资"作为"语义关系"；最后，抽取"2.5 亿美元"、"进行自动驾驶技术的研发"放入"对象"中，并将上述抽取的内容存入知识元库中。②

三 主题与知识元本体映射

主题与知识元的映射实际上是两者之间的本体映射，是一种本体与另一本体的映射，比如以下映射关系：

course = curriculum（courseID，coursename，time，classroom，teacher，students，syllabus，textbook）

这个映射关系是把一个本体中的 course 概念映射到另一本体中的

---

① 温有奎、焦玉英：《Wiki 知识元语义图研究》，载《情报学报》2009 年第 6 期，第 870—876 页。

② 同上。

courseID、*coursename*、*time*、*classroom* 等子概念集合。主题与知识元的映射是根据语义关联把主题本体的实例关系转换为知识元目标本体，这一过程可以定义为一个有向的映射关系。这种映射关系可以表达为：

$$\text{Map}(\{ot_i\},\{oe_i\},OT,OE) = f \tag{6-1}$$

式（6-1）中，OT 和 OE 分别代表主题本体和知识元本体，$\{ot_i\}$ 和 $\{oe_i\}$ 表示元素集合，$ot_i \in OT$，$oe_i \in OE$，且 $\{ot_i\} \xrightarrow{\text{map}} \{oe_i\}$。

比如以下文本："会计是企业资金运转的核心。按照会计管理的范围分，主要分为财务会计和管理会计。财务会计包括会计凭证、登记明细账、财务报告、申报纳税等职责。管理会计包括财务战略、预测分析、决策分析、预算管理、成本控制等职责。"主题与知识元本体映射的过程包括以下步骤：

首先，是句子抽取，抽取出上述文本中所包含的关于"会计"的四个句子，基于温有奎教授的知识元抽取软件（TKEE），从文本中抽取出五个句子，如表6—1所示。

表6—1　　　　　　　　从文本中抽取出的句子

序号	句子
1	会计在企业具有重要的地位，会计是企业资金运转的核心
2	一般公司都会设立会计这一岗位
3	按照会计管理的范围分，主要分为财务会计和管理会计
4	财务会计包括做会计凭证、登记明细账、科目汇总、出财务报告、申报纳税等职责
5	管理会计包括财务战略、预测分析、决策分析、预算管理、成本控制等职责

其次，抽取出"会计"的词汇集合 W 和关系集合 R，其中，W = {财务会计，管理会计，会计凭证，登记明细账，财务报告，申报纳税，财务战略，预测分析，决策分析，预算管理，成本控制}；R = {分为，包括}。如表6—2所示。

表 6—2　　　　　　　　　词汇集合与关系集合

词汇集合 W	财务会计，管理会计	
	财务会计	会计凭证，登记明细账，科目汇总，出财务报告，申报纳税
	管理会计	财务战略，预测分析，决策分析，预算管理，成本控制
关系集合 R	分为、包括	

再次，根据主题的本体结构模型，"会计"的主题本体结构可以用三个层次表示，即 $OT = \{name, characteristic, relation\}$，其中，$name = \{财务会计，管理会计\}$，$characteristic = \{财务会计，管理会计，会计凭证，登记明细账，财务报告，申报纳税，财务战略，预测分析，决策分析，预算管理，成本控制\}$；$relation = \{分为，包括\}$。

最后，实现与知识元的映射。知识元的语义三元组结构 $OE::=\{S, R, O\}$ 与主题本体结构各层元素相对应：S 对应于主题本体结构中的 $name$；O 对应于 $characteristic$；R 对应于 $relation$、$operation$、$environment$。由此，对"会计"的语义三元组知识元结构描述如下：$oe_1\{$（会计），分为，（财务会计，管理会计）$\}$；$oe_2\{$（财务会计），包括，（会计凭证，登记明细账，科目汇总，出财务报告，申报纳税）$\}$；$oe_3\{$（管理会计），包括，（财务战略，预测分析，决策分析，预算管理，成本控制）$\}$。

oe_1、oe_2 和 oe_3 组成的语义三元组知识元结构，能够有效表现出文本的语义关系结构，同时，可以作为"会计"这一知识元的标引，为用户知识检索、知识推荐提供支持。

第四节　主题图融合

ETM 融合是将多个 ETM 子图整合为一个全局性的 ETM 父图，以便提供统一的知识表示、知识检索与知识服务。在这一过程中，需要对各 ETM 子图之间的相似性进行计算，然后按照一定的融合规则，把具有高相似性的 ETM 子图融合起来构建一个新的 ETM 父图。

一　ETM 融合的基本思路

关于主题图融合方法，Maicher 和 Witschel 提出了一种基于统计学的

SIM（主题统一性测量）方法，这种方法基于一定的结构而独立于使用的语言，两个关系密切的内容即使没有共同词汇也能得到有效的融合[①]。Jung-Mn Kim 等提出了一个基于语法和语义特性以及约束的多策略匹配和融合算法[②]。吴笑凡等为了有效处理分布式环境下主题地图的融合问题，构建了一种基于主题和事件的合并算法——TOM 算法，该算法基于主题名称相似性及事件名称、资源相似性等指标，综合判断主题是否可以合并[③]。薛咏等设计了一种基于语义词典与语料库相结合的主题图融合算法（Topic Map Merging Algorithm，TMMC），提出了概念相似度计算及同义关系、整体部分关系等的处理方法[④]。鲁慧民等充分考虑了比较元素的含义和所处语境，提出一种基于全信息的主题图相似度算法[⑤]。

ETM 融合最关键的是 ETM 子图之间的相似性计算，子图的相似性计算包括语法相似性、语义相似性和语用相关性三个层面。其中，语法相似性主要是通过统计主题、知识元对之间相同字符的比值来计算。语义相似性主要解决"多词同义"的问题，利用外部词典 HowNet 或自定义领域同义词词典进行同义词扩展，构建同义词集合，计算语义相似性。语用相关性主要解决"一词多义"的问题，考虑到上下文语境来辨识元素的真实含义。

这三者的计算步骤为：首先，计算语法相似性，如果元素对中语法相似度高，则不必检验同义词的语义相似度，直接考虑其语境问题，进行语用相关性计算。但如果元素对的语法相似度较低，则进行语义相似性与语用相关性计算。其次，综合语法相似性、语义相似性与语用相关性，整体考量主题（或知识元）对的相似度与相关度。

[①] Lutz Maicher, Hans Friedrich Witschel. Merging of Distributed Topic Maps Based on the Subject Identity Measure (SIM) Approach [M]. Leipzig, Germany: LIT, 2004: 1–11.

[②] Jung-Mn Kim, Hyopil Shin, Hyoung-Joo Kim. Schema and Constraints-based Matching and Merging of Topic Maps [J]. Information Processing and Management, 2007, 43 (4): 930–945.

[③] 吴笑凡、周良、张磊等：《分布式主题地图合并中的 TOM 算法》，载《武汉大学学报》（工学版）2006 年第 5 期，第 131—136 页。

[④] 薛咏、冯博琴、刘卫涛：《扩展主题图本体融合策略与算法》，载《西安交通大学学报》2011 年第 10 期，第 13—18 页。

[⑤] 鲁慧民、冯博琴、赵英良等：《一种基于扩展主题图的分布式知识融合》，载《吉林大学学报》（理学版）2009 年第 3 期，第 543—547 页。

二 ETM 相似性算法

1. 语法相似性计算

假设 E_a 和 E_b 分别为待比较的主题或知识元元素对，语法相似度 $SIM_{syntax}(E_a,E_b)$ 的计算如下：首先，进行中文分词，E_a 和 E_b 分词得到的词块数分别构成相应的字符串集合 S_a 和 S_b；其次，$\forall S \in S_a S_b$，删除代词、介词、数词等没有特别含义的词；最后，$S'_m \in S_a, S'_n \in S_b$，计算字符串 S'_m 和 S'_n 的相似度。公式为：

$$SIM_{syntax}(E_a,E_b) = \sum_{m=1}^{|S_a|} \sum_{n=1}^{|S_b|} 2Q/((|S'_m|+|S'_n|)/|S_a||S_b|) \quad (6-2)$$

式（6-2）中，$|S_a|$ 和 $|S_b|$ 为字符串集合 S_a 和 S_b 中的字符串个数；Q 表示两个字符串的最长公共子字符串的字符数；$|S'_m|$ 和 $|S'_n|$ 为字符串 S'_m 和 S'_n 中所包含的字符数。

2. 语义相似性计算

去噪与分词后的网络文本存在大量同义词，因此需要通过计算词的相似性来对同义词进行融合。描述这些词的语义称为"概念"，一个词可以表达为多个概念，描述一个概念的最小意义单位为"义原"[①]，多种义原按一定的结构组成"义项"，通过义项相似性的计算，获得词语对间的相似性。

义原相似性的计算主要利用义原层次体系对义原的语义距离进行测度，假设 P_a 和 P_b 为两个义原，这两者间的相似度计算公式为：

$$SIM_p(P_a,P_b) = \theta/(\theta + d) \quad (6-3)$$

式（6-3）中，θ 为可以调节的参数，通常 θ 是指相似度为 0.5 时的词语距离值；d 为两个义原间的距离，计算公式如下：

$$d = \delta \frac{dis(P_a, P_{ab}^{father}) + dis(P_b, P_{ab}^{father})}{ADD(P_a) + ADD(P_b)} \quad (6-4)$$

式（6-4）中，δ 为调节参数。P_{ab}^{father} 为 P_a 和 P_b 的最近的共同父节点。

[①] 林丽、薛方、任仲晟：《一种改进的基于〈知网〉的词语相似度计算方法》，载《计算机应用》2009 年第 1 期，第 217—218 页。

$ADD(p)$ 为义原深度与其区域密度之和,即 $ADD(p) = \rho dee(p) + \mu den(p)$。其中,$\rho < \mu$ 且,$\rho + \mu = 1$。$dee(p)$ 为义原深度,即指所在义原层次体系树的根结点到该义原的路径长度。$den(p)$ 为义原区域密度,计算公式为 $den(p) = n_c(p)/\beta$,式中,$n_c(p)$ 为义原 p 兄弟结点的个数;可调节参数 β 值的设置要尽量使得 $den(p)$ 的值的覆盖区域为 $(0-0.5)$[①]。

多种义原组成义项,义项中的义原由基本义原、关系义原和符号义原构成。基本义原又分两类:第一类的相似度由式(6-3)求得;第二类为其他义原,其他义原会有多个,两个义项的其他义原对 P_a 和 P_b 分别组成两个集合,其他义原相似度表示为:

$$SIM_p^{other}(P_a, P_b) = S/\max(|P_a|, |P_b|) \quad (6-5)$$

式(6-5)中,分母为所有其他义原对的相似度之和,分子是两个集合元素数的最大值。

关系义原相似度可以记为:

$$SIM_p^{relation} = (SIM_p(C_a, C_b) SIM_p(C_a^v, C_b^v))^{1/2} \quad (6-6)$$

式(6-6)中,C_a, C_b 为特征,C_a^v, C_b^v 为特征值。

符号义原的相似度可记为 $SIM_p^{symbol}(P_a, P_b)$,其计算方法,首先将义原按结构特征分类,分别计算相同类间的相似度,其次对所有分类的相似度求平均。最后,将这四部分义原相似度加权求和即得到义项相似度。

词语 w_a, w_b 的义项相似度集合为 S_w,其可分为四个区间:$[0, 0.1]$、$[0.1, 0.2]$、$[0.2, 0.8]$、$[0.8, 1]$,分别记作 S_τ、S_π、S_ε、S_η,其中,由于 S_ε 不能准确识别是否具有相似性,因此可略去。词语相似性计算的公式为:

$$SIM_{semantic}(E_a, E_b) = \max(S_\eta) - \frac{(0.2|S_\tau| - \sum S_\tau) + \sum S_\pi}{|S_\tau| + |S_\pi|} \quad (6-7)$$

式(6-7)中,$|S_\tau|$ 和 $|S_\pi|$ 为 S_τ、S_π 中的元素个数。当 $S_\tau = S_\pi = S_\eta = \phi$ 时,$SIM_{semantic} = \max(S_\varepsilon)$。

---

① 刘群、李素建:《基于〈知网〉的词汇语义相似度计算》,载《计算语言学及中文信息处理》2007 年第 7 期,第 59—76 页。

3. 语用相关性计算

语法相似性和语义相似性都仅仅是基于词语的本身来考虑，而没有考虑到语境和语用，无法基于上文来精确地辨识出具体、确切的语义。比如"光"在"光线很亮"和"花光了所有的钱"两句文本中有不同的含义；又如"深"在"这个内容很深"和"这个洞很深"这两句文本中有着完全不同的含义。

如果仅仅是孤立地考虑语法相似性或语义相似性，则很难辨别出其真实的含义。因此，需要通过语用相关度和上下文语境来计算两个元素的语义相似性或相关性。

语用相关性分为语用相似度和语用关联度两个方面，将这两个方面加权求和即得到语用相关性的值，语用相似度的计算如下：

$$SIM_{pragmatic}(E_a, E_b) = \varepsilon \times \frac{1}{|T_a|} \sum_{t'_a \in T_a} \max_{t'_b \in T_b} SIM_{syntax}(t'_a, t'_b) +$$

$$(1 - \varepsilon) \times \frac{1}{|Ek_a|} \sum_{ek'_a \in Ek_a} \max_{ek'_b \in Ek_b} SIM_{syntax}(ek'_a, ek'_b) \quad (6-8)$$

式（6-8）中，$\varepsilon \in [0, 1]$ 为权重，T_a 和 T_b、Ek_a 和 Ek_b 分别是与 E_a 和 E_b 有直接关联的主题集合、知识元集合。假设 $|T_a| \leq |T_b|$，$|Ek_a| \leq |Ek_b|$，则 E_a 和 E_b 的语用关联度为：

$$AS_{pragmatic}(E_a, E_b) = \zeta \times \frac{1}{|T_a|} \sum_{t'_a \in T_a} \max_{t'_b \in T_b} AS_p(t'_a, t'_b) + (1 - \zeta) \times$$

$$\frac{1}{|Ek_a|} \sum_{ek'_a \in Ek_a} \max_{ek'_b \in Ek_b} AS_p(ek'_a, ek'_b) \quad (6-9)$$

式（6-9）中，$\zeta \in [0, 1]$ 为权重，AS_p 是利用 HowNet 定义的主题或知识元的关联度，$AS_p(E_a, E_b) = \frac{1}{|PS_a|} \sum_{ps'_a \in PS_a} \max_{ps'_b \in PS_b} \frac{\gamma}{d(ps'_a, ps'_b)}$，$PS_a$ 和 PS_b 分别是 E_a 和 E_b 的义原集合，ps'_a 和 ps'_b 分别为两个义原，γ 为可以调节的参数，$d(ps'_a, ps'_b)$ 是义原 ps'_a 和 ps'_b 的距离。

由此，语用相关性的计算公式为：

$$RELE_{pragmatic}(E_a, E_b) = \omega \times SIM_{pragmatic}(E_a, E_b) +$$

$$(1 - \omega) \times AS_{pragmatic}(E_a, E_b) \quad (6-10)$$

式（6-10）中，$\omega \in [0, 1]$ 为语用相似度在语用相关性计算公式中的权重。

三 ETM 融合规则

扩展主题图的融合包括两个方面：概念融合和关系融合。在知识网络中，概念相当于节点，关系即是概念之间相互联结的边。

一是概念融合规则。概念包括资源实体、知识元、主题。如果两个概念 C_a 和 C_b 具有较高的相似性，则将这两者合而为一。如果局部扩展主题图 TM_a^{part} 中的某一概念在另一局部主题图 TM_b^{part} 中无一致或较高相似性的概念，则将其复制到全局扩展主题图 TM^{whole}。如局部主题图 TM_b^{part} 中也存在该现象，则做同样处理。

二是关系融合规则。主题图中的关系包括主题或知识元之间的关系、主题和知识元间的关系、知识元和资源实体之间的关系。如果存在一个关系属于概念 C_a，则概念 C_a 在与概念 C_b 融合后生成的概念 C_c 仍旧保持这种关系。如果在局部扩展主题图 TM_a^{part} 中有关系 $R_a(C_{a1}, C_{a2})$，在局部扩展主题图 TM_b^{part} 中有关系 $R_b(C_{b1}, C_{b2})$，则 C_{a1} 和 C_{b1} 融合生成的 C_{c1} 也会产生两个关系 $R_a(C_{c1}, C_{a2})$ 和 $R_b(C_{c1}, C_{b2})$，即原 C_{a2} 和 C_{b2} 也和 C_{c1} 分别产生了关系。

基于知识元的 ETM 由主题、知识元、信息资源等元组构成，其中，主题表示为 $T = \{T_1, T_2, \cdots, T_m\}$，知识元表示为 $E = \{E_1, E_2, \cdots, E_n\}$，网络信息资源表示为 $O = \{O_1, O_2, \cdots, O_p\}$，主题之间的关联关系表示为 $A_t = \{A_{t1}, A_{t2}, \cdots, A_{tm}\}$，知识元之间的关联关系表示为 $A_e = \{A_{e1}, A_{e2}, \cdots, A_{en}\}$。给定一个主题图的集合 TM^{set}，则主题图融合操作定义为：$TM^{converg} : (TM^{set} \times TM^{set}) \rightarrow TM^{set}$，如果局部 $TM_a^{part} \in TM^{set}$，局部 $TM_b^{part} \in TM^{set}$，则两个局部主题图的融合操作可能表示为：

$$TM^{converg}(TM_a^{part}, TM_b^{part}) \rightarrow TM_c^{part} \{\forall T_1 \in T/T\, TM_a^{part}\} \cup$$
$$\{\forall T_2 \in T/T\, TM_b^{part}\} \{\forall E_1 \in E/E\, TM_a^{part}\} \cup$$
$$\{\forall E_2 \in E/E\, TM_b^{part}\} \{\forall O_1 \in O/O\, TM_a^{part}\} \cup \{\forall O_2 \in O/O\, TM_b^{part}\} \{\forall A_{t1} \in A_t/A_t\, TM_a^{part}\} \cup \{\forall A_{t2} \in A_t/A_t\, TM_b^{part}\}$$
$$\{\forall A_{e1} \in A_e/A_e\, TM_a^{part}\} \cup \{\forall A_{e2} \in A_e/A_e\, TM_b^{part}\} \quad (6-11)$$

扩展主题图融合的算法包括以下步骤：

(1) 对 ETM_a 和 ETM_b 进行解析，形成相应的主题、知识元、资源集合及其相关之间的关联关系集合；

（2）扫描主题集合，对高相似性的主题通过概念融合规则融合处理，若干主题间有关联，利用关系融合规则处理；

（3）扫描知识元集合，对于有高相似性的知识元运用概念融合规则融合处理，若知识元间有关联关系，通过关系融合规则处理；

（4）扫描信息资源集合，通过概念融合规则对那些有较高相似性的信息资源融合处理；

（5）主题与知识元之间、知识元与信息资源之间的关联关系，则通过关系融合规则融合处理。

由上所述，基于知识资源的分布性、异构性和动态性，通过基于知识元的ETM方法对种分散、异构的碎片化知识融合处理。使资源实体与抽象概念间有了语义关联，实现了知识的高效组织。

第五节　基于用户兴趣的学习资源推荐

智能化的学习平台，应能够根据用户的行为习惯与兴趣偏好，个性化地为用户提供学习资源。学习资源推荐能够有效地减少用户在海量信息中的信息过载，使用户的学习过程更加高效且更有针对性。目前推荐算法包括基于内容推荐的算法[1]、基于协同过滤的算法[2]、基于标签的智能推荐算法[3]、基于用户行为及用户交互关系的推荐算法[4]等。但这些算法是基于信息层面的推荐，从信息推荐上升到知识推荐，需要将ETM与用户行为挖掘数据相结合，建立基于ETM的知识推荐算法[5]。算法流程如图6—4所示。

---

[1] Mooney R J, Roy L. Content-besed Book Recommending Using Learning for Text Categorization [C]. In Proceedings of the Fifth ACM Conference on Digital Libraries, 2000: 195 – 204.

[2] Sanvar B, Karypis G, Konstart J, et al. Item-based collaborative filtering recommendation algorithms [C]. Proceedings of the 10th International world wide web Cordeierbe, 2001: 285 – 295.

[3] JI A T, Yeon C, Kim H, et al. Collaborative tagging in recommender systems [C]. Proceedings of the 20th Australian Joint Conference on Artificial Intelligence. Berlin: Springer-Verlag, 2007: 377 – 386.

[4] 谭婷婷：《网络微内容推荐方法及支持系统研究》，载《华中科技大学》2011年。

[5] 吴茜媛、付雁、张云强等：《一种个性化网络学习资源推荐方法：中国》，201210178807.5 [P]，2012年。

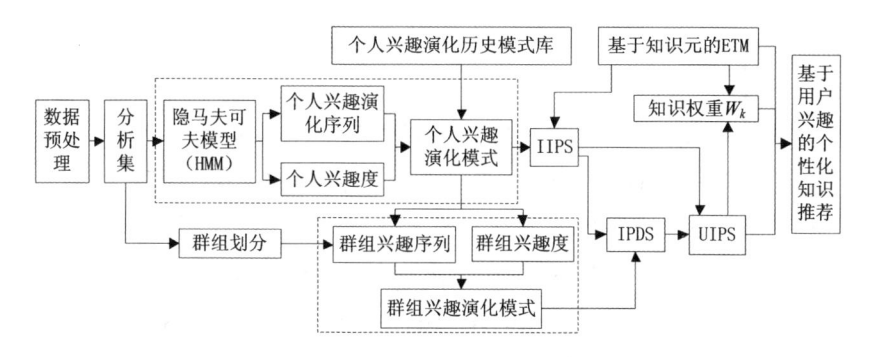

图6—4 基于用户兴趣的 ETM 知识推荐

一 数据预处理与分析集的建立

对网络平台中用户个人的访问行为日志进行预处理后，形成日志信息集 inf_i = {userId, startTime, endTime, objectId, objectType}，其中，userId 为用户 ID；startTime 和 endTime 分别为该条日志所对应的访问行为的开始、结束时间；objectId 为访问对象的 ID；objectType 为访问对象类型，如主题、知识元或资源。

在对日志数据进行预处理的基础上建立分析集，将从日志预处理中得到的某一用户的访问对象按照访问开始时间进行排列，形成序列 AO = $<AO_1, AO_2, \cdots, AO_n>$，$AO_i \in T$ 或 $AO_i \in E$，$AO_i \in O$。该用户访问行为结束和时间之差形成行为持续时间序列，Time = $<t_1, t_2, \cdots, t_n>$。访问对象序列中的某一访问对象可能会重复出现，因此，设某个用户的访问对象集合为 a = $\{a_1, a_2, \cdots, a_m\}$，$m \leq n$，则该集合中的每个对象 a_j 的访问持续时间的计算公式为：

$$LT_j = \sum_{i=1\cdots n \& AO_i = a_j} t_i \qquad (6-12)$$

二 用户个人兴趣演化模式

在分析集的基础上对用户的访问兴趣演化模式进行分析，既要识别用户直接访问所产生的显性兴趣演化模式，还要分析用户那些隐性的兴趣演化模式。后者是指尽管用户没有直接访问，但却有一定的兴趣倾向的知识点。比如，用户直接访问了成本会计、管理会计、会计电算化、材料会计等知识元，但这些知识元与主题"会计"都有关系，尽管用户没有访问"会计"这一主题,但是仍然可以推测用户对主题"会计"也具有一定的兴趣。

这里采用隐式马尔科夫模型(Hidden Markov Model,HMM)来预测用户的隐性兴趣。HMM 描述为 $\lambda = (N, M, \pi, A, B)$,其中,$N$ 为状态数目;M 为各状态下的不同观测值数目;π 为初始状态空间的概率矩阵;A 为状态转移概率矩阵;B 为输出观察值的概率矩阵。

第一,构建矩阵 π。初始时用户的访问应符合均匀分布,则矩阵 π 的概率计算公式为:$P_{ini}(N_{sta}) = 1/Num_s$,其中,$Num_s$ 为状态量总数;

第二,构建矩阵 B。根据观察量与状态量间的关系,矩阵 B 的概率为:

$$P(N_{obs} \mid N_{sta}) = \begin{cases} \dfrac{1}{Num}, (N_{obs} \in N_{sta}) \\ 0, (N_{obs} \notin N_{sta}) \end{cases} \quad (6-13)$$

式(6-13)中,$P(N_{obs} \mid N_{sta})$ 为在给定状态值 N_{sta} 的条件下,观察量 N_{obs} 出现的概率;Num 为与给定状态值 N_{sta} 有关系的观察量总数。

第三,构建矩阵 A。在 ETM 中,若一个节点与其直接连接的节点较多,则用户在访问该节点后有较大概率访问与其直接相连的节点,因此,根据节点之间的既有关系来计算初始状态转移概率,计算公式为:

$$P_{tra}(N_i \mid N_j) = \frac{LD(N_i, N_j)}{\sum_{j=1}^{n} LD(N_i, N_j)} \quad (6-14)$$

式(6-14)中,$P_{tra}(N_i \mid N_j)$ 表示隐含状态点 N_i 和 N_j 之间的转移概率,$LD(N_i, N_j)$ 为 N_i 和 N_j 之间的连接度,$\sum_{j=1}^{n} LD(N_i, N_j)$ 为节点 N_i 与其他所有 N_j 节点的连接度之和。

在此基础上,根据初始状态转移概率与用户直接访问状态所构成的序列来动态调整状态之间的转移概率。

第四,构建调整后的 HMM 参数以及观察值序列,运用 Viberbi 算法计算出概率最大的状态序列 S,即用户兴趣变迁序列。同时,得到概率最大状态序列的出现概率 $Prob_s$,以及产生该观察序列的所有状态序列概率和 $Prob_{total}$。

第五,计算用户对 ETM 中的主题、知识元和资源兴趣度:

$$V_t(t_i) = w_1 \times P_t(t_i) + w_2 \times \frac{LT_{ti}}{LT_t} \qquad (6-15)$$

$$V_e(e_i) = w_1 \times P_e(e_i) + w_2 \times \frac{LT_{ei}}{LT_e} \qquad (6-16)$$

$$V_o(O_i) = \frac{LT_{oi}}{LT_o}; \qquad (6-17)$$

式（6-15）、式（6-16）、式（6-17）中，LT_t、LT_e 和 LT_o 分别表示在兴趣演化模式分析时段内用户对某一主题、知识元和资源的最长访问时间。$LT_t = \max_i(LT_{ti}); LT_e = \max_i(LT_{ei}); LT_o = \max_i(LT_{oi})$。

$P_e(e_i)$ 和 $P_t(t_i)$ 分别表示知识元、主题的出现概率比重，$P_e(e_i) = \frac{Prob_s}{Prob_{total}}, \exists e_i \in S$；$P_t(t_i) = \frac{Prob_s}{Prob_{total}}, \exists t_i \in S$。$w_1$ 和 w_2 为衡量兴趣序列出现概率比重和访问持续时间对兴趣度影响程度的权值，且 $w_1 + w_2 = 1$。

第六，由于用户可能会在访问 ETM 中的若干知识元之外，还会访问与这些知识元无关的主题，这时需要将这些主题组成一个序列 S'，并按式（6-14）计算它们的兴趣度，其中，$w_1 = 0; w_2 = 1$；将 S' 与 S 按照访问开始时间进行重新排序，形成调整后的用户个人兴趣演化模式。

第七，计算加入历史兴趣的用户访问兴趣变迁模式。上述仅仅是分析时段内用户兴趣的变迁模式，实际上用户的历史兴趣也会对其当前兴趣产生影响。因此，需要将用户历史兴趣纳入模式，将历史兴趣变迁模式进行衰减，即用 V 乘以衰减因子 $\lambda \in [0,1]$，再与原来的 V 相加，并剔除兴趣度低于特定阈值（如设定为0.3）的兴趣点，得到新的用户个体兴趣模型。在这个计算模型中，λ 为艾宾豪斯遗忘规律中的衰减因子，根据艾宾豪斯遗忘规律，在首次访问后的1天内，其兴趣已经衰减了四分之一，对于具有连续访问一至三天的用户，应用衰减因子进行兴趣衰减；对于三天以上较长时间没有访问的用户，采用固定衰减因子进行衰减，根据统计规律选取0.6。

三　群组兴趣演化模式

群组是诸多用户按一定的属性（如性别、年龄、职业、访问内容、性格偏好）等特征进行分类后所形成的用户集合，这里将访问过同一内容（即在同一内容的 ETM 上有访问日志）的用户划分为同一群组。群组兴趣演化模式是指能体现该群组中用户共有的访问演化过程的序列，记为 S_Ω^{accobj}，$S_\Omega^{accobj} = <I_1^{accobj}, I_2^{accobj}, \cdots, I_n^{accobj}>$，其中 Ω 表示群组的标识，每个元素 I_i^{accobj} 表示群组中用户共同感兴趣的兴趣点，可以是资源、知识元或者主题，即 $I_i^{accobj} OTE$，当然，序列中的元素必须是同一类对象。

群组兴趣模式描述为：$I_g = <\Omega_{id}, T_{start}, T_{end}, S_e, S_t, V_e, V_t, \{user_i\}>$。其中，$I_g$ 为群体兴趣模式，Ω_{id} 为群组的 ID 标识；T_{start} 和 T_{end} 分别为测量群组兴趣的起始时间和结束时间；S_t 和 S_e 分别是该群组内感兴趣的主题、知识元兴趣演化模式，群组的访问兴趣变迁模式具有一定的代表性，反映了该群组内用户们共同的兴趣变迁过程，可以使群组中的用户完善自己的访问过程，尤其是对于新加入群组的用户来说，可以了解该群组的大多数用户的访问过程，从而指导自己的访问浏览路径。V_e 和 V_t 分别表示群组感兴趣的知识元和主题的兴趣度向量；$\{user_i\}$ 为该群组中的用户集合。

群组兴趣序列模式是运用 GSP 广义序列模式挖掘算法从群组中的用户个体兴趣序列模式中挖掘获得。同样，群组兴趣度也是基于群组中个体兴趣度的值而计算得到，公式为：

$$V_{ge}(e_{gi}) = \frac{\sum_{j=1}^{n} V_e(e_j)}{n}, (e_{gi} = e_j)(e_j = S_{ej}) \qquad (6-18)$$

$$V_{gt}(t_{gi}) = \frac{\sum_{j=1}^{n} V_t(t_j)}{n}, (t_{gi} = t_j)(t_j = S_{tj}) \qquad (6-19)$$

在式（6-18）、式（6-19）中，$V_{ge}(e_{gi})$ 和 $V_{gt}(t_{gi})$ 分别表示群组兴趣序列模式中知识元和主题的兴趣度计算函数。$V_e(e_j)$ 和 $V_t(t_j)$ 分别表示个体的知识元、主题兴趣度计算函数。e_{gi} 与 t_{gi} 分别表示群组兴趣序列中第 i 个知识元和第 i 主题。e_j 和 t_j 分别表示该群组内第 j 个用户感兴趣的知识元和主题。S_{ej} 和 S_{tj} 分别表示该群组内第 j 个用户的知识元和主题兴趣演化序列模式。

群组兴趣演化序列模式集中可能包含多个模式，因此，需要对这些模式进行筛选，将具有代表性的模式呈现给用户，并按照访问时间对这些序列模式进行融合，形成最终的群组兴趣演化模式。同时，随着用户个体的兴趣演化模式进行更新，群组的兴趣演化模式会不断更新。

四 预测集的构建与知识推荐

根据 ETM 中的主题、知识元和资源的关联关系，以及用户个体、群组的兴趣演化模型，分析用户的兴趣预测集及预测集中各个对象之间相应权重，并对用户进行个性化的知识推荐。

首先，建立起用户个体兴趣演化模式与 ETM 之间关联关系，利用 ETM 中的知识关系，查找与用户个体兴趣相关的知识点，形成用户个体兴趣预测集（Individual Interest Prediction Set，IIPS）；其次，将该用户所在群组兴趣集和其个体兴趣集进行差集运算，建立起个体与群体的兴趣预测差集（Interest Prediction Difference Set，IPDS）；再次，将 IIPS 与 IPDS 进行并集运算，得到最终的用户兴趣预测集（User Interest Prediction Set，UIPS）；最后，根据 UIPS 中每个知识点在 ETM 中的知识重要程度，计算其知识权重 W_k，W_k 是 ETM 中与一个节点直接连接的节点个数，并按照 W_k 大小顺序推荐给用户。

第六节 基于情境的学习资源推荐

网络"微学习"资源的推荐不仅仅可以通过对用户兴趣的挖掘来实现，也可以基于情境来实现。当前移动互联网发展迅速，移动互联网使人们获取信息的场景泛在化、移动化，也使人们接收到的信息更加碎片化。因此，探讨移动情境下的学习资源推荐对于网络学习者具有重要的实用价值。如何更智能化地利用情境信息来进行知识推荐是一个具有挑战性的课题，也是当前情境感知计算研究中的一个重要问题。本节着眼于构建一个基于情境的学习资源推荐框架，为用户"微学习"过程中的知识推荐提供一个思路。

一 情境推理

基于情境的知识推荐需要运用到情境推理（Context Reasoning）。Petteri Nurmi 指出情境推理是从各种不同的情境数据源中推导出来的、提供给应用程序或用户使用的新的相关的信息①。

情境可以分为直接情境和间接情境。直接情境也可以称为感应情境，是指通过感知设备直接从物理环境中获取情境信息，如通过 RFID 标签识别用户的身份，以及通过物理传感设备直接感知到的位置信息、物理环境信息等。直接情境信息是描述物理环境特征的一些信息，如温度、光线、压力、强度等。直接情境一般是通过感知设备获取，如从物理传感器采集到的温度、湿度、亮度等，或者从既有的信息中直接采集，如日期、天气预报等。间接情境与直接情境相对，是指不能直接通过感知设备收集到的，需要通过分析、推理而获得的情境，用户活动过程状态即是间接情境。直接情境是一种低层次的情境信息，间接情况由于需要经过加工、分析、处理而得到，因此，是一种高层次的情境信息。

用户活动作为一种间接情境，是情境模型中高层次的情境信息，是情境感知系统为用户提供智能服务的依据。然而，由人类主观意识支配的活动并不能够像一些简单直观的情境信息（如温度）那样直接从传感设备提供的数据中抽象出来。不同的活动决定了用户周围不同的环境条件变化，一般我们只能够检测到用户周围的简单信息，如用户的位置、室内的温度等。因此，用户活动的判断需要根据其活动中周围环境的简单情境信息进行推理。

此外，用户为完成一定的任务所进行的活动是一个持续的过程，也就是说，一个活动并不是一个点的状态，从开始到结束会持续一定的时间。因此，在对用户活动进行描述判断时，不能够简单地依靠一个点的状态，而是要通过对用户的整个活动过程中的各情境要素的变化取值，来判断用户的活动状态。

现有的情境推理的方式有很多种：包括基于贝叶斯网络（Bayesian Network）的推理、基于案例的推理、基于逻辑的推理、基于本体的推理、基于模糊的推理等。

概率模型和贝叶斯网络可以解决从直接情境数据向间接情境推理过

---

① Petteri Nurmi, Patrik Floréen. Reasoning in Context-Aware Systems［J/OL］. Helsinki Institute for Information Technology （HIIT） & Basic Research Unit （BRU）, 2008. https：//www.cs.helsinki.fi/u/ptnurmi/papers/positionpaper.pdf.

程中的不确定问题。但是，由于贝叶斯网络推理过程中，并没有个体、属性和关系的概念，所以它无法直接作为情境服务中的情境表示和推理方法。此外，贝叶斯方法还具有指数级增长的计算量和所有假设必须要相互独立和完全等限定条件，这都给现实中的情境推理带来困扰。

基于案例的推理可以通过既往的案例来对未来可能的活动进行推理，但如何从大量的案例（Case）中抽取出事实，并对案例进行归纳是一个重要的问题；同时，对案例之间的相似性测度以及自动化分析都存在着一定的局限。此外，基于案例的推理缺乏对语义的支持。

基于逻辑的推理是一种准确性、严谨性的推理，对于那些不完全、不准确的情境上下文的推理较为困难。此外，与基于案例的推理一样，基于逻辑的推理也缺乏对语义的支持。

基于本体的推理主要利用本体的公理、属性等来进行推理。单纯的本体推理需要建立领域内所有本体知识，事先对规则与训练模型进行定义，这些对动态的情境推理具有较大的限制；此外，仅通过本体的推理，只能完成本体中的表达优化、本体融合等，对于其在不同领域的应用仍需要自定义逻辑规则。基于本体的推理需要对领域内的所有知识本体进行构建，并要对规则进行事先定义，这对动态情境的推理带来一定局限性。

基于模糊的推理主要有基于证据理论的推理和基于模糊逻辑的推理。两类基于证据理论的推理是贝叶斯网络的扩展，它是根据部分假设来推知结果，不要求所有假设必须是相互独立和完全的，允许概率可以分配到区间或者集合上。基于证据的推理广泛应用于人工智能、信息分析与决策支持等领域，但基于证据理论的推理方式，其计算量会随着变量增多而呈现出指数级增长。基于模糊逻辑的推理是利用模糊集来实现，它依靠主观性，运用成员函数来表达概念。一些学者提出了基于移动环境的模糊推理方法、基于P2P网络的分布式推理方法等，但由于情境信息的不完全、预定义规则的局限，使得推理能力与推理准确性仍然有限。

情境推理是实现情境感知的关键，对于"微学习"资源的组织与推荐系统而言，获取直接情境信息并对其进行结构化表示，只是情境感知的基础。情境感知实际上是要获取更高层次的间接情境信息。这些更高层次的间接情境信息是通过对于直接情境信息的组织、推理得到的。本节着重介绍以活动为中心的情境感知模型，模型中包含活动的先后顺序、活动状态、活动与活动之间的逻辑关系。具体方式是：通过传感设备采集到直接情境信息的相关数据后，进行初步的处理，然后按照时间顺序以情境流的形式输入到情境推理机中；再通过对历史的推理结果与最新获得的情境进行匹配推理，确定用户当前的活动及状态。

二 情境流

在情境感知应用中，情境信息的采集是基于底层的传感设施得到。不同的情境信息可能在不同的时间点开始触发产生。例如，通过人的位置和声音判断教室正在开会，人首先进入教室后，才会有开会的声音。也就是说，情境信息是以一定的时间序列的方式不断被输入情境感知系统。通常情况下，对于一个应用服务来说，可以以主动和被动两种方式通过情境传感设备或中间件获得情境信息，即主动访问提供情境的中间件和中间件根据预先设定的条件将情境信息提供给应用服务。对于这种情境信息获取的方式，做出如下定义：

首先，对于一个应用服务，它向中间件提出一次情境获取请求或者收到一条情境信息，称为一个 u-event，以三元组（c, v, t）来描述。其中 c 表示情境的名称，v 表示情境的取值，t 表示 u-event 发生的时间。

如当一个人在 t 时刻进入房间 202 时，感知设备检测到人的位移，情境信息表示为一个 u-event（人的位置，房间 101, t）。

当然，由于信息传输的延迟性，情境实际发生的时间与中间件获得传感设备提供的情境信息的时间可能会出现时差，不过由于时差会较小，对于用户行为位移来讲，这种误差可以忽略。

因此，对于一个 u-event（c_n, v_n, t_n）来说，在 t_n 时刻情境取值为 v_n，同时在 t_n 时刻，服务中间件获取到情境 c_n 的取值为 v_n。

其次，由于 u-event 的发生具有时序性，不同的时间点上情境取值会有变化，因此，情境信息是依据 u-event 的时间序列形式出现。该 u-event 序列称之为情境流。

情境流以大 S 表示，S = {（c_1, v_1, t_1），（c_2, v_2, t_2），…，（c_n, v_n, t_n）}。情境流的开始时间为 begin (s) = min {t_i | （c_2, v_2, t_2) ∈

S}，结束时间为 end（s）= max {t_i |（c_2, v_2, t_2）∈S}。

基于此，由情境流 S 确定的情境 c 在时刻 t 的取值为 c_s（t），则 c_s（t）= { v |（c, v, t_n）∈S ∧ t_n≤t ∧ ¬∃ t_m（∃ v_m（（t_n < t_m < t）∧（c, v_m, t_m）∈S ∧（v_m≠v）））}。

三　以活动为中心的情境本体建模

1. 通用情境本体模型

借鉴 CONON 模型的两层结构思想[1]，情境模型可以分为基础情境本体和对象本体两部分。如图 6—5 所示。基础情境本体是底层本体，它定义了可被所有推荐系统共享的共同概念，可以获取基础情境实体的一般特征。对象本体则位于基础情境本体之上，其概念多为基础情境本体的子类，主要定义特定领域的细节概念，可获取领域中特殊的情境特征。

基础情境本体由两个核心概念构成：用户（User）、环境（Situation）。用户包括同伴（Companion）、情感状态（Emotion State）和基本信息（User Basic Information）。其中基本信息包括用户 ID（Uster ID）、用户姓名（Uster Name）、用户年龄（User Age）、用户性别（User Gender）、用户联系方式（Contact Information）以及用户角色（User Role）等。环境包括位置信息（Location Information）、时间信息（Temporal Information）和物理条件信息（Physical Condition）。对象本体（Object），包括活动（Activity）、服务（Service）、资源（Resource）。其中活动（Activity）包括开始（Begin State）、结束（End State）、持续（On State）、暂停（Pause State）四个状态；资源（Resource）包括操作资源（Usable Resource）以及辅助设备（Device）。

2. 情境模式与情境演化模式

在情境推理中，首先通过对直接情境信息进行采集、处理，获得当下活动及活动状态。这些直接情境信息以情境流的形式输入到情境感知系统中，每个活动都有与之相对应的情境要素及其取值。这里通过情境、

---

[1] Wang X H, Zhang D Q, Gu T, et al. Ontology-based context modeling and reasoning using OWL [C] // Proceedings of the Second IEEE Annual Conference on Pervasive Computing and Communications Workshops. Washington DC：IEEE Computer Society，2004：18 – 22.

情境取值以及不同情境间的逻辑关系对活动及其状态进行表示。

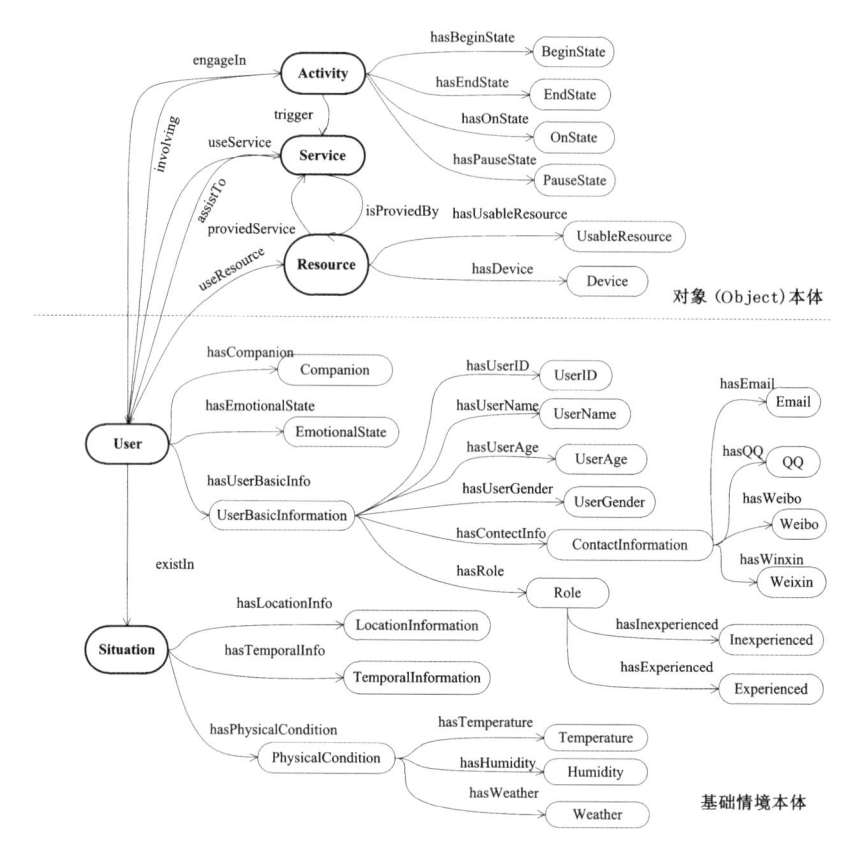

图6—5 通用情境本体模型

以二元组（c，v）来表示最小的情境单元，即原子情境（Primitive Context）。其中 c 表示情境的名称，v 表示情境的取值或取值范围。例如对于位置这一情境，如果规定其取值范围是 39.92N 和 116.46E，则该情境为（位置，39.92N116.46E）。

对元情境使用逻辑运算符表示，有以下几种："∧"表示"与"运算；"∨"表"或"运算；"¬"表示"非"运算。通过这三个逻辑运算符对各情境或情境模式进行逻辑运算，进而用以描述活动及相应的状态。

P 表示原子情境集合，利用递归方式定义情境模式集合 CP 如下：如

果 $\alpha \in P$，则 $\alpha \in CP$；如果 $\alpha \in CP$，$\beta \in CP$，则 $(\alpha \wedge \beta) \in CP$，$(\alpha \vee \beta) \in CP$，$\neg \alpha \in CP$，$\neg \beta \in CP$。如 α 为（室温，24℃—29℃），β 为（位置，1208 机房），λ 为（主机状态，开启），则情境"$\alpha \wedge \beta \wedge \neg \lambda$"为以下情境要素全部满足：在 1208 机房，室温为 24℃至 29℃，且主机处于开关闭状态。

对于给定的情境模式集合 CP 和情境流 CS，若在时间 t 按照 CS 判断 CP 成立，记为 CP_t。

情境模式能够描述活动及其活动状态所需情境元素的逻辑关系，但对于活动持续时间的状态却无法反映，而这正是描述活动程度的重要因素。基于此，可以定义两个操作符来描述活动的时间状态："#"代表活动一种持续的状态；"*"代表一种有时的状态。这样，就可以对活动进行完整的描述，一个活动从开始到结束所涉及的情境就可以通过这两个操作符来进行定义。

对于情境模式 CP，在给定时间段 $[t_i, t_j]$ 内，$\forall t \in [t_i, t_j]$，CP_t，定义为 $(\#CP)[t_i, t_j]$。由此可知，$(\#CP)[t_i, t_j]$ 表示情境模式 CP 在给定的时间段 $[t_i, t_j]$ 内持续执行着。

对于情境模式 CP，在给定时间段 $[t_i, t_j]$ 内，$\exists t \in [t_i, t_j]$，CP_t，定义为 $(*CP)[t_i, t_j]$。由此可知，$(*CP)[t_i, t_j]$ 表示情境模式 CP 在给定的时间段 $[t_i, t_j]$ 内有时在执行。

对于情境模式 $CP1$ 和 $CP2$，若在给定时间段 $[t_i, t_j]$ 内，$\exists t_m \neg \exists t_k \exists t_n ((t_i < t_m < t_j) \wedge CP1\ t_m \wedge (t_i < t_k \leq t_m) \wedge CP2\ t_k \wedge CP2\ t_n \wedge (t_m < t_n \leq t_j))$，定义为 $(CP1; CP2)[t_i, t_j]$。则 $(CP1; CP2)[t_i, t_j]$ 代表了在给定时间内情境或情境模式 $CP2$ 在 $CP1$ 前执行，且 $CP2$ 在 $CP1$ 执行之前就已经开始执行。

由以上定义，在给定时间段 $[t_i, t_j]$ 内，可以有以下运算法则：规则 1：$\#(CP1 \wedge CP2) \Leftrightarrow \#CP1 \wedge \#CP2$；规则 2：$\#(CP1 \vee CP2) \Leftarrow \#CP1 \vee \#CP2$；规则 3：$*(CP1 \wedge CP2) \Rightarrow *CP1 \wedge *CP2$；规则 4：$*(CP1 \vee CP2) \Leftrightarrow *CP1 \vee *CP2$；规则 5：$\#(\neg CP) \Leftrightarrow \neg(*CP)$；规则 6：$*(\neg CP) \Leftrightarrow \neg(\#CP)$。其中，运算符"$\Leftrightarrow$"代表左式与右式这两边互为充分必要条件；运算符"$\Leftarrow$"代表右式为左式的充分必要条件，反之则不是；运算符"$\Rightarrow$"代表左式为右式的充分必要条件，反之则不是。

对于规则1，在给定时间内，若情境模式 $CP1 \wedge CP2$ 一直持续执行，则情境模式 $CP1$ 一直持续执行，且 $CP2$ 也一直持续执行；反之亦然，这两种状态互为充分必要条件；

对于规则2，在给定时间内，若情境模式 $CP1$ 一直持续执行或情境模式 $CP2$ 一直持续执行，则 $CP1 \vee CP2$ 一直持续成立；但反之，当 $CP1 \vee CP2$ 一直持续成立，则不能推断这一时间内，情境模式 $CP1$ 一直持续执行或情境模式 $CP2$ 一直持续执行。

对于规则3，在给定时间内，若情境模式 $CP1 \wedge CP2$ 有时执行，则在这一时段内，情境模式 $CP1$ 则一定会有时执行并且情境模式 $CP2$ 一定会有时执行。

对于规则4，在给定时间内，若情境模式 $CP1 \vee CP2$ 有时执行，则在这一时段内，情境模式 $CP1$ 有时执行或情境模式 $CP2$ 有时执行。反之亦然。

对于规则5和规则6，在给定时间内，若情境模式 CP 不持续执行，则情境模式 CP 有时不执行；反之亦然。

在给定时间 $[t_i, t_j]$ 内，定义动态情境发展模式构成的集合 DCP 为：①若 $CP1 \in CP$，$CP2 \in CP$，则 $\#CP1 \in DCP$，$*CP1 \in DCP$，$(CP1; CP2) \in DCP$。②若 $DCP1 \in DCP$，$DCP2 \in DCP$，则 $(DCP1 \wedge DCP2) \in DCP$，$(DCP1 \vee DCP3) \in DCP$，$\neg DCP3 \in DCP$。比如，定义网络课堂情境在一定时间内取值为：教师的位置表示为 $DCP1$（教师位置，39.92N116.46E），学习者的位置表示为 $DCP2$（学习者位置，23.20N113.30E），语音会话状态表示为 $DCP3$（语音会话，开启）。以上状态所形成的动态情境发展模式可以表示为：$\#(DCP1 \wedge DCP2) \wedge *DCP3$。

在时间 $[t_i, t_j]$ 内，t_i 为起始时间，t_j 为结束时间，对于给定的动态情境发展模式 DCP 和情境流 S，根据情境流 S 判断动态情境发展模式 DCP 成立，记作 $DCP|_S$。

活动是一个时间持续的过程，情境演化模式描述了某个活动在其持续的时间段内各情境要素取值的情况，在这个过程中，各情境要素取值可能会发生变化，情境演化模式可以描述这种变化状态。在对情境进行推理的过程中，若情境流中给出的情境取值变化与活动状态情境演化模式相匹配，则可以判断活动处于该状态之中，而反之却不成立。

3. 推理元规则

设定一个活动为 A_p，则 $A_{p.}X$ 代表活动 A_p 的 X 状态中相应某一个原子情境；$A_{p.}XState$ 代表活动 A_p 的某种 X 状态。X 有开始、结束、持续进行、暂停四个状态，即 $X = \{begin, on, pause, end\}$。$A_{p.}on^\#$ 代表活动 A_p 对应的所有正在持续的情境元素集合；$A_{p.}set$ 代表所有的与 A_p 相关的各种情境的名称集合；$A_{p.}XPattern$ 代表活动 A_p 相对应的各个动态情境发展模式。

各种活动状态用动态情境发展模式进行描述，为了对活动的状态进行准确的判断，通过建立活动各种状态推理元规则，根据元规则对得到的情境流和活动的动态情境发展模式进行匹配，推断出活动的状态，这些元规则如下：

(1) 开始规则 (the rule of begin)

If $\exists (C_i, v_i, t_i) \in S((C_i, v_i) \notin A_{p-1.}on \wedge (C_i, v_i) \notin A_{p-1.}end \wedge (C_i, v_i) \in A_{p.}on)$ or

$\exists (C_i, v_i, t_i) \in S(\exists (C_i, v_j, t_j) \in S((C_i, v_i) \in A_{p.}on \wedge (C_i, v_i) \in A_{p-1.}on \wedge (t_{A_{p-1.}end} < t_j < t_i)))$

Then at t_i, $A_{p.}XState = A_{p.}beginState$

该规则表示在某项活动 A_{p-1} 结束以后，如果至少有一个正在持续的情境与该活动 A_{p-1} 的各状态不相关，则说明活动 A_p 处于起始状态；或者此情境与上一个活动 A_{p-1} 的状态相关，某时刻该情境取值与活动 A_p 相关，在上一个活动 A_{p-1} 结束时情境取值发生变化，则也说明活动 A_p 处于起始状态。

(2) 持续进行规则 (the rule of on)

If $\exists t_j(A_{p.}XState = A_{p.}beginState \vee A_{p.}XState = A_{p.}pauseState)$

$\wedge (((\forall (c, v) \in A_{p.}on^\#, \exists t_i((t_i > t_j) \wedge c_s(t_i) = v) \vee$

$(\forall (c, v) \in A_{p.}on, \exists t_i(t_i > t_j) \wedge c_s(t_i) = v))$

Then at t_i, $A_{p.}XState = A_{p.}onState$

由上式可见，持续进行规则表示在一个活动 A_p 已经发生过起始状态或者已经发生过暂停状态之后，并且该活动 A_p 对应的所有正在持续的情境元素均符合其动态情境发展模式的取值时，说明此时活动处于正在持续进行的状态。

(3) 暂停规则 (the rule of pause)

$$If \quad \exists \, t_j(A_{p.}XState = A_{p.}onState) \wedge (\forall (c,v) \in A_{p.}\#set,$$
$$\exists \, t_i((t_i > t_j) \wedge c_s(t_i) \neq v))$$
$$Then \; at \; t_i, \; A_{p.}XState = A_{p.}pauseState$$

该规则显示出，如一个活动 A_p 在 t_i 时刻前处于持续进行的状态，在 t_i 时刻时，如果该活动对应的动态情境发展模式中所需的持续情境取值不完全成立时，则此时该活动处于暂停状态。

(4) 结束规则 (the rule of end)

$$If \quad \exists \, t_j(A_{p.}XState = A_{p.}onState) \wedge (\exists (c,v) \in A_{p.}end,$$
$$\exists \, t_i((t_i > t_j) \wedge c_s(t_i) = v))$$
$$Then \; at \; t_i, \; A_{p.}XState = A_{p.}endState$$

该规则显示出，对于一个活动 A_p 在 t_i 时刻前处于持续执行的状态，在 t_i 时刻时，与该活动这一时刻结束状态相对应的动态情境发展模式的取值成立，则表示该活动处于结束状态。

4. 情境推理算法

对于一个给定的情境流 S 和某已知的活动状态，其情境推理算法思想为：首先，根据已知的活动状态进入相应的功能函数。其次，如果已知活动处于结束状态，便进行分支判断，如果没有分支，则对于情境流进行处理，去除那些与活动不相关以及取值不变的情境（取值不变的情境为重复情境），然后，将处理后得到的情境流根据元规则与情境演化模式进行匹配，输出匹配结果；如果有分支，先进行活动的筛选，然后同样进行上述过程。再次，如果已知活动处于非结束状态，则直接去除噪声情境，把那些活动不相关的情境以及取值不变的重复情境进行剔除，然后将处理后情境流根据元规则与情境演化模式进行匹配，输出结果。最后，对于下一个到来的情境流，则根据得出的结果返回到继续调用相应功能模块进行判断。

整个情境推理流程的算法可以模型化表示为：首先，在系统中输入情境流 Context Stream、活动 inputAct 和活动状态 inputState，进入 main( ) 函数，根据输入的活动状态 inputState 调用不同的功能函数模块。整个情境推理模型根据活动的四种状态定义了四个功能函数模块，分别为开始函数模块 beginFunction( )、持续函数模块 onFunction( )、暂停函数模块 pauseFunction( ) 和结束函数模块 endFunction( )。前三个模块中首先调用行为选择函数 selectAct（S，A_p），从情境流 S 中挑选与活动 A_p 相关的情境元素，并返回这些情境元素的集合。然后，再调用函数 check（S'，A_p Pattern），对与活动相关的情境元素集合 S' 与输入的已知活动 A_p 的状态的情境演化模式进行匹配，完成情境演化模式的匹配并返回结果。结束函数模块 endFunction( ) 首先判断后续活动，若其后再无任何活动，则整个流程结束；若有一个活动，则同上进行判断；若有多个活动，则进行活动筛选，并判断活动的状态。最后返回情境推理的结果。

由情境推理而得到用户的活动状态，并根据情境特征及活动状态，有针对性地为用户提供相应的学习资源。同时，在这个过程中，还可以融入第 6.5 节中基于用户兴趣偏好的资源推荐算法，这样，就可以有针对性、场景化、个性化地为用户提供学习资源。

第七节 基于 ETM 的知识导航

知识导航是知识服务的一个重要方面，它与知识推荐一起，可以为用户提供快速、准确的知识查找与资源定位。知识导航包括浏览导航和检索导航两个方面。前者是一种自上而下的知识展示方式，为用户提供一种宏观而完整的知识地图；后者通过返回与用户检索词相匹配的检索结果来实现快捷的知识查询，还能够提供与检索结果相关的主题链接和一些关联提示，提升用户一次检索的知识获取量和检索效率。

一 浏览导航

浏览导航可以实现对知识资源主题图的整体浏览功能，将主题图以可视化的方式，按照其属种关系以一种层次化的结构直观地、人性化地呈现给用户，用户可以有一个宏观的领域知识全貌，了解各个知识节点以及相互的关联情况，并通过点击链接来获取具体的资源。这种基于 ETM 提供的知识关联，是以星形或树形的形态，向用户展示与该主题相关的其他主题以及这些主题之间的关系，并帮助用户定位目前的知识节点位置和整个节点路径，根据用户浏览过和学习过的知识，对用户知识需求进行预测，从而提供有针对性、有价值的相关知识。

传统的门户导航只能粗略地对内容进行分类，其分类标准也不一定科学、系统，内容交叉、混杂在所难免；同时，缺乏对内容的归纳、过滤，缺乏针对性。

基于 ETM 的浏览导航能够为用户提供一个更加全面而有针对性的知识地图，克服传统门户导航中的信息冗余等问题，解决用户在链接跳转中产生的信息迷航问题。并通过对用户兴趣变迁模式的挖掘，为用户提供更加个性化、精准化的知识定位。

在浏览导航中，导航路径可以表示为主题、知识元序列。假设有 X 个用户访问了某一领域主题图，主题节点集为 $T = \{T_i | 1 \leq i \leq p\}$，知识元节点集 $E = \{E_j | 1 \leq i \leq q\}$；其中 x' 作为 X 中某一个用户，他对 T 和 E 的访问序列是：$\{X_{T_1}^{x'}, X_{T_2}^{x'}, \cdots, X_{T_n}^{x'}\}$，$1 \leq n \leq p$；$\{X_{E_1}^{x'}, X_{E_2}^{x'}, \cdots, X_{E_m}^{x'}\}$，$1 \leq m \leq q$。由此，导航路径定义为[1]：

$$\{T_1, T_2, \cdots, T_z, \cdots, T_p\} | T_z = T_i,$$
$$IF(T_i | \max\{\sum_{x'=1}^{X} f_{zT}(x')/P\}), 1 < i < p \quad (6-20)$$
$$\{E_1, E_2, \cdots, E_z, \cdots, E_p\} | E_z = E_j,$$
$$IF(E_j | \max\{\sum_{x'=1}^{X} f_{zE}(x')/P\}), 1 < j < q \quad (6-21)$$

式 (6-20)、式 (6-21) 中，$f_{zT}(x')$ 和 $f_{zE}(x')$ 分别表示用户 x' 访问的主题、知识元在 z 点出现在导航路径中的可能性，$f_{zT}(X') = \begin{cases} 1, X_{T_z}^{x'} = T_i \\ 0, X_{T_z}^{x'} \neq T_i \end{cases}$；$f_{zE}(x') = \begin{cases} 1, X_{E_z}^{x'} = E_j \\ 0, X_{E_z}^{x} \neq E_j \end{cases}$

同时，浏览导航还需要用到知识可视化技术，知识可视化能够用直

---

[1] Li G Z, Lu H M, Ren W. Service-oriented knowledge modeling on intelligent topic map [C] // Proceedings of the First International Conference on Information Science and Engineering. Washington: IEEE, 2009: 2394-2397.

观的视觉表征来提升知识创造和传递中的效果①。在浏览导航中，知识可视化能够提供给用户一个直观、图形化、清晰的可视化界面，便于用户直接获取知识。

知识可视化的过程包括两个过程：一是映射过程。该过程把结构化的知识映射到相应的可视化对象上，以具有空间特征、有标记符号及绘图工具的可视化结构来表现主题图形式的结构化知识。整个知识体系通过图或树的形式进行表达，图或树中的节点、连线等用来表现每个知识元以及知识元的关联。这个过程中，通常使用聚类方法，通过对知识的分类，以减少用户的认知负荷②。二是视图变换。在上述可视化的映射过程基础之上，通过视图变换来创建可视化视图，在一定空间采用一定的符号、图形、颜色等对知识进行标注和编码，用颜色、形状、位置等对主题图的各个部分进行区分，主题图中的元素以节点来表示，元素之间的关联用连接线表示，关联的强度及类型可以通过线型、标注来显示。用户可以根据认知的需要来调整视图的大小、颜色、形状、比例、视角等特性。同时，为便于用户的识别，防止信息过载，可视化还可以仅对与用户相关的内容进行显示，不相关的内容进行隐藏；或者将相关部分突出显示、清晰显示③。当前，比较流行的主题图可视化工具有 Omnigator、StarTree、TM4J 以及 Vizigaotot 等④⑤。

二 检索导航

检索导航将用户自然语言形式的检索条件用本体中的概念词汇来规

---

① Burkhard R A. Learning from architects: The difference between knowledge visualization and information visualization [C]// Proceedings of Eighth International Conference on Information Visualization. London: IEEE, 2004: 519 – 524.

② Godehardt E, Bhatti N. Using topic maps for visually exploring various data sources in a web-based environment [J]. Lecture Notes in Computer Science, 2008, 4999: 51 – 56.

③ Weerdt D D, Pinchuk R, Aked R, et al. Topimaker: an implementation of a novel topic maps visualization [J]. Lecture Notes in Artificial Intelligence, 2007, 4 438 (1): 32 – 43.

④ 朱良兵：《开源主题图引擎 TM4J 应用研究》，载《现代图书情报技术》2006 年第 10 期，第 66—70 页。

⑤ 朱良兵、纪希禹：《基于 Topic Maps 的叙词表再造工程》，载《现代情报技术》2006 年第 9 期，第 81—84 页。

范，提取出有检索意义的概念语词；运用 ETM 中的概念关系来识别、扩展用户的检索语义；通过知识元提取与知识元链接，从知识本身的描述中建立起知识之间的关系及资源之间的关系，提升用户的检索效率和效果；依据 ETM 的标准对知识资源进行主题标引，将资源层、知识元层与主题层相剥离，便于用户根据自己的需求在语义层面上进行知识检索并获取相应的知识资源。

检索导航流程如图 6—6 所示。用户在检索框中输入检索词，系统对检索词进行分析，若该检索词是 ETM 中的概念，即显示该概念及其他概念之间的相关关系，同时显示与之相关的知识分类的类目，实现语义的扩展与关联检索；若该检索词不符合主题图检索要求，则将其转化为相应的主题检索条件；然后通过导航控制器获取用户的权限信息，确定导航路由信息，计算关联强度，ETM 操作引擎则对 ETM 本体库进行检索，对检索结果根据相关度排序，将排序结果输出，并提供相关主题链接，用户通过主题链接获得相关知识资源。同时，系统会记录下用户的导航路径，并更新本体库[①]。

无论是浏览导航，还是检索导航，基于 ETM 的知识导航都能够提供个性化的知识服务。当用户进行可视化的浏览导航时，系统会对用户的兴趣偏好与浏览记录进行分析，推理与用户相关及最可能需要的内容，用户得到的将是一个符合用户个性需求的可视化的知识导航图。当用户进行检索导航时，系统同时也会结合用户的兴趣偏好和浏览记录信息进行用户特征推理，结合用户特征在知识资源库中寻找符合用户需求的内容，将提供给用户资源链接；同时，还可以将与用户需求相关的知识进行重新组织，引导用户查找。此外，个性化知识服务还包括实现用户的个性化定制，系统自动组织和采集与用户设定的主题相关的知识资源，当这些资源更新或修改完成，实时通告用户，减少用户知识搜寻时间与成本。

[①] 裘江南等：《基于 XTM 的政务门户知识关联导航系统模型研究》，载《情报学报》2007 年第 2 期，第 264 页。

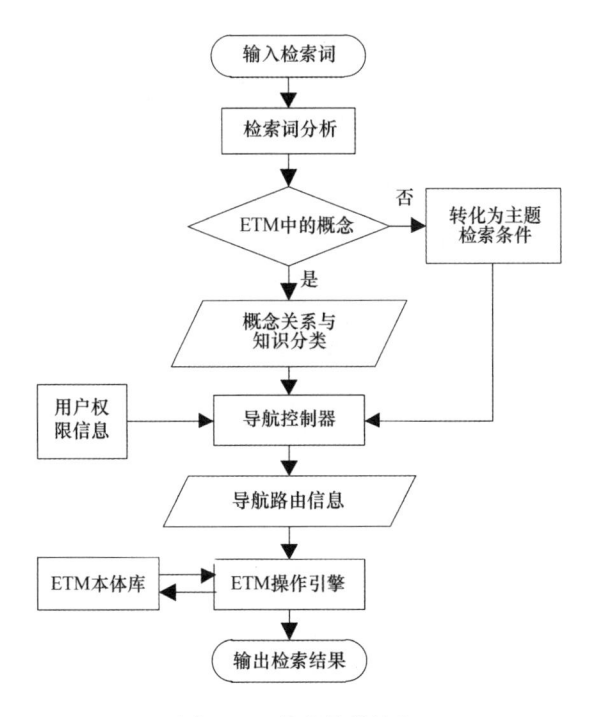

图6—6 检索导航流程

第八节 本章小结

学习资源是"微学习"活动的客体，本章对"微学习"活动中学习资源的构建进行了介绍。首先，介绍了"微学习"资源从信息元到知识元再到知识体系这一形成的过程。其次，运用扩展主题图方法构建了基于知识元的"微学习"资源整合模型，介绍了扩展主题图融合的相似性算法以及融合规则。再次，介绍了"微学习"知识资源的推理与推荐方法，着重介绍了两类方法：一是基于用户兴趣的推理模型与推荐技术；二是基于情境的推理模型。最后，从知识推荐与知识导航两个方面介绍了知识服务实现方式。当然，网络"微学习"资源建构的实现有诸多不同的方法与实现技术，这些方法与技术在效率、准确度等方面需要进行测试与综合比较，从而对整个"微学习"资源构建的技术框架进行优化；

此外，还需要进一步研究更加高效的知识自动化、智能化的迭代更新机制，结合自然语言处理、深度学习、知识图谱多种方法技术，为开发高效、实用的"微学习"资源构建与推荐系统提供依据。

第 七 章

"微学习"生态:学习环境的构建

在"微学习"生态中,学习者、知识分享者和传播者、知识生产者既参与了知识的生产过程,也参与了信息的消费过程,主体角色呈现出多元一体化的特征,认知个体之间通过对信息、知识的交换、共享、加工,实现信息、知识的流动与动态平衡,从而形成一个相互依存的生态系统。因此,从生态学的视角来探讨网络"微学习"的环境问题,是一个独到视域。生态主义为网络"微学习"研究提供了新的视角,以生态学的视角来审视网络"微学习"过程,可以从更加系统、动态、多元的视角来考察学习者的学习行为和学习效果。本章运用生态学理论研究了作为"微学习"支持因素的学习环境构建问题,对"微学习"生态概念、构成、特征、问题与治理以及泛在学习环境的构建等进行了深入研究。

第一节 "微学习"生态系统:概念、构成与特征

一 生态系统与学习生态观

生态学(Ecology)这一概念最早由赫克尔(E. H. Haeckel)提出,他指出生态学是探讨生物有机体与其无机环境间相互作用、相互关系的科学。在生态学产生与发展的初期,并没有把人类自身的发展考虑其中,仅仅是对象性地将人类以外的动物、植物个体、种群和群落与周围环境的相互关系作为主要内容来研究。

而当今生态学的发展中,人们已经习惯于把人类作为一个重要的元素纳入生态环境中进行研究,这已经成为生态学的研究共识。比如我国学者傅桦等指出生态学是探索生物的生存条件、生物及其群体与环境相

互作用过程,及其演化规律的科学①。这里,作为生物的人类毋庸置疑已经成为生态学研究的重要组成部分。20世纪80年代前,人们普遍把生态学看作生物学中研究生物与环境关系的一个分支,然而,随着现代生态学和人类生态学的形成与发展,生态学已经成为联结自然科学与社会科学,融合多种学科、多类方法的桥梁。

生态系统(Ecosystem)最早由英国学者坦斯利(A. G. Tansley)提出,这个概念使人们开始从系统论的视角来认识生态问题,生态学越来越融入更多的学科方法与技术,成为一门融合多学科、多视域、多方法的跨学科领域。沃斯特(Worste D.)指出,生态系统是一个整体的自然系统,包括整个生物群落及其所在的物理化学环境;在成熟的生态系统中,组成该生态系统的各个因素接近于平衡状态,这些因素相互作用、相互依赖、相互协作、相互共生,使得整个系统得以持续演化发展。② 张知彬等指出,生态系统具有一些新特点,如组织生态系统的各个单元数量庞大,各个单元之间有大量的关联关系,具有自适应性、自组织和进化能力,具有动力学特征。③

目前,生态学与生态系统的相关理论已经被用于各个学科、各种领域,如商业生态系统(Business Ecosystem)、企业生态系统(Enterprise Ecosystem)、知识生态系统(Knowledge Ecosystem)、网络生态系统(Internet Ecosystem)、数字生态系统(Digital Ecosystem)、城市生态系统(Urban Ecosystem)、创新生态系统(Innovation Ecosystem)、媒介生态系统(Media Ecosystem)等。这显示了人们对各个领域的研究视域越来越向整体性、系统化和复杂性发展。生态学和生态系统的理论被用于学习领域,即发展出了学习生态观和学习生态系统的概念。

学习不仅仅是自身的认识过程,也是一个社会化的过程,学习活动与学习者的现实生活环境、所处于的社会文化等都具有重要的关系,是

---

① 傅桦、吴雁华、曲利娟:《生态学原理与应用》,中国环境科学出版社2008年版。
② Worste, D. Nature's economy: A history of ecological ideas (Second Edition) [M]. Cambridge University Press, 1994: 293–304.
③ 张知彬、王祖望、李典谟:《生态复杂性研究——综述与展望》,载《生态学报》1998年第4期,第432—441页。

个体认识在外部环境作用下的建构过程①。因此，在学习过程中，不但要了解学习者的个体心理、行为变化规律；也要了解学习者所处的学习环境，包括自然环境与社会文化环境，个体与外部环境相互作用下形成一个动态演化的系统。② 教师、学习者及学习资料的关系如同生态中的各个种群，相互作用、相互依存、共生共存，由此所形成的知识传播网络、共享网络以及生态环境正在成为人们研究学习与教育相关内容的新视域。人们对于学习行为、心理、效果等方面的研究，逐步超越个体层面，转而从知识社会学、文化学、语言学、人类学、人工智能、脑科学以及生态学等多个视角来构建学习理论与学习模型。因此，以一种更加整体、系统的生态学观点来研究学习活动，具有很强的必要性和可行性，这促进了学习生态观（Learning Ecology）的孕育与发展，也成为现代学习理论与技术发展的基本图式。

二 "微学习"生态系统的概念

1. 学习生态系统

学习生态系统是从生态学的视域去看待学习活动，这需要对学习生态系统进行清晰的界定和全面的认识，了解学习生态系统的构成元素、相互关系、作用机理等。联合国教科文组织"学习无国界计划"（Learning without Frontiers）负责人詹·威瑟（Jan Visser）首先提出学习生态系统的观点，他认为可以把学习环境看作生物圈，学习者与其所处的环境共同发展，这就像是各种生命体与它们所赖以生存的环境系统共生共存、协同进化一样，各种不同水平、不同目的、不同技能的学习者，在学习过程中，形成有组织、有目标、复杂的学习种群（即学习共同体），这些个体或种群通过相互作用有意识或无意识地实现了学习生态系统的形

---

① 冯锐、任友群：《学习研究的转向与学习科学的形成》，载《电化教育研究》2009 年第 2 期，第 23—26 页。

② Wilson, B. G. Metaphors for instruction: Why we talk about learning environments [J]. Educational Technology, 1995, 35 (5): 25–30.

成。①美国学者约翰·布朗（John S. Brown）也认为学习环境实际上就是一个开放复杂的、具有自适应性的生态系统；学习生态系统具有四个特征：一是存在众多的兴趣重叠的共同体，这些共同体类似于生态系统中的种群；二是学习生态系统中的元素相互传授、相互作用、相互依赖；三是学习生态系统在各元素的作用下不断进化；四是学习生态系统大多是自组织的。②

加拿大学者乔治·西门斯（George Siemens）进一步扩展了布朗的观点，他认为学习生态系统（Learning Ecosystem）中的知识共享包括以下几个组成部分：一是非正式的和非结构化的知识共享，即知识共享系统不对学习和讨论的时间和地点进行限定，参与者可以按照需求创造；二是丰富的工具，让知识的交流者之间有更多的机会对话；三是持续性和时间性，这是一个持续进化的环境；四是信任，通过社交来培养信任感和舒适感；五是简单，工具的选用、共同体的创建力求简单化；六是去中心化和相互关联。③ 因此，学习生态系统中的各个组成部分构成一个复杂的有机整体，人们应不断探索、调整学习主体与环境之间的关联关系。

Nikolaidou 认为学习生态系统由四个要素构成：一是学习内容的供给者；二是学习内容的消费者；三是学习咨询者；四是网络学习平台。学习生态系统内部各要素之间进行有机的联系和相互的作用，彼此形成一种学习的网状结构。

我国学者陈琦等认为学习生态系统是指由学习共同体与其实体、虚拟环境所建构的生态圈。学习者彼此之间、学习者与教授者、研究者及其他成员在这里进行了复杂的交流与互动，学习者既是知识生产者，同时也是知识消费者④。张豪峰等认为学习生态系统是指由学习共同体与学

---

① Visser, J. Overcoming the underdevelopment of learning: A transdisciplinary view [A]. Paper Presented at the Annual Meeting of the American Educational Research Association, Montreal, Canada, 1999. [EB/OL]. [2010-08-13]. http://www.learndev.org.

② Brown, J. S. Growing up digital: How the web changes work, education, and the ways people learn [J]. Change Magazine, 2000, 3/4: 11-20.

③ Siemens, G. Learning ecology, communities, and networks: Extending the classroom, 2003. [EB/OL]. [2010-08-13]. http://www.google.com.hk/search. PDF/Adobe Acrobat.

④ 陈琦、张建伟：《信息时代的整合性学习模型——信息技术整合于教学的生态观阐释》，载《北京大学教育评论》2003 年第 3 期，第 90—96 页。

习环境构建的一个功能整体,学习者与学习环境、其他学习个体以及学习社群间保持着密切关联互动①。

2. 网络学习生态系统

目前,很多学者对网络学习生态系统进行了研究,如 Ismail 指出网络学习生态系统模式是提供学习行为的信息流、连接各个模块之间的界面、实现程序之间交互的一种概念模式,网络学习生态系统包括学习设计系统、学习内容管理系统、学习支持系统三个子系统,在此基础上,他还提出了网络学习生态系统中管理学习过程的工具。② Uden 等学者认为打造网络学习生态系统是未来学习的重要方式,网络学习生态系统主要有三个组成部分:一是内容提供者;二是学习的咨询与服务;三是学习系统、内容传递系统与相关工具。通过这些组成要素,实现学习者之间,以及学习者与学习环境之间交互循环、共生发展的密切关系,整个学习生态在这个过程中得到不断的进化与发展。③ Looi 认为网络学习生态系统作为一个整体进化的体系,其内部各要素之间的关系非常重要,需要加强并优化学习参与者之间,以及各参与者与学习环境的联系与互动。④

我国一些学者也对网络学习生态系统进行了研究,张庆锋认为,网络生态系统由环境和主体两个因子构成,其中,环境因子由物质基础环境、信息资源环境、社会环境构成;而主体因子由信息生产者、信息消费者、信息分解者构成⑤。宿晓华提出一个现实学习环境与网络虚拟学习环境相互融合的概念模型,她认为网络学习生态系统是由网络学习共同体与学习生态环境所建构的有机整体,它处于社会生态系统巨系统中,是其一个子系统,后者持续不断地向前者输入物质流,资金、知识等能

---

① 张豪峰、李春燕:《网络学习生态系统的平衡机制研究》,载《河南师范大学学报》(哲学社会科学版) 2009 年第 3 期,第 244—247 页。

② Ismail, J. The design of an e-learning system: Beyond the hype [J]. Internet and Higher Education, 2002, 4: 329 – 336.

③ Uden, L., Wangsa, I. F., & Damiani, E. (2007). The future of e-learning: E-learning ecosystem [C] // Proceedings of 2007 Inaugural IEEE International Conference on Digital Ecosystems and Technologies.

④ Looi, Chee-Kit. Enhancing learning ecology on the Internet [J]. Journal of Computer Assisted Learning, 2001, 17: 13 – 20.

⑤ 张庆锋:《网络生态论》,载《情报资料工作》2000 年第 4 期,第 2—4 页。

量流和各种信息流，前者对外输出知识。① 韩晓玲指出网络学习生态系统具有多样性、整体性、开放性、交互性和可持续发展性五个特点。②孙传远和刘玉梅对国内外网络学习生态系统的相关研究进行了系统梳理，并对网络学习生态系统中的生态缺失、网络学习者的情感学习与情感交互、如何从学习生态的视角进行网络课程的设计与开发等问题进行了讨论。③

3. "微学习"生态系统

"微学习"生态系统是指移动互联网环境下基于泛在学习方式所形成的学习生态系统。实际上，由于移动互联网环境下，学习者在非预先设计的情境下能够随时选择、获取、加工知识内容，学习是一种自主行为，具有一种自下而上的涌现性，呈现出有自组织性和复杂性，因此，"微学习"系统更具有生态特征，用生态观的视角来研究"微学习"具有较强的适用性。

所谓"微学习"生态系统，是指在移动互联网环境中，由学习行为的参与者（包括学习者、教师、学习资源贡献者等）、学习对象与学习资源、学习环境与社会生活环境等构成的一种泛在的学习环境。在这个系统中，学习过程与现实生活、工作融为一体，学习内容微型化、学习时间碎片化、学习行为移动化、学习环境泛在化、学习方式随意化、学习过程更加情境化、学习模式智能化。在这个过程中，"微学习"行为的参与者、学习资源、学习环境、学习支持系统以及社会生活环境形成一个复杂的巨系统，系统中的各个系统相互连接、相互作用、相互依赖、相互协作、共生共存、高度融合、共同发展。

"微学习"系统与传统的学习系统有本质的区别，它不仅仅是一个学习系统，更是融合学习、工作、生活的生存系统。在这个系统中，以知识为资源，以移动互联网、语义网、人工智能、虚拟现实等新媒体技术为载体，以交互、共享、协同为参与方式，以智慧生活、终身学习为目标，形成一个知识时代人们的生存方式。当然，未来理想化的"微学习"生态系统应是广域而无边界的，它将虚拟环境与现实世界无缝连接在一

---

① 宿晓华：《网络学习生态视角研究》，山东师范大学硕士学位论文，2006 年。
② 韩晓玲：《网络学习生态系统构建》，载《山东师范大学学报》（自然科学版）2008 年第 1 期，第 148—152 页。
③ 孙传远、刘玉梅：《网络学习生态系统构建研究》，载《开放教育研究》2011 年第 2 期，第 54—59 页。

起，融入人们学习、生活、工作的方方面面。但是，当前为了便于对"微学习"学习生态系统的研究，我们将由学习系统的技术平台所构建的学习、交互环境作为"微学习"生态系统的边界。这个系统具有开放性，它与外部环境实时进行着信息沟通、资源交换与能量交互。

三 "微学习"生态系统的构成

"微学习"活动是学习者在移动网络支持下、利用碎片化时间进行的学习活动，"微学习"活动高度融入到人们生活、工作中。因此，"微学习"生态系统是作为社会大系统中的一个子系统而存在的，时刻与社会大系统之间进行物质流、能力量和信息流的交互作用。社会大系统持续地向"微学习"这个子系统中输入物质、资金、能量、信息等要素。"微学习"系统向外输出知识，该系统虽然不向外直接输出能量，但知识是财富、社会动能的来源，对社会系统的发展起到重要的作用。

这里将"微学习"系统与自然生态系统进行类比，构建出"微学习"系统生态模型，如图7—1所示。"微学习"生态系统存在着一个复杂的结构，各个要素按知识信息的流动逐次承担着相应功能，具有一种结构性和层次性，大体上看，其由内部和外部两大环境及四层结构组成。

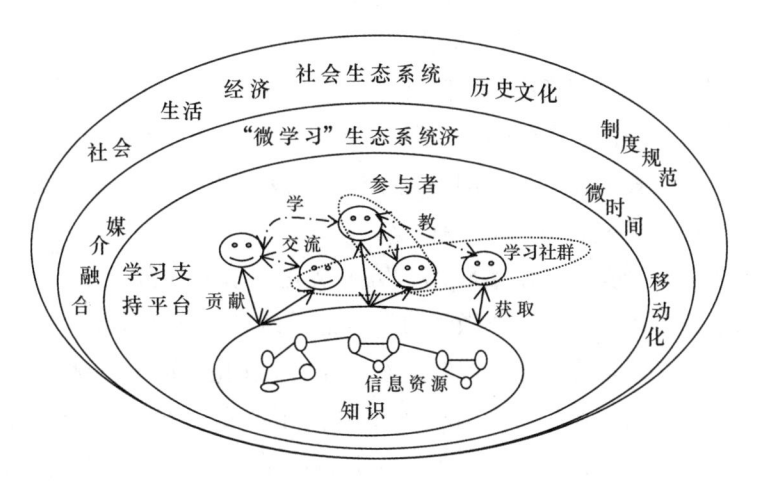

图7—1 "微学习"生态系统的构成

最核心的层次是"知识"，即"微学习"活动中的各种学习资源。网络上碎片化信息在人们的关注下形成一定的关联，随着被更多的人关注，信息间关联性规模越来越大，信息也被更有序地组织，其关联也被更多地挖掘；当信息间的关联构成完备网络图时，就形成了知识元；多个知识元之间形成一定的关系，便形成了结构化的知识体系。这一过程类似于细胞进化的过程。

学习活动中的参与者构成了"微学习"生态系统的第二个层级，是生态系统的主体元素，对系统其他元素起到支配、驱动的作用。"微学习"主体包括学习者、管理者、助学者，助学者包括知识分享者、传播者、生产者、教师、教育机构以及学习支持平台，等等，他们通过"知识贡献、相互交流、学、教"等行为，不断进行着学习资源的消费、生产、分解活动。其中，消费主体是学习者或学习资源的使用者、传播者等；生产主体包括教师、教学机构以及其他知识贡献者，甚至是系统中进行知识挖掘的相关工具，他们对学习资源进行设计、开发、整理、组织、收集、改造等工作；分解主体包括管理者以及其他助学者，其任务是删去错误和过时的资源，维护学习资源的适用性、高效性。当然，在"微学习"活动中，参与主体的角色之间并非对立，而是相互交叠，学习者也会同时是助学者、管理者。同时，各参与者之间基于相同的目标会结成学习社群，社区中学习参与者之间交互、协作、竞争，形成一个良好态势，这些社群之间相互重叠、嵌套、协作，你中有我、我中有你，成为学习参与者之间形成化合反应的"母体"。

"微学习"生态系统的第三层级是由融合媒介所构成一个泛在化的学习时空环境，移动化、微时间是这个时空的基本特点，这一层级搭建了"微学习"生态系统的内部环境。

此外，社会发展、生活状态、历史文化、制度规范以及行为模式、价值观、道德水平等构成"微学习"生态系统的第四个层级，即外部生态，这些外部因素为"微学习"生态系统提供文化、资源、制度等条件。

生态观下的"微学习"活动是系统的、协调的。同时，"微学习"生态模型中的生态主体和生态环境并不是静态的，而是保持着信息流、物质流、能量流的不断交换和流动，也正是这种动态的变化，决定了"微学习"系统生态平衡的动态性。

四 "微学习"生态系统的特征

1. 整体性与系统性

整体性是一个系统最基本的性质,一个系统的功能要远远超越于组成这一系统的各个部分的功能的叠加。"微学习"生态系统是由人和学习环境共同组成的,它作为一个整体,组成这一系统的各个元素之间的功能不能割裂地看待,而应当整体地、系统地看待。"微学习"系统中,学习参与者有各自的背景与特点,在不同的学习活动中,具有不同的时空位置,具有相异的功能、属性,他们在系统中具有不同的生态位,他们之间相互关联、协作,组成一个有机的整体。

"微学习"系统并非是各种学习资源、技术工具的简单叠加。在此系统中,学习资源、学习工具之间相互关联、融合,相互竞争与协同;学习环境的各元素也相互作用、相互影响,如助学者、学习工具都对学习者的整个学习过程进行支持,而学习者之间的交互也会影响着"微学习"系统的整体发展。学习环境和学习者之间也存在着互动,如学习者对环境中的学习内容进行修改、筛选,优化着学习环境。因此,对"微学习"系统的认识要从其整体性、系统性入手,既要研究整个系统中每一个因素的变化,也要考虑到各因素对整个系统的影响。

"微学习"系统作为教育生态系统和社会生态系统中的一个子系统,与其外部大系统中的其他子系统之间也存在着诸多的联系,它们通过能量流、信息流、物质流的交互保持着紧密的联系,相互作用、共同演进。

2. 开放性与包容性

"微学习"系统基于媒介融合的网络环境,它不仅是教育系统下的一个子系统,同时也是网络系统中的子系统,它与自然生态系统同样都具有开放性。这个系统与外部大系统之间实时进行着信息、资源的交换。由于这种开放性,"微学习"生态系统比传统教学生态系统具有更强的资源优势和信息优势,使学习者的整个学习过程具有较强的情境性。开放的环境使学习者能够有效与外部世界进行交流互动,更容易激发起学习者的积极性、主动性,有效满足不同类型学习者的需求和目标。

这种开放性一方面可以打破传统教学模式的封闭系统对学习者的束缚;另一方面却又给学习活动带来新的问题,比如各种碎片化信息、虚假信息和不良信息使学习者对学习资源的鉴别面临极大的考验。因此，这需要"微学习"系统的创建者、管理者寻找到一个有效的平衡点，使"微学习"系统在充分发挥开放性的同时，规避其中的问题。

3. 交互性与协作性

"微学习"生态系统是社会大系统中的一个子系统，学习活动本身就是一个学习者之间以及学习者与学习环境之间不断交互的过程。"微学习"环境中的交互包含两个方面：一是学习者与学习环境间的交互，学习环境为学习者提供学习活动的场景、学习任务和学习反馈空间，学习者根据学习环境的反馈调节学习行为；二是学习者之间的交互，如学习者之间的关注行为、学习者加入学习共同体的行为等。"微学习"系统中学习者之间的人际交互有利于学习效果的提升，促进学习共同体成员间经验交流与情感支持，在交互中产生思想碰撞，促进学习者个人认知活动能力的提升。此外，学习共同体内各成员间的交互是共同体存在的标志。这种交互作用能够产生裂变效应，对整个学习环境产生优化。

此外，"微学习"系统中学习者利用各类学习工具来获取学习资源、与他人进行交流，学习工具是交互的中介和桥梁，这种交互存在于学习者与学习系统之间，表现为学习者对学习工具的利用。因此，在"微学习"系统中，交互关系不仅仅包括学习者之间的交互以及学习者与学习环境之间的交互，还包括学习者与学习工具、学习资源之间的交互过程，这种交互形式通常是一种"操作—反应"模式，包括点击、选取、评论、修改、反馈等。

4. 多样性与差异性

"微学习"系统中的多样性表现在学习参与者的多样性、资源与技术的多样性、学习方式的多样性三个方面，系统中各要素的多样性、差异性是维持该系统生态稳定的基本条件。

学习参与者的多样性来自不同背景、不同地区的参与者所形成的差异性，网络的开放性使得一个学习共同体中可能会有差异很大的学习者，他们具有各异的性格特征、认知水平、学习基础、知识程度、能力水平、学习风格、学习需求等。多样性还体现在参与者角色上，除了学习者这一角色外，还存在助学者和管理者，他们有着不同的分工，在"微学习"系统中发挥着各自的功能。

资源与技术的多样性体现在网络资源的丰富性和网络技术的多样性上。互联网中各种异构信息资源形式各异、数量巨大，这些信息资源通过开发与利用均可作为"微学习"系统中的学习资源。随着知识工程技术的应用，海量、异构、异源的信息都可以为学习资源贡献素材，体现出学习资源的多样性与差异性。

此外，学习方式也具有多样性。由于学习者及其学习需求、学习资源、学习工具的多样性，学习方式也存在着多样性，不但可以通过结构化、系统化的教学模式学习；也可以通过阅读学习资源、与其他学习者进行讨论等形式学习；还可以通过探索式、案例式、发现式学习，以及通过参与到学习共同体中进行协作式学习。

5. 移动性与泛在性

"微学习"生态系统是在泛在学习环境的基础上形成的，通过建设泛在的学习环境，形成一个自我成长、有序进化、协同发展的"微学习"生态系统。基于泛在学习环境下的"微学习"生态系统构建有以下几个方面的要点：一是系统内各环境要素应进行系统组合、有机融合、协同发展与持续优化，形成完整并动态演进的学习生态系统。二是突出学习生态中两大关键物种——学习参与者和学习资源的动态关联和交互作用。学习资源基于开放的环境，被用户编辑而不断使内容丰富、不断迭代进化；同时，资源与资源之间通过学习参与者的操作（如创建、修改、评论、评价、收藏、关注、订阅等），可以动态地产生语义、语用关联，形成可扩展的知识网络，实现学习资源的关联进化；学习参与者之间以资源为中介，通过各种交流互动，能够动态地形成复杂的社会关系网络，成为构建"微学习"生态系统的重要组成部分。三是将学习者、学习资源看作能够自我演化、自组织的有机体，赋予其持续发展与演化的自组织能力。在"微学习"系统中建立起自组织、自传播的相关机制，如基于UGC的内容生产机制，基于众包的知识生产机制，基于问答与社群与知识传播和知识获取机制，基于知识图谱、深度学习与自然语言处理相结合的知识推理机制。

第二节 "微学习"生态系统问题及治理

一 "微学习"系统的生态平衡

自然界环境中,健康的生态系统依据的是系统内部、外部各种因子之间的平衡。一些学者将自然界生态的理念运用到了网络学习中,指出构建健康的网络学习生态系统具有重要的意义,并提出了网络学习生态的平衡模型[①]。"微学习"系统的生态平衡指在"微学习"环境中各元素之间、微学习主体与微学习环境之间都具有高度适应、协调统一、可持续发展的状态。

1. "微学习"系统内部的生态平衡

一是学习共同体内部的生态平衡。学习共同体中的成员需要在平衡和谐的作用关系中协作、竞争,才能最大限度地发挥学习共同的集体智慧,促进学习生态的良性健康发展。"微学习"生态系统中学习者、助学者、知识传播与分享者、管理者等分别扮演着消费者、生产者、分解者等角色,具有各自的"生态位"。学习活动的参与者基于在各自生态位上相互作用,其作用方式可以分为相互协作、相互竞争和相互独立三种形式,竞争在某种程度上也是一种良性的协作方式,同一生态位的成员不可避免地具有竞争关系,良性的竞争关系对于系统的进化具有正向的促进作用,比如学习中的竞争就能够促进学习者的学习积极性和主动性。最终促进整个系统向着良性方向不断演化、发展、进步。

二是学习参与者与学习环境间的平衡。生态环境的质量对于生物的生存和发展具有直接的作用,生物体与生态环境之间的平衡是保证生物体生存和发展的重要条件。如果把学习参与者比作生物体,那么"微学习"环境对学习参与者的发展也具有重要作用,对保证学习参与者与学习环境之间的平衡具有重要的意义。一方面,"微学习"环境的设计与开发与学习参与者的需求特征相匹配,"微学习"系统应当根据不同"生态位"特点开发出符合学习参与者需求的功能,同时,这些功能要能够

---

① 张豪峰、李春燕:《网络学习生态系统的平衡机制研究》,载《河南师范大学学报》2009年第3期,第244—247页。

符合碎片化、非连续性学习的环境和条件；另一方面，学习参与者要与微学习环境之间形成信息输入与输出的动态平衡，信息不足或信息冗余皆会破坏这种平衡状态。

三是学习资源与学习环境间的平衡。"微学习"环境中，学习资源之间有相互交叉、密不可分的关联关系，具有一种微妙的平衡状态。这些资源包括网络中的知识文档、课件、评论、案例、文献资料、学习软件工具等诸多类别。这些类别的资源根据其特点发挥着不同作用，这些资源应紧紧与学习环境相契合，如网络中的知识文档可以作为学习者自学的重要资源；课件资源是一种结构化的资源，用于辅助"教—学"课程式的学习环境；案例、其他学习者的评论、多媒体素材、文献资源既可以作为课程学习的补充，也可以作为学习者自学的重要内容；而学习软件工具类资源，则是信息技术与课程整合之后作为协作交流的工具或探索性学习的工具。"微学习"系统的设计应当充分地考虑到资源特点、使用场景以及学习者接受程度，使学习资源与学习环境相协调、适应与平衡。

2. 学习系统与外部环境间的生态平衡

"微学习"系统作为社会大系统子系统之一，必须要维持与外部大环境之间的平衡，这是"微学习"系统健康持续发展的前提条件。

一是"微学习"系统作为一种开放的学习环境，应保持与外界环境实时进行信息交互的状态，促进知识的转化，使系统内部的知识与外部大环境良性循环，达到动态平衡。进入"微学习"系统的信息，应进行识别、加工，使碎片化的信息成为优质的学习内容，并通过协作学习，形成群体智慧，推动社会发展，形成一个良性的循环。

二是系统内的主体在学习过程中，也在持续地与外部社会大系统的资源、能量进行着交互，形成一个能量持续流动的开放系统。系统内部与外部的能量流通能够减少系统内部的信息过时与老化，推进整个系统的进化。

三是社会对"微学习"系统在物质、资源、信息等方面投入与回报的平衡。一方面，"微学习"系统对社会的回报要能满足社会的期望，另一方面，社会对"微学习"系统注入的信息、资源、文化、资金等投入要与"微学习"系统的发展平衡。另外，社会文化、制度、道德等方面要能够为"微学习"系统营造良好的"场能",网络环境下的低俗内容不应对"微学习"系统产生侵蚀,使"微学习"系统保持健康发展。

二 "微学习"系统生态失衡问题

"微学习"系统的生态失衡,是指在学习过程中遭遇了潜在威胁或者出现了正在威胁学习生态系统安全和稳定的问题,这些问题可能会破坏"微学习"生态系统的结构与功能。在微学习系统中,其生态危机主要有以下方面:一是物理环境中的失衡,主要表现有资源环境、软硬件条件不协调等;二是社会环境中的失衡,主要表现为学习参与者在学习活动中有情感缺失、道德缺失。

"微学习"系统生态失衡表现有以下几个方面。

一是学习资源的失衡。网络环境下碎片化的信息资源以指数方式递增,大量良莠不齐的信息会充斥人们的视野,这对"微学习"环境中非结构化学习资源的辨识与利用带来了更多挑战,极大地增加了人们鉴别、获取学习资源的成本。此外,媒介融合环境下,人们要求学习资源以更丰富的形式展现,使学习变得更轻松、活泼并且更加易于理解,同时也具有更深刻的内涵,这对学习资源的创建提出了极大的挑战,目前此方面还有所欠缺。

二是学习环境的失衡。新媒体应用工具使得人们在提高信息获取能力的同时,也带来极大的干扰,在"微学习"系统这样的开放环境中,学习方式融入生活,学习环境变得非常复杂、多变,使人们很难持续地、不受干扰地专注于学习,对学习者的自觉性、毅力和时间管理能力都提出了非常严峻的考验。此外,互联网中各种低俗、暴力、色情、虚假等现象给整个社会的文化、道德、伦理都带来不容忽视的问题,而这些问题也事必会影响到开放的"微学习"环境,这些都是学习环境失衡的表现。

三是学习者在技能与情感上也面临着诸多的问题。一方面,学习者运用新的媒介技术进行学习的接受能力参差不齐,由于新技术的应用而导致学习效果呈现较大的不平衡。另一方面,"微学习"环境下,课堂、班级、同学、教师的概念都发生了巨大的变化,这对很多学习者的学习模式、行为习惯都带来了新的挑战,如在学习过程中的交流失控、缺乏情感归属等问题，也会对学习效果产生影响。此外，"微学习"生态系统中学习主体之间既有协作关系，也有竞争关系，同一生态位的成员不可避免地具有竞争关系。良性的竞争关系对于系统的进化具有正向的促进作用，如学习中的竞争能够促进学习者的学习积极性和主动性；然而，恶性竞争则会带来排他性，降低学习共同体的协同性与凝聚力，阻碍信息知识的流动，最终导致系统的失衡。

三 "微学习"生态系统的设计思路

"微学习"生态系统的设计应进一步开发、优化学习资源，为所有学习者自主选择学习资源提供方便；提供更多的工具和渠道让学习者参与知识分享和学习内容的设计和开发，增强学习者的学习主动性，充分发挥学习者的主体地位；应进一步关注学习者的学习评价和反馈，增强学习者的掌控力、学习积极性和自信心；加强案例型、问题型学习资源的开发；协助学习参与者的交互、交流与情感互动；加强个性化推送技术、知识挖掘技术在系统中的应用。

1. 物理环境的设计

物理环境是指那些支撑"微学习"生态系统生存与发展的硬件条件与基础设备。物理环境的设计要以学习者为靶心，按照其需求选择适于其特征的技术条件，通过知识挖掘技术、个性化推送技术，来满足学习者个性化的学习需求，提升学习者的使用体验和学习效率。同时，可以通过深度学习、自然语言处理、知识图谱等技术，建立学习资源、知识的智能检索与推荐机制。

2. 机制设计

加强系统的激励机制，提升用户参与的积极性和主动性，使"微学习"系统具有自组织、自完善、自建构的特征。通过建立有效的机制，对学习者和学习环境进行引导、调节，使"微学习"生态系统能够动态优化。此外，还要优化"微学习"系统的管理机制，制定相关规定、标准，对外界劣质、劣构信息进行屏蔽，向外部进行高质量的知识输出。同时，还要建立起"微学习"生态系统内部的各因子与社会系统交流、互动、资源共享的机制。

3. 认知与情感的交互设计

"微学习"生态环境的设计，不仅要注重知识传递，还要着眼于人文关怀与情感支持。将情感交互理论与学习认知交互理论相融合，充分利用"微学习"系统的技术平台，发挥对学习者的助学、支持作用。在"微学习"过程中，学习共同体的情感交互有 4 个层次，从下向上依次为"本能层、行为层、会话层、反思层"；相应的学习认知交互有 3 个层次，从下向上依次为"操作层、信息层、概念层"。两者应相互贯通、协同运作，认知交互中的操作层与情感交互中的行为层和本能层相对，实现学习者生理、精神层面的提升；信息层与会话层相对，实现学习者社会上的满足；概念层与反思层相对，使学习者建立起创新思维，这几个方面可以实现学习者情感与认知的协同，从而有效解决微学习活动中的情感缺失问题，促进学习者健康人格的塑造和创新思维的提升。

第三节　泛在学习环境："微学习"生态系统的基础

一　"微学习"生态视角下的泛在学习环境

泛在学习环境是"微学习"生态系统的基础。所谓"泛在学习"（Ubiquitous Learning，U-Learning）是指学习者获得无处不在的学习服务的过程，即任何人在任何时间、任何地点、基于任何学习设备均可以获得任何所需要的学习资源。泛在学习能够实现在生活中学习（Learning in Life），让学习与生活充分融合。

泛在学习具有即时性（Immediacy）、可获取性（Accessibility）、永久性（Permanency）、场景性（Situating of Instructional Activities）、交互性（Interactivity）、适应性（Adaptability）等特性[1]。通过建设泛在的学习环境，形成一个自我成长、有序进化、协同发展的"微学习"生态系统。

基于泛在学习环境的设计来构建"微学习"生态已经引起了学界业界的广泛关注，如何构建可持续发展的、健康协同的泛在化"微学习"

---

[1] Chen, Y. S., Kao, T. C., Shen, J. P., & Chiang, C. Y. A Mobile Scaffolding-Aid-Based Bird-Watching Learning System [C]// Proceedings of IEEE International Workshop on Wireless and Mobile Technologies in Education. Växjö, 2002.

生态，是亟待解决的核心问题。近年来，国内外学者从不同视角对这一问题进行了研究。Jones 等研究了基于泛在技术的自适应教学系统，提出了包括微处理器、ULE 服务器模块、无线通信技术和传感器的泛在学习环境 ULE（Ubiquitous Learning Environment）模型[1]。Tan-Hsu 和 Tsung-Yu 提出一种基于 RFID、因特网、泛在计算、嵌入式学习和数据库技术，用于泛在学习环境模型的构建[2]。Hwang 等研究了基于情境感知的泛在学习标准、策略等问题，并指出情境感知的泛在学习环境包括传感器、服务器、移动学习设备、无线通信网络等基础部件[3]。肖君等从国内外 U-Learning 的研究现状出发，构建了完整的泛在学习（U-Learning）技术环境体系[4]。张洁认为泛在学习能够实现情境感知，是实现无处不在、个性化学习的新的学习方式，他指出泛在学习环境由泛在的学习资源、学习服务和支撑技术三个要素构成[5]。此外，Hwang 等对泛在学习平台设计、开发、应用等进行了研究[6]。

总体来说，当前关于泛在学习环境的相关研究取得了一定的成果，对"微学习"生态的构建打下了重要的基础；然而，这些研究较多关注的是技术层面的解决方案，而缺乏从系统环境的设计与学习生态的构建这样的视角来考量问题。此外，这些研究设计的环境模型也仅着眼于对泛在学习环境诸要素的静态分析，缺乏对系统各要素的动态交互与相互作用关系进行剖析。这样的设计思路将不利于构建一个完整、系统、动

---

[1] Jones, V. & Jo, J. H. Ubiquitous Learning Environment: An Adaptive Teaching System Using Ubiquitous Technology [C]// Proceedings of the 21st ASCILITE Conference. Perth, 2004.

[2] Tan-Hsu Tan, &Tsung-Yu Liu. The Mobile-Based Interactive Learning Environment (MOBILE) and A Case Study for Assisting Elementary School English Learning [C]// Proceedings of Fourth IEEE International Conference on Advanced Learning Technologies [C]. Joensuu, 2004.

[3] Hwang, G. J., Tsai, C. C., & Yang, S. J. H. Criteria, Strategies and Research Issues of Context-Aware Ubiquitous Learning [J]. Educational Technology & Society, 2008 (2).

[4] 肖君、朱晓晓、陈村、陈一华等：《面向终身教育的 U-Learning 技术环境的构建及应用》，载《开放教育研究》2009 年第 3 期，第 89—93 页。

[5] 张洁：《基于境脉感知的泛在学习环境模型构建》，载《中国电化教育》2010 年第 2 期，第 16—20 页。

[6] Huang, Y. M., Huang, S. H., & Lin, Y. T. A Ubiquitous English Vocabulary Learning System, Evidence of Active/Passive Attitudes vs. Usefulness/ease-of-use [J]. Computers & Education, 2011 (1).

态的学习生态。因此，应当从生态学的视角来推动学习环境的构建，充分考量学习生态要素及其相互之间的动态关系，构建完整的"微学习"生态系统。

二 泛在学习环境的构成

媒介融合环境下，人们的"微学习"活动基本过程是：通过无处不在的移动网络将信息检索需求、学习需求上传至"微学习"平台，"微学习"平台根据学习者当时的需求信息、学习历史记录、学习偏好等特征，在资源空间中基于一定的算法进行搜索、计算，找到与学习者需求最为吻合的学习资源及其他关联资源，把它们推送至学习者的学习终端上。这一过程，学习者可以实现按需获取资源、个性化学习。

除对学习资源的个性化推荐之外，基于学习资源的附加服务与知识网络也会与学习者关联，在学习终端上推送给学习者，激发学习者的学习参与兴趣。

基于知识网络，学习者与正在访问、修改、编辑、创建该学习资源的伙伴、教师、专家形成关联，于是这就构建起学习小组，构成学习社群。在学习社群中，学习者不仅发现更多相关的学习资源，还能与该领域的权威人士直接交流，这种学习拓展并颠覆了传统课堂教学模式，它不像传统课堂教学一样，是教师对学生的一对多模式，而是知识传播者与学习者的一对一交互模式，或是多个知识传播者与一名学习者的多对一模式，更能体现个性化、针对性的学习，学习效果更好。

泛在学习环境是在"微学习"系统与社会大系统之间形成一个无缝而完整的融合，泛在学习生态系统包括学习参与者和资源两大关键种群，以及学习终端设备、学习支持服务、基础支撑环境等所谓的"无机环境"。

1. 学习参与者种群的形成

学习参与者种群是泛在化"微学习"生态系统中的有机体，它是由学习主体按照兴趣或在相互之间的协作交流活动所构建的社会网络，具有资源的生产、消费、传递和管理功能。学习参与者是构成学习生态系统的最为核心、最为关键的"种群"。泛在学习中，学习参与者常常既是学习者，又是知识传播者、分享者；既是学习资源的消费者，通过学习与知识获取，不断地获得知识资源补给，从而得到成长与进化，又是学习资源的生产者，创造出各种类别的学习资源。部分参与者还在学习生态系统中承担起资源分解者的角色，管理、优化生态系统中的资源种群。泛在学习生态系统中的学习参与者群体构建起各种类型的社会网络，这种社会网络与一般的社交网络有所不同，它是以学习作为出发点和落脚点进行创建、维护的，是通过一定的关联规则所建构的人际网络。同时，这种关系网络本身也可以看作一种认知工具，通过这种关系网络可以实现学习者学习效果的优化，增强学习参与者之间的认知关联。

2. 资源种群的形成

资源种群是由学习者对不同的学习内容资源的关联操作以及这些内容资源的各种语义关系构建的资源网络，它不但为学习参与者种群提供养料，而且还是学习网络中的纽带。学习资源是学习参与者使用、消费的对象，从泛在学习生态中看，学习资源已经不再是静态、固化的"无机物"，而是具有进化特征的"有机体"，它们允许多用户协同编辑、内容持续进化，保持着生存、繁衍、进化、发展的一系列过程。

泛在学习环境下，学习资源一般都采用了"元数据+语义本体"的信息描述形式，这使得学习资源具有极其丰富的语义、语用内涵，在实现学习资源自我进化、动态关联上具有极强的开发利用潜力。在泛在学习环境中，各个学习资源并非单独孤立地存在着，它们之间基于各种语义、语用关系以及学习者的学习操作行为，比如访问、编辑、创建、交互、分享、评价、评论、笔记等，形成各式各样的关联关系，学习资源成为整个学习生态网络中的重要节点。与自然生态系统一样，泛在学习环境下的各资源间也存在着竞争与合作关系，遵循着自然选择、优胜劣汰的法则。内容过时、无人问津的学习资源，便缺乏生存与进化的动力，慢慢被淘汰，或者最终被分解成粒度极细的信息，成为其他"有机体"重构的元素。除此之外，学习资源不但是知识的载体，还是社会认知网络的中介的桥梁，它将具有相同或相似学习需求、兴趣偏好、学习活动的人组成学习共同体，形成基于学习资源的社会网络。

3. 学习终端

学习参与者通过各种移动化的学习终端来体验泛在学习环境。随着移动网络、传感设备的发展与普及，学习终端呈现出各种类型的形态，这些终端设备是泛在学习生态环境的基本构件。多样化的学习终端是学习参与者进行学习与交流互动的设备，是学习者利用学习资源、开展学习交互、调用学习服务的工具。学习终端与"云"链接，调用所需资源与服务，根据个性化的需求来展现不同形式的学习资源。目前，绝大多数的终端设备都具有情境感知功能，能够智能化地、实时地感知学习参与者的状态信息、环境信息等，可以很好地满足学习者需求，实现基于真实情境的学习体验。基于各种类型终端的学习服务可以通过不同的形式展现出来，为学习者提供全方位的服务支持，包括学习计划服务、学习工具使用服务、评价服务、资源推送服务、资源语义检索服务等。

4. 基础支持环境

基础支撑环境是泛在学习生态得以存在的基本物质条件，包括学习网络、系统平台、存在与计算设备等，在学习生态中代表着"无机"环境。无处不在的连通网络、无处不在的存储与计算能力、无处不在的资源以及无处不在的服务支持工具是泛在学习的必要条件，是学习资源存储以及学习支持服务运行的环境。在泛在学习环境中，不仅仅结果性的信息能够全部存储下来，所有的过程性信息也能够存储于云平台环境中。泛在学习网络必然是移动网络、各种媒合性媒体所构成的一个综合性的网络。泛在学习网络的服务器也将采用大规模的分布式集群技术组成的云计算平台，为学习按需分配服务资源。泛在学习环境中的内容资源和服务支持工具也都将运用云存储模式，统一存储于云平台，以确保数据的共享性、安全性、一致性以及可扩展性。

5. 服务环境与机制

泛在学习生态的形成与发展需要科学的服务环境与保障机制。以学习资源为例，泛在学习系统中的资源创建与共享，需要制定一系列资源开发、使用、传送、管理等规范，以及一系列鼓励资源创建与共享的激励机制，这样才能够保障有一个良性、健康、可持续发展的学习生态。除了学习资源的管理、使用、激励机制外，还需要有一系列技术标准作支撑，如网络通信技术标准、学习平台架构标准等，还需要设计科学、合理的运行机制，如学习效果评价机制、内容筛选机制、平台安全机制、知识产权保护机制等。

学习服务为学习活动参与者提供学习支持，学习参与者利用移动终端设备来操作各种服务应用，不断实现学习过程的调节反馈，以满足其个性化的学习需求。泛在学习环境中的服务包括以下几种：学习活动服务、学习评价服务、学习资源推荐服务、社会认知网络服务、学习资源的语义检索服务等。泛在学习生态系统允许学习者创建个性化的服务环境，未来"微学习"活动中将会出现越来越多个性化的学习服务。

6. 关键种群间的生态关系剖析

任何生态系统都存在一些关键物种，它们在系统中占据极其重要的生态位，其存在与进化决定着整个生态系统的存在与发展。在泛在学习生态中，学习参与者是关键物种之一，一个有序而健康的学习生态一定是以学习参与者为中心的。学习资源也是学习生态中的关键物种之一，然而学习资源在泛在学习生态中正在发生着"突变"，成为一种能够自我进化的有机体。

学习参与者种群和学习资源种群间存在着一种相互依存、相辅相成的共生关系。泛在学习生态系统中，各种各样的资源进化将不断生成新的知识养料，学习者都将从这些知识养料中得到给养，进一步促进学习者个体及整个群体认知水平与能力素质的提升。与此同时，学习参与者种群的生存、发展及其适应能力的提升，也影响到资源种群的发展，更多学习者参与到学习资源的开发、利用过程中，各种高质量的资源不断涌现，资源规模将越来越大、种类也将越来越多，极大地丰富学习生态的环境。

同时，学习参与者种群既是资源种群的创造者、修改者、完善者，也是资源的需求者和争夺者。实际上，资源种群类似自然生态中的绿色植物，学习参与者种群类似于自然生态中的食草动物，前者为后者提供食物源，是后者供给生存与成长的必要给养，维持后者在知识、能力等方面的成长与进化。除此之外，前者还是学习生态中的中介，当后者的不同个体在创建、编辑、使用、评价、推荐学习资源时，学习参与者会基于这些资源构建起社会关联，而这种关联关系也是学习参与者种群进化的动力。

学习资源种群的内部并非是各种相互独立存在的个体，这些个体之间是相互关联、相互竞争的，它们构成一个具有竞合关系的网络。主题、语法、语义、语用相似的学习资源间会形成一个知识聚类网络，网络中的学习资源间以及不同网络之间存在相互的竞争关系，而形成这种竞争关系的是学习参与者对资源编辑、筛选、评价。当该学习资源受到更多的学习参与者较高的评价时，该学习资源便具有更强的竞争力和生命力，进化能力与速度也会不断提升；相反，如果该资源较少受到学习参与者的关注与好评，便缺乏进化的条件，甚至最终被整个学习资源种群淘汰。

三 知识与社会的链接：泛在学习环境形成路径

网络"微学习"生态系统要打造一种泛在化的学习环境。这种泛在化的学习环境既要实现学习系统内部各要素之间的关联、交互与协作，也要实现学习系统内部与整个社会大系统之间的关联、交互与协同。因此，"微学习"生态系统的构建必须要从以互联网为代表的新媒体技术、社会化学习的形成来探讨。新媒体技术的发展和社会化学习网络的形成，使整个学习环境具有了分布式、情境化、社会化和协作化等特点，也使得学习环境比在以往任何时代都更加复杂、能动与多元化。可以说，当前泛在化的学习环境是依托以互联网为代表的新媒体技术和以社会化协作为范式的知识传播而形成的。

以互联网为代表的新媒体技术不断塑造着人们的日常生活、学习、工作方式，与互联网三十余年的高速发展同步，新媒体技术从未停下演进的步伐，从早期的 HTML 网页、电子邮件、搜索引擎，到论坛、博客、SNS、APP，再到 RSS、语义网、物联网、AI，作为传播形式与手段的新媒体处于不断的变化之中。尽管这期间新媒体技术从未间断地涌现，但一些突破性技术的出现仍然让这短短的三十年呈现出了各具鲜明特色的三个阶段：首先是注重信息发布的 Web1.0 时代，以门户网站、搜索引擎为典型代表；其次是强调网民互动、参与的 Web2.0 时代，以博客、论坛、SNS 为突出代表；最后是追求智能媒体的 Web3.0 时代，语义网、大数据、云计算逐渐成为焦点。通过对三个阶段中涌现的新媒体技术的具体梳理可以看出，如同任何生命有机体的生长过程一样，新媒体技术的发展也经历了一个从较简单的、低级的层次向复杂的、高级的层次不断进化的过程。这一过程可以概括为"网人合一"之路：在这一过程中，作为极具人格属性的新媒体技术，是沿着"人"的需求补偿这一路径演进的，任何一种"新"媒体的诞生都是基于对"旧"媒体的功能补充和以满足人的特定需求为基础的。① 将三个 Web 时代的典型技术分别按知识连接能力和社会连接能力进行二维绘图，可得到图 7—2。实际上，从更广域视角的计算机网络发展历史来看，技术与人的协同发展也大致体现了这种路径。技术与人的协同发展经历了计算智能、感知智能与认知智能三个阶段，人机协作学习已经成为未来的重要发展趋势，而这也是泛在学习环境的重要体现。

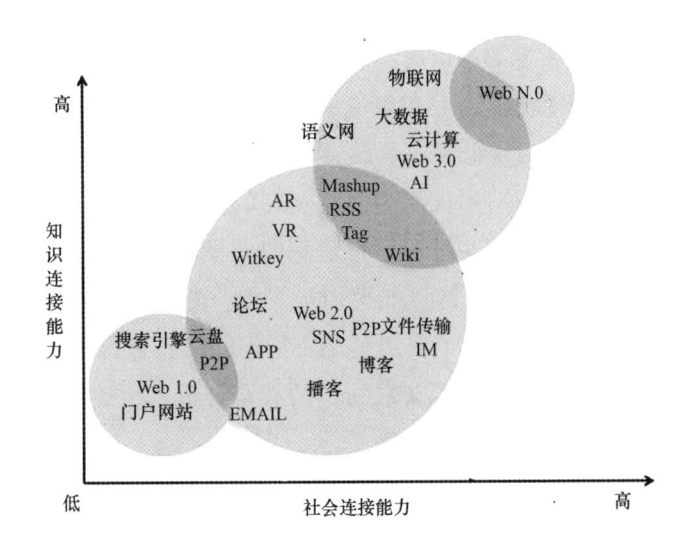

图 7—2　新媒体技术的演进路径

1. Web1.0：信息聚集与信息链接

与所有新生事物的发展类似，在新媒体不断走向智能化的过程中，大致存在着愈加成熟的三个阶段，其中在新媒体技术出现初期，也即 Web1.0 时代，技术尚未实现知识融合，主要是以信息聚集的特点存在，而社会连接的主要特点则是信息链接。

在 Web1.0 时代，以门户网站、搜索引擎为典型代表，新媒体技术首先实现的是已有信息聚集。此时的信息指的是之前未放在网上的人类已有知识和其他现存信息，聚集行为以单位组织（尤其是商业组织）为动

---

① 刘畅：《"网人合一"：从 Web1.0 到 Web3.0 之路》，载《河南社会科学》2008 年第 2 期。

力主体，聚集地即网络，此时的网络一如 Tim Berners-Lee 对其最初构想——一个超文本在线数据库。[1] 信息未加改动地"搬"至网络，因此，互联网上的信息仅是传统信息的网络版，区别在于网络为其提供了新的聚集形式。其中，门户网站为新型聚集形式的典型代表，在此时期出现的"黄页"即为典型代表，通过将线下的门店信息"搬"至网络，使拥有"黄页"的门店为每一位点击其信息网页的用户所知，信息的共享范围得以扩大。

正如"黄页"带来的冲击所示，此时的新媒体技术在对已有信息聚集之余，逐渐成为传统信息发布渠道的延伸。信息不仅能通过原有途径传递，还能借助网络实现低成本、迅速、跨时间和地域的传播。尤以新闻的发布为例，新闻网站不仅成为原有新闻的网络储存库，同时日益成为重要的信息发布渠道。通过对原有信息的聚集和新生信息的编辑、发布、存储，门户网站的信息连接能力初步实现。随着 Web 技术的普及和社会信息化程度的提高，各个应用领域所积累的信息资源在 Web 上也飞速增长。Web 已逐渐成为人类获取知识的必要渠道，也逐渐成为人类能够与世界知识保持同步的唯一来源。[2]

这一时期的信息聚合功能催生了信息链接功能。存储于门户网站中的信息只有通过链接的形式才能实现索引和互相之间的查询，而 Web 页面的设计也正是基于对信息聚合和信息链接功能的实现，在简单静态的 Web 页面中，包含相关信息及超链接，Web 信息资源的组织形式就是以一个主页为首，其他 Web 页面为节点，用超链接把它们链接成一个树状结构的信息链。这一阶段 Web 服务器基本上只是一个 http 的服务器，它负责接收客户端浏览器的访问请求，建立链接，响应用户的要求，查找所需的静态 Web 页面，返回给浏览器进行显示，[3] 这一系列的互动通过链接的形式实现，基于同样的思想，搜索引擎得以面世，建立在信息链接功能上的搜索引擎通过输入信息的相关性识别与检索呈现大获成功。

---

[1] 段寿建、邓有林：《Web 技术发展综述与展望》，载《计算机时代》2013 年第 3 期。

[2] 谢能付：《基于语义 Web 技术的知识融合和同步方法研究》，中国科学院博士学位论文，2006 年。

[3] 武苍林：《Web 技术发展综述》，载《电脑与信息技术》2002 年第 2 期。

对特定信息有所需求的用户开始运用搜索引擎进行检索,从浩瀚网络中收集准确的有效信息。

以门户网站、搜索引擎为代表的 Web1.0 时代的新媒体技术使得物理距离不再对信息的获取形成阻碍,线下信息源源不断"搬"至线上,网络中的信息则被人为链接在一起,以便检索,由此,新媒体技术的演进路径正式开启。

这一阶段,尽管搜索引擎的出现使得人们的信息检索能力有了极大提升,极大地增强了人们获取信息和知识的效果。但网络新技术还尚未对教学模式带来根本性变革。计算机辅助教学、网络课堂的发展,并没有改变一直以来的传统课堂教学模式,教学场地的固定化、教师与学生的"二元化"、课堂学习的流程化和结构化仍然是基本的教学模式。网络新技术的发展仅仅是对传统教学模式的辅助和补充。

2. Web2.0:信息整合与关系联结

Web2.0 时代,以博客、论坛、SNS 社区、Wiki 等为突出代表,在信息链接的基础上,人与人之间的联结成为重点。人与人之间基于这些社会化媒体而联结成网。网络上的信息通过千万用户的浏览、访问、下载等集体协作行为,在网络平台中被有机地组织并整合呈现。如 Wiki 便是一种支持面向社群的协作式写作,使用者均可便捷地对 Wiki 文本进行操作,发表自己的意见、对共同的主题进行扩展或者探讨,帮助网民在一个社群内共享某个领域的知识和相关信息。至此,互联网提供了一个可以突破时局空间、交流各种信息的互动平台,使得用户无论身在何处,都可以通过网络充分分享全社会的智慧。[①]

在这一阶段,信息的整合促使新媒体技术关系联结功能的出现,信息的整合依赖网民的协同工作,网民的协同工作则依赖于借由信息整合形成的关系联结。人与人借由博客、论坛等交互平台构成早期"关系网络",与线下信息聚集网络类似,在 SNS 出现后,现实生活中的关系被"搬"至网络,通过模拟人的真实社交网络,不仅满足现实世界中的已有社交需求,同时扩展新的社交功能。如以 MySpace 为代表的社交网站几

---

① 李湘媛:《Web3.0 时代互联网发展研究》,载《中国传媒大学学报》(自然科学版) 2010 年第 4 期。

乎在网上建立了一个全新的人类社会，利用"六度空间理论"，网站用户通过建立自己的个人档案、日志更新等方式来建立一个庞大的社会交往链条。①

与此同时，信息的整合受益于新媒体技术关系联结功能的实现。由论坛、Wiki 联结的用户关系加深了信息整合的力度，通过共同的兴趣、爱好，原本陌生的用户得以聚集在论坛、主题博客中，基于问题的讨论、话题的辨析、百科的完善，用户间通过新媒体技术实现了高效互动。

以博客、论坛、Wiki、SNS 等为代表的 Web2.0 时代的新媒体技术使得 Web1.0 时代由网络信息构成的"信息网络"获得蓬勃生机，用户之间构成的"关系网络"日益成为互联网建设的重心，"内容网络"和"关系网络"之间的互动与融合日益深化，新媒体技术的演进前景无限。

这一阶段，学习模式也发展了重要变化，随着 UGC（User Generated Content，用户生产内容）的兴起，越来越多的学习资源和网络由个人所创建，并在社会性参与下被编织成一张连通的巨大网络。这个交互网络蕴含着巨大的价值，知识挖掘技术对这个网络中的关系进行探索，在不同的情境下解读这些关联、重构这些关联，将这些关联关系转化成知识，然后将重构后的学习资源和网络汇集于学习者面前。由人所构成的社会网络有效嵌入信息网络的关系建构中，典型的应用如社会化标签技术，它使得人们的参与行为在很大程度上左右网络信息的关联程度。比如 digg 等应用，能够通过人们的投票或评论决定信息的排序，进而影响信息接受者的信息选择。评价信息并决定信息推荐排序的动力是用户，推荐结果与用户对网站的浏览行为密切相关。

这对学习环境带来重要的影响，因为无论是信息与知识的生产、评价、传播，都由用户来完成，教育者、学习者以及知识的传播者，其身份边界日益模糊，知识内容的消费者同时也是生产者、传播者，学习者同时也对学习资源的筛选起到作用，学习的自主性变得更大。

3. Web3.0：知识融合与社会连接

在 Web2.0 时代，Mashup、RSS、Tag、Wiki 等新媒体技术初具知识

---

① 丁芳：《Web1.0 网络媒体与 Web2.0 网络媒体的对比分析》，载《湖南大众传媒职业技术学院学报》2008 年第 5 期。

融合的功能，然而多数操作需要由人工完成，如标签的分类、Wiki 的协同写作等。以云计算、大数据、AI 技术等为代表的新技术快速崛起与广泛普及，使知识融合和社会连接功能进入 Web3.0 时代。如图 7—2 所示，Web2.0 时代，论坛、SNS、博客等新媒体技术各有侧重于知识连接抑或社会连接的倾向，但发展到 Web3.0 时代，出现的 AI、云计算、语义网等新媒体技术在横轴和纵轴上都有着显著的"位移"，且均表现出知识连接能力和社会连接能力的大幅提升。同时，新媒体技术所表现出的知识连接能力和社会连接能力不断交织，物联网、大数据、云计算加深了社会连接，也为 AI、语义网的知识融合功能提供了重要技术前提。

更加智能的新媒体技术蕴含着智能、高效的知识融合功能，释放着人力潜能，比如基于知识图谱、自然语言处理、深度学习等技术的使用，使得知识的推理、挖掘、推荐日益智能化、个性化、精准化。同时，网络虚拟空间与现实世界更加高度地互动，其边界越来越模糊。这个阶段，连接与融合不仅仅停留在信息层面，而是更加向知识层面进化，人机互动从计算智能、感知智能进入认知智能，以实现精确化的知识服务和知识增值等功能，提升知识的开发与利用效率。

人工智能、语义网、智能协作工具、知识图谱等技术的发展，能使全世界的智力资源被聚合在网络上，形成强大的"全球脑"。这种人工智能将独立于人类，作为一种外生于人的资源，像"知识"一样有形化存储、渐近式累积、社会化传播，从而将实现知识与智能的全球化流动与利用。[①] 大数据技术的出现为知识融合奠定了良好基础。首先，网络中庞大的数据、信息为知识融合提供了充足的资源，如购物网站、社交媒体等记录下的用户行为数据，可以预测用户选择偏好和情感趋向；其次，地理空间系统（GPS）、道路流量监控、智能仪表、网络流量监控等传感器数据，可以辅助公共交通通行和网络资源优化配置。大数据技术不仅能够使海量数据的生产、传播和相关业务的运营更为便捷，还将为新媒体技术进行更为科学的发展规划及盈利模式探索提供科学的依据，使人们对世界的认识程度越来越深，对风险的控制能力越来越强。

知识融合得益于 Web3.0 时代实现的社会连接功能。大数据的出现正

---

① 谢新洲：《新媒体将带来六大变革》，载《唯实》（现代管理）2015 年第 8 期。

是新媒体技术社会连接的直接成果，源于人们学习、生活、工作、交易、运动等方面的数据聚集于网络，使其成为一个巨大的开源知识库；同时，被更加紧密连接的，除了作为用户的"人"，还有智能化的"物"，新媒体技术正在实现人类与物理世界更为紧密的连接。[1] 作为社会连接功能典型代表的物联网通过先进的传感技术、计算机信息处理技术、通信技术将一切物体、设备联网，并通过网络进行数据存储与利用。不仅计算机、手机、iPad、相机等设备互联通信，甚至家电都将拥有 IP 地址，形成由"物"作为终端的网络，这些海量、多源、共享、互联的数据即是知识融合的基础。

人以节点化方式在网络中存在。节点化的人是传播的基础单元，也是社会网络连接的基本单元，同时还是内容—社交—服务的融合单元以及资源的贡献单元，在这里新媒介即新社区，网络化的个人即社区居民。[2] VR 技术利用计算机生成模拟环境并通过多种传感设备使用户沉浸到其中，使人们不仅可以将想象的环境制作成虚拟实现环境，还可以使自己的行为与这种虚拟现实环境进行交流。[3]

新媒体技术的社会连接能力不断提高，沉浸传播成为新范式。网络虚拟空间与现实空间交织、重叠，形成一个跨域的多维空间，人们同时生活在真实世界与虚拟世界之中，人和社会都充分媒介化。移动互联网、物联网、大数据、可穿戴设备等方式的综合运用，不断消除虚拟世界与真实世界之间的界限。[4] 虚拟与真实的渗透融合，人们将"深度沉浸"于媒介之中，在现实和虚拟之间自由穿梭，甚至无法明确区分现实和虚拟的界限。[5]

这些新技术的支持使得学习者的连接方式、知识资源的连接方式发生着显著的改变，进而也影响着学习行为与学习理论的变革。社会认知

---

[1] 严三九、刘峰：《2013 年全球新媒体发展态势探析》，载《现代传播》2013 年第 7 期。
[2] 彭兰：《移动时代的节点化用户及其数据化测量》，载《暨南学报》（哲学社会科学版）2016 年第 1 期。
[3] 匡文波、王艺焜：《VR 技术，下一个传媒业的腾飞点》，载《新闻论坛》2016 年第 5 期。
[4] 李沁：《沉浸传播：第三媒介时代的传播范式》，清华大学出版社 2013 年版，第 117 页。
[5] 喻国明、吴文汐、何其聪：《传媒的进化趋势与未来可能》，载《北方传媒研究》2016 年第 3 期。

连接图式（Social and Cognitive-Connectedness Schema，SCCS）学习理论聚焦于网络技术环境下学习图式的构建。这里的"图式"是指人们的一种认知模式，是人们对知识的已有结构所形式的一种框架，并在此基础上所构建新的知识认知框架。可以看到，"图式"受到人们的先前经验影响，同时也塑造着未来的思想和行为。新媒体技术的发展，使人们在学习过程中的认知图式发生了重要变化。社会认知连接图式（SCCS）包括认知连通图式（Cognitive-Connectedness Schemata，CCS）和社会连通图式（Social-Connectedness Schemata，SCS）。

认知连通图式（CCS）决定了学习者对其当前所学的内容、学习的路径和整个学习图谱的认知能力。技术的发展推动着人们的认知连通图式的转变，知识不再作为独立的片段存在，而是一种具有索引能力、连接世界、动态进化的生态系统而存在，人们的知识获取方式也必将随着认知连通图式的改变而改变，体现在三个方面：一是网络媒介素养的提升和信息检索能力的提升；二是交互性、动态性的学习方式正在被人们越来越认可；三是人们在学习过程中更加具有能动性和主动性，传统被动式的课堂学习方式正在被颠覆。在新媒体技术的支撑下，学习者的整个学习过程可以得到实时反馈，学习者通过超链接的方式可以清晰地、实时地、跨越时空地了解不同知识点之间的关联关系以及其他相同学习者的学习情况。在新媒体的支撑下，学习不再是课堂教育的专属品，学习成为人们生活、成长、认识世界的一部分，终身化的学习模式塑造着人们的认知连通图式。

认知连通图式（CCS）为"微学习"生态环境的构建提供了重要的理念依据，知识图谱（Knoledge Graph）、深度学习（Deep Learning）、自然语言处理（Natural Language Processing）技术为它的实现提供了重要的技术基础。人机交互与人机协同多年来经历了三个阶段：一是计算智能；二是感知智能；三是认知智能。计算智能的能力目前已经得到了巨大释放，即使是最简便的计算器，其计算能力也远远高于人类。感知能力是计算机通过传感器对周围环境信息进行获取，并提取环境中有效的特征信息加以处理和理解，最终通过建立所在环境的模型来表达所在环境的信息。现阶段移动机器人的感知能力有了很大进步，对情境信息提取的准确性也越来越高。从感知智能到认知智能是未来的重要发展趋势。认知智能的实现需要融合知识图谱、深度学习、自然语言处理等多种技术。通过这些技术，实现知识与知识之间的高度连接与自动推理，实现人与人、人与知识之间关联关系的挖掘与自动推理，使人机互动更加智能、有效，可以为学习者构建一个更加智能的学习环境。

社会连通图式（SCS）反映着学习者的社会化关联情况，是学习者与他人的社会连接能力和连接意愿。学习者的社会连通图式是其在学习过程中创建并维持社会网络的基础。社会连通图式在"微学习"过程中的应用就是基于社会关系的知识导航。在泛在学习环境下，一个学习者的学习活动空间以及他在这个空间的行为导航，不但由其本人建构，同时也是由其他人的活动引导和建构的。比如，其他人对于某一学习资源的关注、收藏、评论、点赞等，都可能是其学习导航的依据。基于社会关系的知识导航包括两个方面：一是基于社会关系的知识过滤，通过其他学习者的相关知识资源的选择、评价和推荐，使得学习者能够在海量的知识资源中快速选取出适合自己的内容集合；二是基于社会关系的学习资源优化，其他学习者所建构的学习行为网络或知识关联网络蕴含了丰富的学习体验及潜在知识，这能够为学习者构建一个真实的学习情境，帮助学习者在复杂的学习空间中快速厘清知识之间的关联关系，把握重点的知识内容，实现学习路径的导航。

人们在互联网中的任何行为都会留下数据痕迹，而这些数据蕴含着巨大的价值。这些数据揭示了人们的社会关联、态度、情感、意图，通过这些数据的获取，并对这些数据进行挖掘，可以反映学习者的学习情境，进而帮助学习者优化学习行为、优化学习路径。这意味着需要加快数据挖掘、数据解释以及数据建模方面的发展，使得学习过程中的个性化定制更为有效。在对学习者行为的挖掘中，需要收集的数据不仅来自学习者明确的学习行为，比如学习情况、作业情况、测试情况等。这些数据属于显性学习行为，还有一些隐性学习行为，比如在线的社会交往、学习以外的生活情况、参与的这种活动、兴趣偏好等。对这些数据的挖掘，都会为激发学习者的学习兴趣和提高学习效率提供重要的依据。

认知连通图式和基于社会连通图式的"微学习"生态的构建，能够实现知识、人的高度融合，从"人—机"交互的认知智能视角，构建出泛在化、智能化的学习环境，提升学习者的学习能动性和学习效率。Web1.0时代，刚刚兴起的互联网初步实现了现存信息的网络化、信息发布渠道的简单延伸，并通过信息之间的链接形成了网络；网络信息不断聚合和用户关系不断联结的Web2.0时代极大地提升了学习者的能动性、主动性。Web3.0时代，新媒体技术正在颠覆人们的认知。在知识融合的路径上，信息脱离早期的简单聚集和整合，实现知识的自我进化，是Web3.0时代学习模式的重要特征。在社会连接的路径上，从超链接形成的信息检索网、线下关系线上化和弱关系连接，到虚拟社会和现实社会的密切融合，高度仿真的虚拟平台为我们不断营造着一个类似于"第二人生"（The Second Life）的充满想象、娱乐、体验和机会的数字大陆，从而实现超自然世界的虚拟实境，获得更深层次的学习体验、人生体验，甚至是生命体验。

第四节　本章小结

生态学理论为"微学习"环境的研究提供了新的理论视角，使研究者更系统、全面地看待整个学习环境。本章探讨了"微学习"生态系统的概念、构成及特征。在此基础上，分析了"微学习"系统生态失衡的现象与解决思路，指出"微学习"系统生态平衡是指在"微学习"环境中各元素之间、"微学习"主体与"微学习"环境之间都具有高度适应、协调统一、可持续发展的状态。"微学习"生态失衡表现在两个方面：一是物理环境中的失衡，主要表现有资源环境、软硬件条件不协调等；二是社会环境中的失衡，主要表现为学习参与者在学习活动中有情感缺失、道德缺失。"微学习"系统生态失衡的问题，应从物理环境、机制、认知与情感交互等方面进行设计解决方案。

"微学习"生态系统的基础建立于泛在学习环境之上，所谓"泛在学习"是指学习者获得无处不在的学习服务的过程，即任何人在任何时间、任何地点、基于任何学习设备均可以获得任何所需要的学习资源。泛在学习环境是在"微学习"系统与社会大系统之间形成一个无缝而完整的融合，泛在学习生态系统包括学习参与者和资源两大关键种群，以及学习终端设备、学习支持服务、基础支撑环境等所谓的"无机环境"。知识与社会的连接是泛在学习环境形成路径，认知连通图式和社会连通图式能够为泛在学习环境的构建提供重要的理论依据。从 Web1.0 时代的信息聚集与信息链接，到 Web2.0 时代的信息整合与关系联结，再到 Web3.0 时代的知识融合与社会连接，新媒体技术正在改变着"人—机"交互模式，也将给泛在学习环境的构建提供重要的技术支持，将对人们的学习情境、学习模式带来一次巨大革命。

第 八 章

媒介融合环境下"微学习"的组织与实现机制

学习环境的建构需要基于一定的组织体系与规则机制，特别是"微学习"这种非正式学习的方式，传统自上而下的命令式管理已经不适用。因此，需要建立起一系列能够保障学习活动有效开展的机制。本章对这些必要的机制进行介绍。

第一节 "微学习"环境构建模式与权限规则体系

一 "微学习"环境的构建模式

以往的教学模式中，学习环境的构建由教育者提供，学习者按照既定的教学情境与学习体系进行学习、互动、测试即可；然而，"微学习"环境的构建依赖于学习者个人的意愿、能力与资源获取情况。因此，"微学习"环境的构建更加多样和复杂。

学习参与者在"微学习"环境的构建中受到以下因素的影响：一是学习者自身的学习意图，即学习需求与学习目标；二是学习者个人既有的知识结构、认知水平、学习能力；三是学习者所能够获取的学习资源、所能驾驭的学习工具；四是学习参与者个人的学习、生活习惯以及思维模式等。

基于这些影响因素，"微学习"环境的构建模式有个性定制模式、系统导航模式、协作共建模式三种类型，如表8—1所示。

表8—1　　　　　　　"微学习"环境构建的三种模式

构建模式	作用	制约条件
个性定制	更加自主、个性和适用的学习环境，为学习者带来更高的学习效率	要求学习者有明确的学习意图、清晰的学习规划，并有学习体系的构建能力
系统导航	为学习者提供简便易行的学习向导支持	要求系统内置的学习模式能够与学习者既有的知识积累、行为习惯相匹配，对系统设计提出更高要求
协作共建	为学习者提供交流、讨论、共享、模仿、协作环境，内化与深化学习者的认知，扩展其学习的边界	要求学习者掌握必要的知识内容，具有与学习共同体进行对话、交流的相关知识基础

1. 个性定制模式

当学习者具有较为明确的学习意图或清晰的学习规划，且其既有的知识结构与知识积累足以支持其进行持续学习，并确信其能够有效、系统地设计自己的学习路线时，他可以按照自己的习惯与偏好来设计自己的学习规划。由于"微学习"系统具有开放性，学习者还可以通过知识关联、内容上传等方式，在系统中引进、加入网络环境中的更多开放资源，扩展"微学习"系统中的知识资源库。这种模式对学习者提出更高的要求，使"微学习"环境更加具有自主性、个性化和适用性，给学习者带来更高的学习效率。

2. 系统导航模式

当学习者的学习目标不甚清晰，既有知识结构、认知水平不足以支持其为自己设计学习路径时，系统应能够基于预设的模式，按照一定的流程，通过与学习者进行不断的交互，比如能够以智能问答的方式，引导学习者逐步清晰化自己的学习目标，然后根据学习者的个人特点，为学习者提供一条适合的学习方案。系统导航模式简便易行，能够为学习提供很好的学习方案设计支持，但是需要系统预先设置好不同的学习模式，这些模式要能够与学习者既有的知识积累、行为习惯相匹配，这对系统设计提出更高的要求。

3. 协作共建模式

学习过程中的交流与互动对于知识的内化具有非常重要的作用，因此，"微学习"环境应该能够为学习者搭建一个与其他学习者进行交流、资源共享的平台。"微学习"系统应当通过建立学习共同体——学习小组的方式，为学习者提供知识内化的环境。学习者既可以加入已经建成的学习小组，也可以自己建立学习小组。学习小组实际上是帮助学习者共建学习社区，在这些学习共同体中，学习者能够通过与其他人的学习交流、学习讨论、资源共享、行为模仿、任务协作等方式，不断深入对知识的认识、扩展学习的边界、吸收更多新的知识。当然，学习小组的构建需要学习者掌握了必要的知识内容，并对相关知识有一定的基础。

二 权限规则体系

"微学习"活动是一个学习者围绕学习目标，不断整合资源、共建协作的过程，在这个过程中，学习者根据个人的学习意图、学习目标和资源能力构建"微学习"环境，该学习环境既可以是开放的，也可以是封闭的，抑或是半开放的，学习者的身份不同，其操作、访问的权限有所不同。

学习者在"微学习"环境的构建过程中有着两种不同的身份：一是创建者，比如学习小组的创建者、某一讨论主题的发布者、某一知识内容的贡献者等；二是访问者，如学习内容的浏览者、知识社区参与者、学习小组的协作者等。创建者是"微学习"环境的主导者，访问者是参与者、协作者和附属者，两者在"微学习"环境中权限不同，可操作的行为也不同。

"微学习"环境的访问权限有全部公开、特定公开、私有三种，在"微学习"平台分别称为："向所有人公开""向朋友公开""仅自己可见"。学习者可以执行创建、阅读、更新、删除、评论、评价、设置标签等操作行为。"向所有人公开"是最为开放的一种访问权限，可以向所有访客全部公开所有的内容与资源。"向朋友公开"是指创建者根据自己的意愿赋予特定的人群相应的行为权限，访问者的阅读、评论、评价、设置标签等行为权限由创建者赋予。"仅自己可见"是一种私有性的环境，不允许任何访客进入，这种方式实际上是为创建者提供了一个私人的资料库。对于"向朋友公开"这种半公开的方式，所有人都可以知道这个学习活动空间的存在，但无法参与到学习活动中。而"仅自己可见"这种私有方式，访问者甚至并不知道该空间的存在。

第二节 "微学习"活动中的调节反馈机制

"微学习"活动过程是一个不断调节、动态平衡的过程，在这个活动中，学习者会不断调节学习需求、学习目标、学习资源、学习活动，使自己不断与学习环境相适应。调节反馈行为全由学习者自己完成，整个过程是没有或较少有教师或教学机构指导进行，这给整个学习过程带来了诸多的不确定性，给学习者带来较大的困难。

一 调节反馈内容

"微学习"过程与传统的教学模式最根本的不同，就是学习者要进行自我调节反馈，包括学习目标完成情况的学习评价、学习过程的反馈。成功的自我调节反馈可以发现学习需求，根据学习者的个性特性、兴趣爱好、历史行为记录，帮其制定明确的学习目标与系统的学习方案。"微学习"是一个终身学习的过程，富有成效的自我调节反馈还需要学习者通过有效方式一直持续到学习者整个学习始终。

"微学习"过程中调节反馈内容包括学习目标确定、学习计划与学习方案的设计与调整、学习资源的选择与评估、学习过程中学习者的自我监督、学习效果的评估与评价、学习过程中的自我定位、学习反思、对他人建议的反馈等。通过调节反馈机制，让学习者更好地了解学习什么内容、如何学习、在什么时间学、从何处获取学习资源、与哪些人一起学习、加入哪个学习圈子等。学习过程的调节反馈是使整个学习处于一种动态平衡状态，"微学习"这种非正式环境下，调节反馈机制尤其重要，学习者在学习的起始阶段，并无完整、系统、科学的学习规划，因此，前期的学习必然是不成熟、不科学，甚至是杂乱无章的。通过调节反馈机制能够使学习活动根据学习者的现状与需求，不断地进行调整，处于一种不断的优化过程中，达到动态平衡。

二 调节反馈方式

所有的调控是为了更好地开展学习，使学习活动更好地逼近预设的目标。在计划阶段，调控的目的指向适合的资源聚合和环境构建，以支持学习活动的开展；在行为阶段，调控主要表现为在充分自我和社会感知基础上的自我管理，以及有效的帮助寻求；反思阶段的调控作用有二：一是指导学习环境的优化与重构；二是实现自我的重定位以及决策下一次的学习目标。

学习调节反馈涉及"微学习"全过程，包括学习目标和计划的设计、效果评估评价、学习历史记录、激励与奖惩、社群协作、关注与被关注、笔记、测试等。在"微学习"系统中，学习参与者的调节反馈需要通过技术得以实现。基于学习的三个阶段——学习目标与学习方案的制订、学习任务管理、学习反馈与评价，系统对于学习调节反馈的支持表现如下：

在学习目标与学习方案制订过程，系统技术可以为学习者有效安排学习时间、设计学习计划与学习方案提供中介支持。学习目标是起点，根据学习者的需求来设定，学习计划即是要对学习活动中的各元素对象的交互活动进行设计。"微学习"系统中的学习计划制订工具要通过支持学习活动中各元素的互通互连，提供学习计划可选的各种设置，包括时间设置、评价、信息提示等。当然，学习计划制订应当有一定弹性，以支持计划变更，同时，还可以允许并支持其他人参与自己的学习计划制订。此外，工具还应具有提醒功能，实时帮助学习者把握学习进度。

在学习任务管理中，学习者要落实学习计划，并有效安排、组织各类学习资源、学习活动。与传统教学方法不同，"微学习"过程中的学习资源并非结构化的，而是呈现出一种碎片化、开放化的状态，各学习者均会基于自己的学习目标，从自身需求出发，将开放的学习资源重新聚合；同时，学习者创建的学习资源或已经学习完的学习内容可能会被其他人再次作为他们的新的学习资源加以使用。因此，"微学习"系统中需要对学习资源、学习任务进行全局视角的统一管理，建立一个完整的全局性管理平台，这个平台既要对学习资源进行常规描述与管理，还要对该资源的应用轨迹进行描述，并对其与其他资源间的关系网络进行跟踪描述，为学习者全面了解学习任务实现情况提供依据。此外，这一平台也将学习资源的操作聚合起来，如资源共享、关联、创建、添加等，可以有效地支持学习者的批量化操作。这一平台还应当设计消息传递功能，将变更信息实时通知与之相关联的学习者，进而促成联动的调节效应。

学习反馈与评价是一种对学习效果的自我认知与反思，具有一定的主观性与个性化。学习反馈与评价涉及两个环节：一是自我判断与评价；二是自我反思与总结。自我判断与评价是学习者对学习情况进行剖析的过程，是对学习效果、学习效率与学习预期一致性的评判。自我判断与评价则表现为结论性的语言，在"微学习"系统中，则用精练化的语言（如实现、尚未实现、放弃）以及用星形来"评级"。在这之后，需要进行自我总结，促使学习者对现有问题、解决问题的经验进行反思、汇总，进行优化学习方式。当然，学习反馈与评价应当与学习目标与学习方案制定构成一个闭环的回路，才能使学习者的学习效果最大化，进而对学习者日后的学习计划、学习方案实施提供支持。由此，系统应当在学习反馈与评价上提供一种灵活的机制，支持学习者能够随意、随时、随地地创建与查阅。

第三节 关联机制

关联机制是"微学习"活动的重要保证，联通主义学习观指出学习的本质就是要建立起各种关联，包括知识关联、社会关联、情境关联等，基于此，在知识，社会、情境等方面建立起某种关联关系既是"微学习"活动的目标，也是整个学习的过程和主要内容。诸多学习活动参与者通过关联的建立使得知识、社会、情境之间相互交叠、协同，形成一个超网络结构，促进集体智慧的积累、沉淀、扩散与爆发。"微学习"系统必须要通过一定的机制支持、引导、激励这种关联关系的形成。下面将进一步探讨关联关系的类型与关联实现方式。

一 关联关系的类型

"微学习"活动中学习参与者在跨领域、跨时空的基础上构建出一个广阔而富有意义的超网络，这些关联关系大体上分为知识关联网络、社会关联网络和情境关联网络三种类型。

1. 知识关联网络类型。构建知识关联网络是学习过程的主要目标，学习者的学习效果及其对知识的掌握程度就是通过其知识关联网络的构建程度来反映，因此，如何更好地支持学习者构建知识关联关系是"微学习"系统的重要功能。知识关联关系表现在三个方面：一是相似关系；二是包含关系；三是依存关系。这些关系需要通过特定领域知识的结构体系来确定。同时，也可以通过标签来确定知识的关联关系。知识关联关系网络能够有效地为学习者提供学习资源的推荐服务，提高"微学习"活动的效率和效果。

2. 社会关联网络类型。社会关联网络是在"微学习"活动中的学习参与者之间形成的人际关系网络，主要用于描述人与人之间的关系，如形成的各种学习社群、学习者之间的相互关注、访客关系等。"微学习"活动中，人与人之间的关联关系比传统教学环境下的关系更加复杂、多样，这种关联关系有的来自现实社会关系的线上延伸，有的产生于网络虚拟空间。现实社会与虚拟空间所形成的关系相互交叠、互动，在学习活动中起着非常重要的作用。

3. 情境关联网络类型。这种关联关系主要产生于某一情境、活动或行为，用于描述学习资源、学习工具、学习者与学习活动之间的关联关系，这些关联关系主要产生一系列学习活动中的操作行为，如创建、链接、评论、参与、评价、采纳、标签、关注、加入小组等行为，这些行为都是让学习者、学习资源、学习工具基于一定的学习活动、学习行为、兴趣爱好等形成一定的关联关系。情境关联关系网络是一种立体的、多元素的、复合的网络，是一种超网络结构。

不同的关联关系类型形成不同的网络结构，涉及不同的元素对象，对于这些关联关系，可以基于不同的视角与需求进行不同的理解和挖掘，也正是这些各类关系网络构成了"微学习"生态环境。

二 关联实现方式

关联关系使学习者有了巨大的好处。一是使学习者能够嵌入整个学习网络，获得学习网络的各种资源流、信息流，使学习者能够快速进入学习状态，完成学习任务。有了这些关联机制，学习者可以借用其他人创建的既有内容来开启自己的学习任务。学习者可以加入已有的学习活动或学习小组，链接已有的知识内容，从而共享其他人的学习经验与学习成果，简化自己的学习路径。二是既有的关联关系网络能够使学习者从全景模式了解学习图景、学习路径，在"微学习"环境下，非结构化的学习资源和非正式的学习方式，使学习者很难驾驭学习过程，由关联关系所生成的导航、推荐机制，可以为学习提供非常有用的支持和帮助，提升学习者的效率。关联实现方式有以下几种：

1. 关联关系的构建。关联关系的构建可以基于知识、社会关系和情境三种方式来构建。基于知识的关联，可以通过学习者对某一学习资源进行评论、笔记、分享来实现，也可以通过学习者对学习资源设定标签来实现，比如同一或相近标签的内容，其关联关系为相似；若其标签存在着概念隶属关系，则其关联关系为包含关系。基于社会关系的关联，可以通过在"微学习"系统中设计以下功能：一是学习小组功能，让学习者创建或加入学习小组这样的社群，将有同样学习目标、学习任务或兴趣爱好的学习者形成关联关系；二是微型博客功能，学习者在微型博客空间可以发表言论、回复、关注其他人、为其他人设置标签等方式，与其他学习者建立关联关系；三是访问足迹，学习者在浏览、访问别人创新的资源时会留下脚印，进而形成关联关系。基于情境的关联，可以让学习者创建、加入某项活动或某项学习计划，让学习者创建自己的空间或进入别人的空间。

2. 关联关系的维护。关联关系的维护需要建立一定的机制，如交流沟通机制、激励引导机制等，比如通过积分、勋章奖励机制激励学习者进行学习资源的阅读、创建、分享。同时，可以鼓励学习者积极参与学习小组的活动，打通虚拟空间与现实环境的通道，使学习者之间的弱关联关系变成强关联关系，提升学习社群的凝聚性，增强学习者在情感上的归属感。另外，也可以通过相关算法和技术建立关联关系，如基于知识元扩展主题图的知识推理、知识挖掘等算法来实现知识之间的关联；也可以通过推荐技术，将合适的学习资源、学习任务、学习小组、兴趣相同的人推荐给学习者，建立起智能化、自动化的关联关系。

3. 关联关系的应用。一是在学习目标、学习方案的设定上，基于社交的关联关系能够为学习者提供可以借鉴的经验与案例，这些经验和案例可以通过导航方式，为学习者提供更多的选择依据；二是在学习内容与学习资源的筛选上，通过推荐算法技术为学习者提供更多、更便捷、更具个性化的知识关联；三是在学习交流上和情感支持上，能够在学习小组、微型博客、评价论坛上，提供相关的支持与服务，搭建社交关联网络平台。此外，还通过标签与检索功能，为学习者在学习任务、学习资源、学习小组提供更快捷、更方便的搜索应用，将学习者与知识、与其他学习者有机地关联起来。

"微学习"环境下，这些关联关系并不像传统教学模式一样，有严格的逻辑关系和组织体系，这些关联关系更多地依据学习者的主观认知，存在较大的随机性，比如标签的设置便具有较大的随机性。因此，推送与推荐机制是建立关联关系的重要手段。尽管诸多的关联关系是基于学习者主观设定，并无规则可言，各种关系是自下而上涌现而成，但是"微学习"环境是一种自组织环境，这种无规则的关联关系所形成的网络结构，在宏观尺度上具有重要的规则特性，做好关联关系的挖掘，对于更好地为学习者提供知识服务具有重要意义。

第四节 参与激励机制

学习生态的形成需要形成一种激励知识分享、引导协作创新的环境，参与激励机制在这个过程中起到重要的作用，它能够凝结集体智慧，推动知识创新。激励机制能够激发人的内在动力，对学习者行为起到正向调节作用，它可以显著提升学习者的参与积极性，提高学习者在社区贡献上的主动性。

一 基本的需求动机

人类的动机涉及心理学、哲学、文化、经济、管理等诸多领域，大体可以归为以下三类。

一是金钱与权力。经济利益与权力获取是一种基本的激励动因，特别是经济利益在市场环境下起到重要的作用。用户获得一种直接的物质收益或隐性的权力资源，抑或是取得一定的预期保证，是提升其行为积极性与主动性的基本动力。

二是喜爱偏好。有时人们不一定获得经济上或权力上的收益，但希望获得一种情感收益，比如内在的乐趣、交往机会、自我满足感、个人梦想的实现、舒适的体验等，这也是一种提升其积极性与主动性的动力。

三是荣誉地位。这是一种更高层次的地位，人们获得社会的认可、认同，获得他人的赞许、实现自己的价值、成功成就的体验等，也是提升其行为积极性与主动性的动力。

"微学习"组织体系中，喜爱偏好与荣誉地位更能激发学习者内在的积极性与主动性，然而金钱与权力的激励也会起到一定的作用，这些激励表现为积分、礼物、管理权限等方面。现实社会与网络环境的激励方式的对比，如表8—2所示。

表8—2　　　　　　　　　不同动机的参与激励方式

现实社会的激励	网络环境下的激励
金钱与权力激励	积分、礼物、管理权限等
喜爱偏好激励	贡献排行、推荐、关注等
荣誉地位激励	等级、称号、评价等

二　需求动机的三个层次

"微学习"环境中，学习参与在不同阶段会形成不同的需求，这些需求表现为三个层次：获取资源、交流互动和价值实现。这三个层次体现了学习者的参与动机从物质到精神层面的升华过程。

一是获取资源层次。这是学习参与者的物质层面的需求。学习者出于自身利益的需求，为实现既定的学习目标、构建起实现目标的学习环境，并基于此搜索、筛选自己的学习资源。此需求在初期的学习者中居多。

二是交流互动层次。在这一阶段中，学习者除了有获得学习资源等物质层面的需求，还有精神层面的需求，学习者希望在学习过程中，与其他人进行交流互动，从其他学习者身上获得成功的学习经验，并得到具有针对性的学习帮助，同时，也在此过程中，获得情感上的支持。

三是价值实现层次。在这一阶段中，学习者参与到学习过程的目标不再是仅仅希望获得实际的利益需求，不再是向他人索取，而是有更高的需求，这一需求是自我实现的需求。学习者希望对他人提供帮助来获得尊重，学习者会自觉主动地分享自己的学习资源和学习经验，协助其他学习者提升学习效率，在这个过程中，学习者实现自我价值。

三 激励机制的设计思路

在设计"微学习"活动参与激励机制时，应当考虑到学习者实际需求，结合每个阶段不同的实际需求，来设计激励机制。由于不同的激励措施各有优势与劣势，激励机制应当考虑到多种方式，组合使用，最大化地对学习参与者的学习、参与积极性进行激励，提升学习效率。表8—3描述了不同激励机制的优势和劣势以及适用场合。

表8—3　　　　不同激励机制的优势和劣势以及适用场景

激励方式	内容	优势	劣势	动因	适用场景
利益激励	根据学习者的嵌入程度给予相应利益回报	短期内会快速汇聚人气，提高活跃度	组织者成本负担大，长期激励乏力	金钱、物质激励	开展线上与线下互动的学习活动中
积分激励	根据资源分享、知识贡献、持续参与、交流互动情况获得积分，再运用积分购买资源	持续地进行资源积累，能够长期地调动学习者的积极性	为保证资源质量需求设置质量审核管理	金钱、物质激励	学习资源的获取、学习活动参与、"微学习"平台登录
等级激励	基于系统登录时间、资源分享、知识贡献、持续参与、交流互动程度分成不同等级，等级对应不同积分	提升学习者的荣誉感、认同感、责任感	积分与等级转化较为烦琐	地位激励	学习资源获取、交流互动、价值实现

续表

激励方式	内容	优势	劣势	动因	适用场景
贡献排名	按学习者登录时间、资源贡献、积分情况、被关注度等维度，对学习者进行排名	能够提升学习者比、学、赶、超的积极性、主动性	排名指标、算法应科学，使人信服	喜爱偏好、荣誉地位	自我价值实现

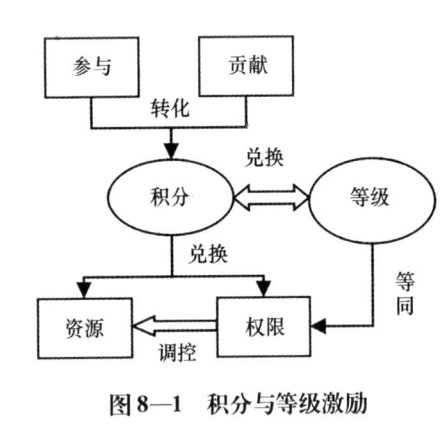

尽管喜爱偏好是"微学习"环境下重要的激励方式，它们既可确保学习者在分享学习资源、创建知识内容上的质量，也可以降低系统平台的运作成本。但是，在系统初始阶段，现实利益和荣誉地位等激励方式仍起着重要的作用，喜爱偏好作为辅助的激励方式。如图8—1所示，积分是当前对应金钱因子最主流的表现形式，以积分作为流通中介，学习者在参与共享过程中获取积分并消费积分；再以积分作为兑换中介，学习者可通过提升等级、悬赏答疑、下载资源等，实现与资源、等级和权限间的转化，以满足不同学习者的支持需求。

图8—1 积分与等级激励

第五节 本章小结

有效的组织机制是"微学习"平台的"软环境"，本章着眼于介绍保证"微学习"活动有效、有序开展的组织与实现机制。首先，介绍了"微学习"环境的构建模式以及权限规则体系；其次，介绍了"微学习"活动中的调节反馈机制；再次，介绍了关联机制，包括"微学习"活动中各种关联关系的类型以及关联实现方式；最后，介绍了参与激励机制，包括"微学习"活动中学习者的基本需求动机以及激励机制和设计思路。

第 九 章

"微学习"系统的原型设计与构建

本章作为应用研究,构建了"微学习"系统的原型架构,介绍了系统的设计原则与设计流程,以及学习活动、学习资源、学习支持三大逻辑功能模块。在此基础上,介绍了原型系统的平台架构及交互界面。

第一节 "微学习"系统设计的原则与流程

一 设计原则

"微学习"系统的设计目的是基于网络开放资源,在保证通信安全及知识产权的前提下,设计开发一个具有实时更新、便捷交互、易于维护、持续扩展的"微学习"平台,为学习者搭建一个泛在化学习和自主化学习的空间。

"微学习"系统设计应当遵循以下几个原则。

一是安全可控原则。系统在设计中,应充分考虑到信息通信安全、知识产权等问题,保证内容资源、用户的个人隐私在适当的权限范围内查阅、开放,不被权限外访问或非法窃取、修改,充分保护资源内容的知识产权和学习活动参与者的个人隐私。

二是可扩展性原则。系统要能够预留充分的接口,在能够充分满足现有的功能需求时,还要能够根据未来的发展需求留有扩展与升级的余地,实现系统的持续发展与迭代升级更新。

三是可操作性原则。首先,要能够使用户将现有的资源方便、快捷地迁移到"微学习"系统平台上,能够将开放的网络资源添加到学习平台中;其次,系统的功能应当操作简便、易于掌握、简捷有效,使用户能够快速掌握系统的基本功能使用方法。

二 设计流程

"微学习"系统平台的构建需要经过需求分析、系统设计和系统实现三个阶段,整个设计流程如图9—1所示。

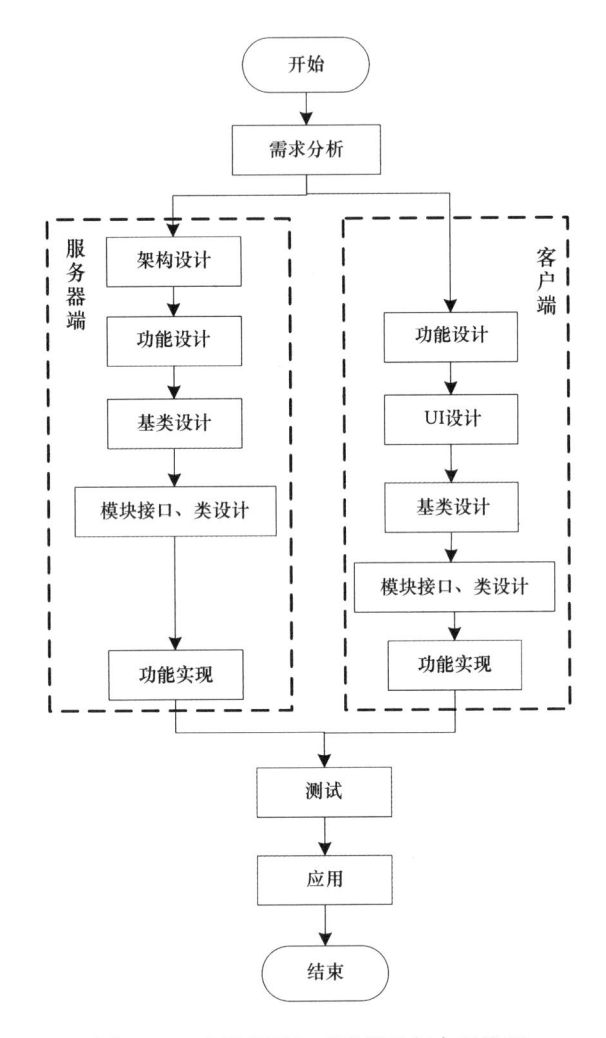

图9—1 "微学习"系统设计与实现流程

"微学习"系统的设计与实现大体包括两个方面：一是服务器端的设计与实现；二是客户端的设计与实现。"微学习"系统服务器端设计与实现的流程主要包括架构设计、功能设计、基类设计、模块接口与类设计；客户端的设计流程包括功能设计、UI 设计、基类设计、模块接口与类设计。

第二节 "微学习"系统原型的逻辑功能

"微学习"系统以学习者为中心，为学习者创造一个良好的学习生态原型，系统原型的功能架构由学习活动模块、学习资源模块和学习支持模块三个核心模块构成，如图 9—2 所示。这三个模块与"微学习"活动的层次结构相对应，学习活动模块对应于"微学习"活动层次结构中的学习目标层和学习方案层，学习资源模块和学习支持模块分别对应于学习资源层和学习支持层。

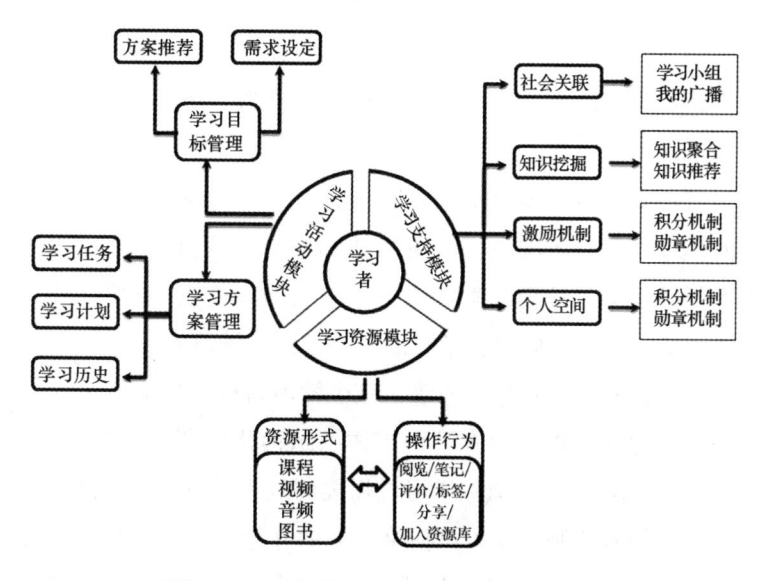

图 9—2 "微学习"原型系统的逻辑功能

一 学习活动模块

"微学习"原型系统的学习活动模块是整个系统中的主模块，学习目标的管理、学习计划的实施、学习任务的开展以及学习历程的回溯均需要依赖该模块实现。与"微学习"活动结构层次相对应，学习活动模块包括学习目标管理与学习方案管理两个功能。

学习目标管理是学习者学习活动的航标，学习目标来自学习者的现实需求、兴趣偏好、既有知识体系或社会关联，一个科学有效的学习目标应当具有明确性、清晰性、可操作性、多层次和多样化等特点。因此，学习目标管理应当作为学习活动的起点，应当在用户进入系统伊始即执行。系统会以标签的方式，在用户进入学习的最初始状态提示用户对学习目的、兴趣偏好等特征进行选择，这些数据会作为后续内容推荐的依据。

学习目标管理功能包括需求设定和方案推荐两种模式。

一是需求设定模式。当学习者对学习需求非常清晰，如CET英语考试，其学习内容、评估标准、学习计划都非常明确，这时系统应支持学习者自己设定学习目标，并根据这一目标选择学习内容。

二是方案推荐模式。当学习者对学习目标不甚清晰时，如一些基于个人兴趣爱好的维持型学习目标，系统应能够为学习者推荐适宜的学习方案。推荐算法可以从学习者的学习历史中获取，也可以从社群与其他学习者的学习方案中获取。

学习目标确定后，需要根据该目标设置学习方案，该模块是系统中最重要的模块，学习者的主要学习活动都集中于该模块。学习方案管理包括学习任务、学习计划、学习历史三个功能。这三个功能分别代表着学习者学习活动的三个阶段：学习前、学习中、学习后。

学习任务是对学习目标的分解，一个学习目标可以有多个学习任务，学习任务的来源既可以是教育平台制作的结构化的课程资源，也可以是其他学习者分享的学习资源，学习者需要将这些资源添加入自己的任务清单。每一项任务原则上应当包括该任务的介绍、学习路线、学习视频、练习资料、测试资料等内容。学习计划能够按照学习目标，通过设置学习计划，对学习任务进行日程化、进度化管理，并实时进行学习任务的提醒。学习历史用于对学习状况的回溯和学习进程的把握，便于对所学知识进行总结、回顾与复习。

二　学习资源模块

学习资源模块用于对学习内容的管理，学习资源包括结构化的内容和非结构化的内容两种，前者指系统性的课程、练习等；后者指那些非系统性、碎片化、零散性的学习资源，包括其他学习者分享、讨论、评价、发表的相关内容。"微学习"系统同时支持这两类资源的应用。

学习资源的形式有以下几种：一是结构化的课程。由教师、教育机构提供；二是视频、音频资源。这些资源既可以是结构化的课程，也可以是网络上分享资源；三是图书资源。这些资源既可以通过上传的方式存于"微学习"系统服务器中，也可以通过链接、关联形式给出资源的获取渠道。

学习者对学习资源可以进行阅览、笔记、评价、标签、分享等操作行为，并可以将学习资源加入资源库中，构建自己的学习资源储备空间。为了使系统简便、易于操作，每一类操作受半结构化设计逻辑的限制，所允许操作的元素对象和行为功能是约束好的。

实际上，学习者对学习资源的操作行为可以形成学习活动的流程数据，为学习资源构建了更多维的特征数据，这些特征数据本身又可以形成一种新的学习资源，由此，学习资源的发展是动态的。比如学习者对学习资源阅读量、评价可以构成对该资源的识别与筛选依据，形成一种社会化的协同筛选、过滤、推荐机制；学习者对学习资源打上的标签，可以作为该资源的分类依据，形成一种更加灵活、多维的分类体系；学习者对学习资源做的笔记可以有效地扩展该资源的内涵与外延，深化该学习资源的内容，将存在于个人头脑中隐性化、内在化的知识外化为显性知识，为其他学习者提供支持；学习者对学习资源的分享能够形成基于该资源的社会关联，构建一个基于该资源的学习网络。

学习者对学习资源的操作行为实际上是一种"知识结网"的过程，学习资源之间由学习的操作行为而链接成一个知识资源网，学习者之间构成一个社交网络，这些网络之间彼此交叠、相互作用，形成一个个社群，整个网络形成一种超网络结构，学习资源在这个超网络中扮演着重要的角色。

三 学习支持模块

"微学习"活动中，学习者在开放、复杂、多态的学习环境中进行自主学习，其面临的困难不言而喻。学习支持模块是为了给学习者提供全方位的向导、助手、激励支持。这种支持既有对学习中遇到的实际困难的服务，也有情感、心理上的促进和帮助。学习支持模块包括社会关联、知识挖掘、激励机制、个人空间四个方面的工具。这四个方面的支持工具贯穿学习活动管理和学习资源管理始终，帮助构建一个完整的"微学习"生态系统。

社会关联支持的实现依赖于学习者之间所形成的一个互动、协作的关系网络，这个关系网络能够为学习者提供学习交流和协作的空间，提供心理情感的支持，也通过创建一个虚拟的学习社区来营造一个拟态的学习环境和学习生态。在"微学习"系统中，社会关联功能通过"学习社群"和"广播"两种工具形式实现。"学习社群"是基于同样的学习目标、兴趣偏好所构建的学习小组，小组成员可以点对点、点对多地进行交流，也可以发起某一活动。这种学习小组是传统教学模式中班级概念的变形与延伸，其目的是构建一个志同道合的学习共同体。当然，其边界与传统教学模式中的班级相比，是不稳定、不明晰、动态变化的，学习者可以随时加入或退出这样的共同体。这种学习小组能够为学习者提供一个交流、互动的空间，提升学习者的认同感和归属感。"广播"类似于一种微型博客，能够使学习者随时发表自己的心情，引起其他学习者的关注，同时，也可以关注其他人。如果说"学习社群"具有一种社交属性，则"广播"这种轻博客，则具有一种媒体属性，赋予学习者表达权。

知识挖掘支持主要是对学习资源开发与利用的相关工具，包括知识聚合与知识推荐两个方面：知识聚合功能主要实现将碎片化、分散化的学习资源整合起来，将相同或相似的内容汇集于同一主题下面。知识聚合主要采用基于知识元扩展主题图资源聚合方法，通过语法、语义、语用的相似度算法和融合规则，将相同或相似的主题聚合在一起，形成一个较为完整而全面的知识体系。知识推荐是按照学习者的学习目标、兴趣偏好、个性特征、学习历史、情境特点等因素，将与其相关的学习资源推送给该学习者，或通过预测其将要或必要学习的内容，将相关内容推荐给学习者。知识推荐服务解决了学习者知识结构的局限以及由此所引发的选择障碍问题。

激励机制起到"微学习"系统的组织与管理的作用。由于"微学习"环境是一种自发、松散的学习环境，无法像传统教学环境一样，运用学习纪律、约束制度等保证学习效果，因此，需要一套能够有效调动所有学习参与者积极性、主动性以及保证整个学习生态良性循环的激励机制。这种激励机制要能够像生态系统中的生存法则一样，通过具有普适性的规则调动起"微学习"生态系统各元素的活力。总体上说，激励机制包括积分机制和勋章机制两个方面。

个人空间即"个人主页"，用于为学习者个人创建一个信息聚合平台，在这个平台上，学习者能够全面把握自己的学习状态、社会关联状态、信息浏览状态、发言评论状态等，并能够对个人信息资料以及发表的内容进行更新、修改、删除等操作。通过个人空间可以对学习历史或浏览记录进行快速启动，能够对个人资源库中的资料进行增删改查等操作。

第三节　微学习系统原型开发

一　系统平台架构

目前，主流移动终端系统平台中，Android 和 iOS 两大系统是领跑者。由于 Android 系统具有全面的开源性，因此，本研究基于 Android 系统来实现"微学习"系统的开发与建设。根据"微学习"活动的特点及其系统设计的原则，基于 Android 系统的"微学习"系统可以从服务器和客户端两个部分来推进，系统的总体架构，如图9—3所示。

"微学习"系统的客户端设备主要是各类基于 Android 系统运用的移动终端，例如智能手机、平板电脑等，学习活动的参与者都拥有个人的移动终端设备。学习参与者通过"微学习"系统的客户端程序，录入个人身份信息后，通过 4G 或 WiFi 无线网络，与服务器端相连接，进行验证，验证通过后，"微学习"活动的参与者即能够使用其客户端程序请求其所需要的资源与内容或进行交互活动，启动自己的学习活动。

"微学习"系统服务器端的功能是验证学习参与者个人信息、管理学习资源以及处理交互信息。采用 MVC（Model – View – Controller，模型—

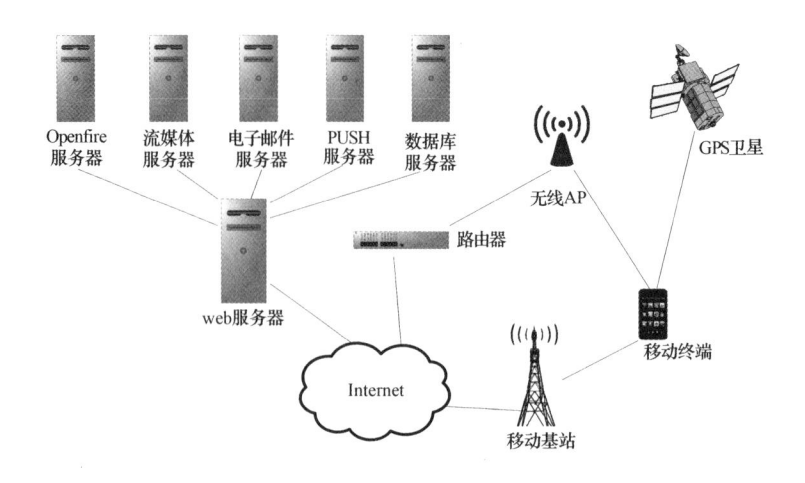

图9—3 "微学习"系统平台架构

视图—控制器）结构模式进行开发，基于 Apache Tomcat 部署运行。原型系统的数据库系统使用 Access 这一轻量级的数据库，用来储存用户的信息以及各类学习资源信息。

MVC 框架是一种软件设计模式，其中，Model 是最为核心的部分，其功能是定义业务规则和处理业务逻辑，它与 View 分离，但可以通过 Controller 与 View 交互。Controller 位于 Model 与 View 之间，功能是对用户请求进行响应，并将这一请求发送至 Model 进行处理，当 Model 将处理结果返回之后，再选择 View 返回给用户，实际上，它本身并不具备业务逻辑处理能力。View 即用户视觉能够看到并与之交互的应用界面，其功能是发送用户请求、呈现响应结果，与业务逻辑分离，它也没有任何业务逻辑处理能力。Model、View、Controller 这三者相互分离，分工明确。MVC 的运行流程如下：用户通过 View 发送请求，Controller 获取 View 发送来的请求，调用相应的 Model 对请求进行业务逻辑处理，然后将结果返回给 Controller，Controller 再根据这一结果向用户提供相应的 View，View 绑定处理数据把此结果呈现于用户。

服务器端采用 SSH2（Spring，Struts2，Hibernate）作为 MVC 构架。SSH2 这一组合框架集成了 Spring、Struts2、Hibernate 这三个构架的主要优势，构建了一个具有明确分工的层次体系。其中，Spring 基于分层构架，可以按需选用组件，具有简单、可测试以及较松的耦合性等特征。

Struts2 在传统 Struts1 的基础上具有了 WebWork 的设计理念，通过拦截器机制处理用户请求，Struts2 中的 Action 不需要依赖于 Servlet API，所以这使得业务逻辑控制器可以与 Servlet API 相脱离。Hibernate 则是一个开放源代码的对象关系（Object Relation Mapping，ORM）映射框架，它使关系数据库向对象模型映射，开发人员能够较为方便地通过对象编程思维来实现数据库操作。此外，Hibernate 还提供面向对象的检索机制，提高开发效率。Hibernate 能够在 Java 客户端程序中应用，也能够在 Servlet/JSP 的 Web 应用中使用，还能够在 EJB 的 J2EE 架构中应用，以取代 CMP，完成数据持久化的功能。SSH2 框架聚集了这三者的优势，一方面继承了 Spring 在业务层的优势，基于它的 IoC 机制，由 Spring 容器管理业务逻辑；另一方面发挥了 Struts2 在表示层的优势，实现页面请求、响应处理及视图管理功能；而 Hibernate 则能够实现持久层的数据处理。

系统的层次结构，如图 9—4 所示，核心层包括控制层、业务层、持久层等，其中 Web 应用在此基础上增加了表现层。表现层的功能为用户交互和结果显示。控制层是系统的核心单元，其功能是负责系统访问控制、数据加载和注销，它基于系统描述来组织功能业务。系统中主要的业务逻辑由业务层来实现，它是系统主要运算单元。持久层能够为业务层提供数据服务，是系统数据操作的统一入口，可以实现静态数据和数据库数据的持久化管理。

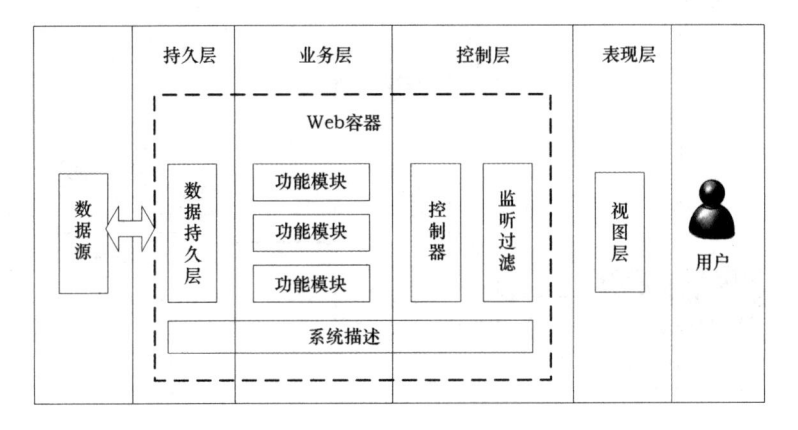

图 9—4　系统层次结构设计

二 部分数据关系及规则机制

1. "微学习"活动中各主要元素之间的关联关系

微学习系统中的主要元素对象有学习者、学习活动、学习资源、学习目标等,各元素对象的主要数据字段与基本关联关系,如图9—5所示。学习者的字段包括特征(如标签、兴趣)、社会关联程度(关注度)、身份(等级勋章与积分)三个方面。学习目标、学习活动、学习资源表用以记录学习者创建和链接方式的信息。关联次数、关注度、访问次数、标签、评级等信息用以支持社会关联支持机制。评价可以分为评论和评级两类,详细的信息则分别记录在评级表和评论表中。

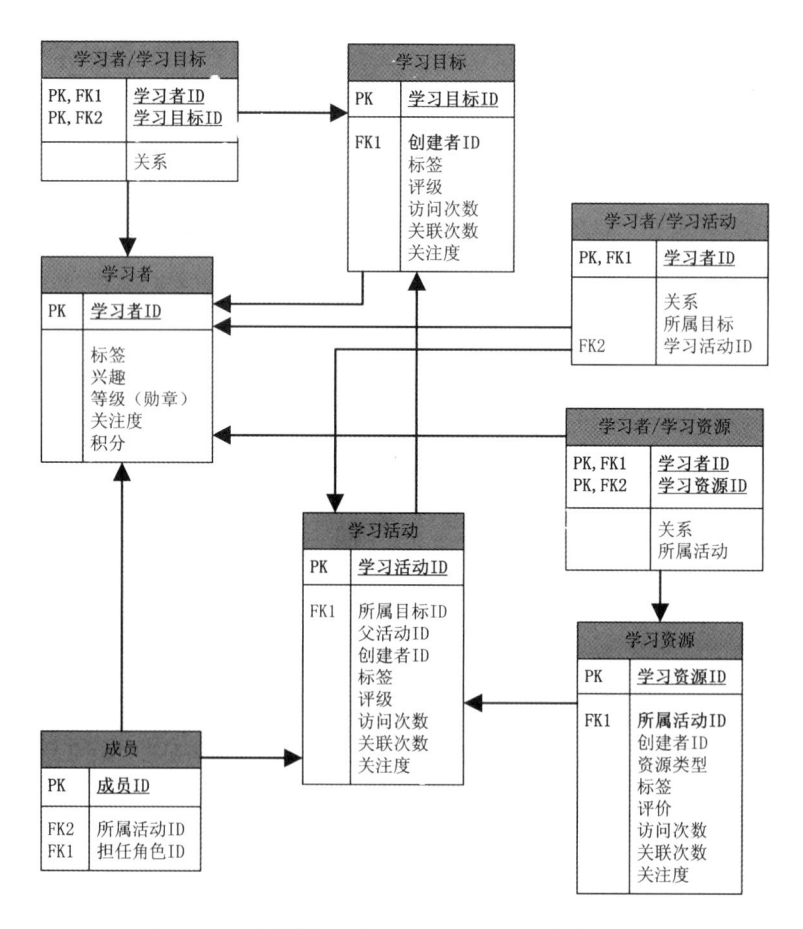

图9—5 "微学习"活动中各元素之间的关联关系

2. 权限规则及激励机制

权限规则与激励机制用于构建微学习系统的生态环境，"微学习"原型系统设定学习者在学习活动中的身份有创建者和访问者两种，出于对学习者知识产权的保护，学习活动中的最高操作权限归其创建者所有。访问者虽然可将他人的活动作为自己学习空间的组成部分，但并不具备编辑权，仅能从学习观察中展开学习反思。创建者可以发动合作学习，将部分编辑权限授予共建者。

系统的访问权限有全部公开、特定公开、私有三种，在系统中分别有"向所有人公开""向朋友公开""仅自己可见"三种状态。这三种权限都是由创建者赋予。

学习者的操作行为有如下几种：创建、阅读、更新、删除、评论、评价、设置标签等。访问者的评论可以对创建者发布的内容进行延伸或拓展；而评价是通过标注"星级"对内容的适用性、知识性等质量因素进行评价；设置标签可以便于对内容进行分类。

创建者设置"向所有人公开"，则允许任何人可以访问，这是最为开放的一种访问权限，可以向所有访客全部公开所有的内容与资源。访问者根据创建者赋予的权限，可以在该环境中可以阅读、评论、评价、设置标签等，但没有更新与删除的行为权限，更新与删除两种行为仅允许创建者进行。"向朋友公开"是指创建者赋予特定的人群相应的权限，访问者的阅读、评论、评价、设置标签等行为权限由创建者赋予。该权限可以直接向特定人群公开，也可以通过设置口令的方式由创建者发放给特定人群。"仅自己可见"是一种私有性的环境，创建者不允许任何访客进入，这种方式实际上是为创建者提供了一个私人的资料库。

"微学习"系统中的激励机制采用积分与勋章两种制度，积分机制是在学习生态中建立一个通行的通货系统、财富体系、交易体系和分配体系，按照学习时间、学习成果、贡献等，给予学习者不同数值的积分，实现学习者的收益与价值积累；勋章机制是一种身份认同和社会地位的体现，勋章既能够实现积分兑换，也能够实现学习者使用权限的等级化和差异化。勋章有四类：第一类命名为"超级学者"，主要对学习者的持续学习进行奖励；第二类命名为"学习雷锋"，主要对学习者的知识贡献行为进行奖励；第三类命名为"进士及第"，要对学习者的现金充值行为进行奖励；第四类命名为"夜读郎"，主要对用户的持续登录系统行为进行奖励。这四类勋章分别分为Ⅰ、Ⅱ、Ⅲ三个等级。相应类别、等级的勋章可兑换不同的积分，从而可以在系统中购买相应的学习资源，并获得不同的权限，如表9—1所示。

表9—1　　　　　"微学习"平台的激励机制的设置

	Ⅰ级	Ⅱ级	Ⅲ级
超级学者	持续学习时间50小时；可兑换积分500分	持续学习时间200小时；可兑换积分2000分	持续学习时间500小时；可兑换积分5000分
学习雷锋	创建知识条目10条；可兑换积分500分	创建知识条目50条；可兑换积分2500分	创建知识条目100条；可兑换积分5000分
进士及第	充值100元；可兑换积分1000分	充值500元；可兑换积分5000分	充值1000元；可兑换积分10000分
夜读郎	连续登录7年；可兑换积分50分	连续登录14年；可兑换积分100分	连续登录30年；可兑换积分500分

三　系统交互界面设计

系统的交互界面也即UI（User Interface），其设计不仅仅要融入"微学习"的理念，还要考虑到学习者使用过程中的用户体验，在功能设计、页面布局、操作方法、感官刺激、便捷程度上进行设计和优化。本系统所搭建的"微学习"系统包括"主页、学习资源、学习小组、我的学习、我的广播、个人主页"六个主要的功能页面。

1. 主页

"主页"是对系统的主要功能的集中展示，并对重点、热点内容进行推荐。如图9—6所示。在主页中除了聚合了"学习资源、学习小组、我的学习、我的广播、个人主页"这几类主要功能的导航之外，还整合了以下功能：一是全站搜索，对学习资源、学习小组、学习活动进行全站检索，同时，支持图书的条码或二维码扫描功能，实现资源的快速查询与定位；二是消息通知与个人空间功能，主页的右上角提供了"消息、通知、我的"三个按钮，通过"我的"下拉菜单，可以进入我的"个人主页"，并可以快速查看我的发言与回应、我的收藏（即喜欢）、最近浏览以及进行系统设置；三是热点推荐，基于本系统设定的推荐算法进行内容推荐，显现于"热点推荐"栏目。推荐算法涉及以下因素：一是资源本身的热度；二是学习者的学习目标与兴趣偏好；三是学习者的学习历史；四是学习者的社交网络，即与学习者有关联的人的兴趣偏好与学习历史。另外，banner条信息可用于平台的推广。

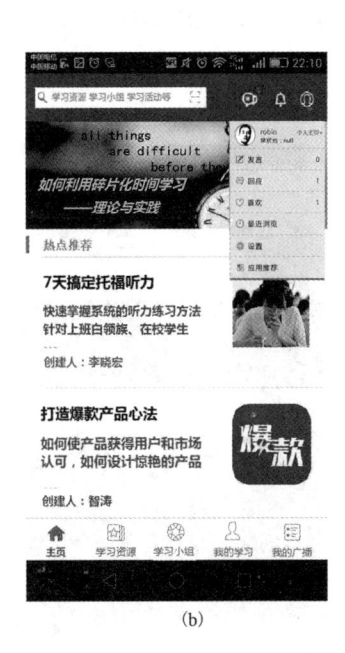

图9—6　"微学习"系统主页

2. "学习资源"页面

"学习资源"页面聚合了课程、视频、音频、图书等各种形式的学习资源。如图9—7所示。其中课程是结构化的学习资源，由教师或教育机构提供；视频、音频、图书是非结构化资源，为所有学习者分享的资源或"微学习"平台拥有的资源。学习者可以对这些资源进行阅读、笔记、评论、评价、标签、分享等操作，并有选择地将这些资源加入自己的资源库。

资源分类采用结构化的类目方法，将学习资源分为人文艺术、编程/设计/互联网、外语、财计/经济/金融、职场等类目，便于学习者查找；同时，学习者可以为资源加入标签，为资源分类、属性进行标注，类目式分类由系统自上而下的预先设置；而标签则采用的是社会化分类方式，通过每一位学习者参与，自下而上实现。学习者也可以对资源进行评价，采用五级评价，系统根据算法汇总所有评价，给出综合评级。学习者对阅读过的资源撰写笔记、评论，拓展学习资源内容，这些笔记、评论也会形成新的学习资源，成为其他人学习的依据。如图9—8所示。此外，学习者还可以通过短信、微信、微博、QQ等方式进行社会化对资源进行分享。如图9—9所示。

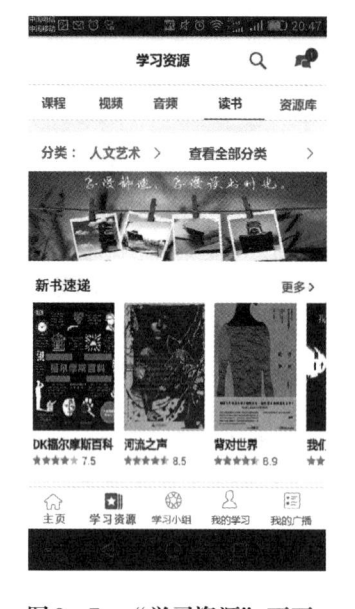

图9—7　"学习资源"页面　　图9—8　"学习资源"详情页面

3. "学习小组"页面

学习小组页面实现学习者的社会关联，使学习者能够找到学习共同体，关注并加入某类学习社群，参与其社群活动，为学习者提供一个交流、互动的空间。如图9—10所示。学习小组页面中的"精选小组"栏目可以为学习者推荐与其相关小组，推荐算法涉及以下因素：一是该学习小组本身的规模、活跃程度；二是系统定向推广需求；三是学习者的学习目标、学习历史与兴趣偏好；四是与学习者有关联的人所加入的小组。"最新更新"栏目列出的是有最新更新内容的小组。此外，系统还会推荐合适的话题给学习者，学习者也可以发表自己的话题，并对其他人的话题进行回应。

图9—9 "学习资源"的分享页面　　图9—10 "学习小组"页面

4."我的学习"页面

"我的学习"页面是整个系统的核心模块，整合了学习计划、学习任务、学习足迹三大功能，形成了从学习前到学习中再到学习后的完整的学习流程管理。一是"学习任务"页面，集合了学习者个人的任务清单，学习者可以从学习资源中寻找资源并添加进"我的任务清单"中，这些学习资源多为教师或教学机构提供的结构化资源。如图9—11所示。进入该项学习任务，则该任务的简介、学习路线、视频资源以及练习与测试。如图9—12、图9—13所示。二是"学习计划"页面，以日历表的形式为学习者制订学习计划提供可视化支持，学习者可复制、删除、分享、保存计划，并以其他形式查看计划。如图9—14所示。三是"学习足迹"页面，使学习者了解学习历史，便于总结、归纳和复习。如图9—15所示。

图 9—11　"我的学习"中"学习任务"页面

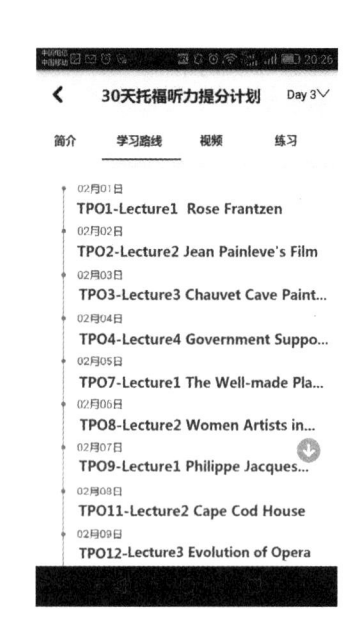

图 9—12　"我的学习"中"学习路线"页面

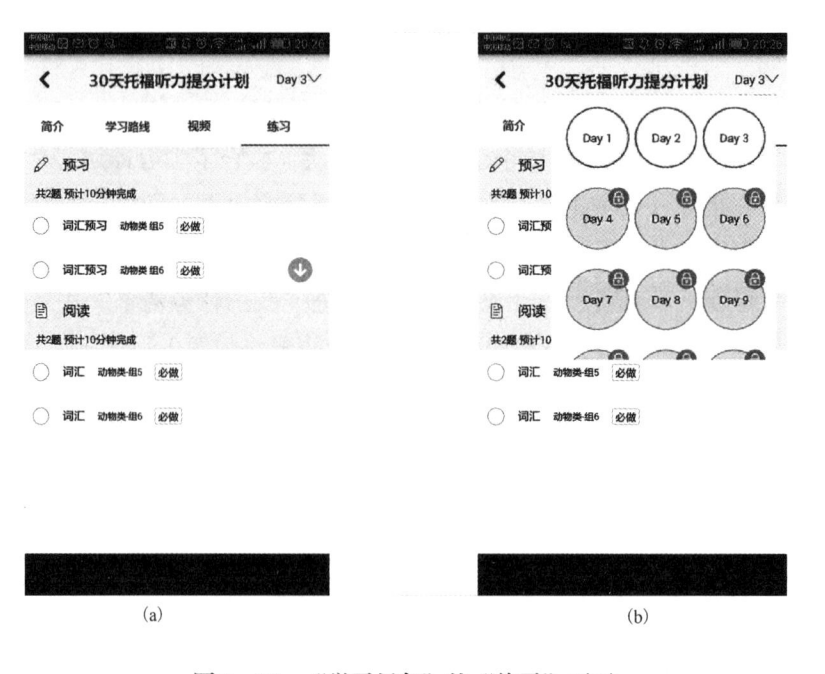

(a)　　　　　　　　　　　　　(b)

图 9—13　"学习任务"的"练习"页面

第九章 "微学习"系统的原型设计与构建 / 205

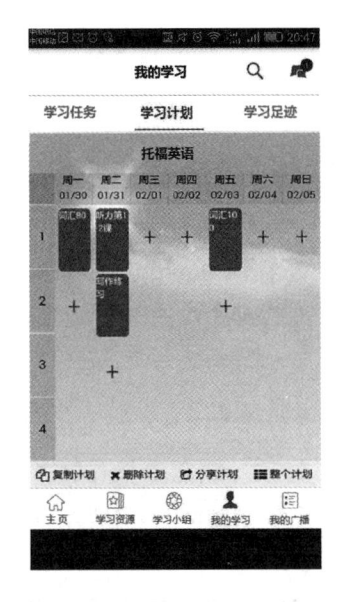

图9—14 "学习计划"页面

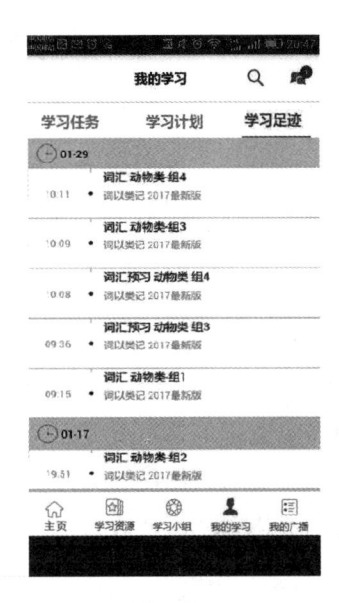

图9—15 "学习足迹"页面

5. "我的广播"页面

"我的广播"页面能够为学习者提供微型博客功能，帮助学习者拓展社交关系。如图9—16所示。一是提供学习者话语表达的支持，学习者可以发表言论或图片，其他人可以进行关注。二是学习者可以关注其他人，点对点地与其他人进行交流互动。"我的广播"是一种兼具媒体属性与社交属性的工具，但与"学习小组"功能相比，其媒体属性表现得更为明显，它赋予学习者一种话语表达的能力。"我的广播"与"学习小组"这两项功能，在为学习者提供学习交流支持同时，也为其搭建一个社会交往的平台，使其获得心理和情感的支

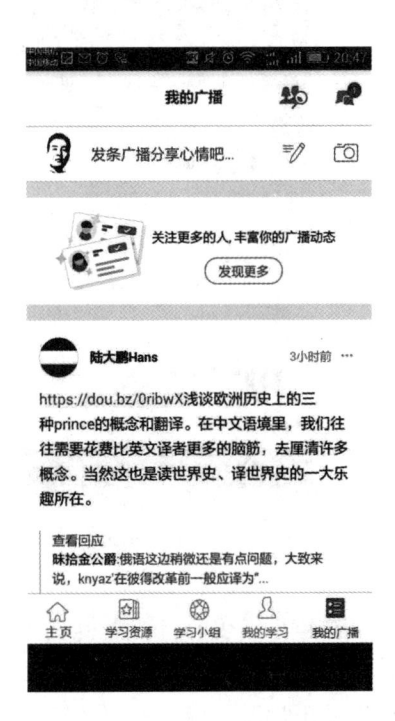

图9—16 "我的广播"页面

持；使"微学习"系统打通学习与生活的边界，真正能够融入学习者的日常社交、生活中，营造一种生活即学习、学习即生活的生态。

6．"个人主页"页面

"个人主页"页面为学习者提供一个具有个性化的信息聚合平台。如图9—17所示。其主要功能有以下几个方面。

一是聚合各类数据统计与编辑个人资料功能，提供学习者创建的任务与参加的任务、发布的学习资源、加入的学习小组、发布的广播、关注与被关注等相关任务的统计数据；提供编辑个人资料功能，支持学习者对昵称、头像、背景图等个人基本资料进行修改。

二是对学习者创建的资源进行更新、修改、删除等操作，并进行权限管理，权限有"向所有人公开、向朋友公开、仅自己可见"三种。

图9—17　"个人主页"页面　　　　图9—18　兴趣偏好设置

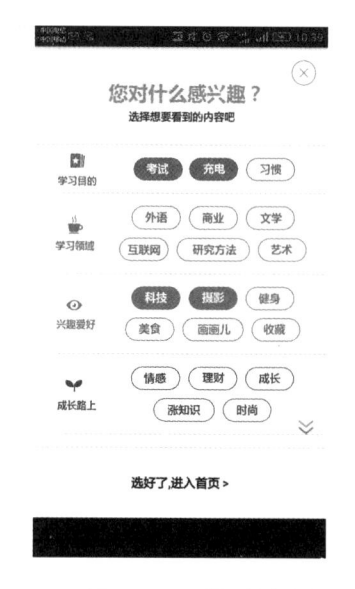

三是系统功能，其中最为重要的是兴趣偏好设置和推送设置，兴趣偏好设置在学习者首次登录系统时的首页出现。如图9—18所示。学习者可以基于学习目标、学习领域、兴趣爱好等方面选择相应的标签，系统推荐工具会以这些资料作为系统初始时的"冷启动"依据，来进行信息推荐；同时，在个人主页右上角下拉菜单中也可以找到该功能，对这些

兴趣标签进行重新选择。另外，推送设置用于选择哪些对项目进行推送提醒，可选择的项目有对于兴趣精选进行推送，对私信消息、日记或相册被回复后有推送。如图9—19所示。

四是学习者可以查看拥有的积分与所获得的勋章。如图9—20所示。勋章分为"超级学者""学习雷锋""进士及第""夜读郎"四类，这四类勋章又分别对应三个等级，不同类别与等级对应不同积分及权限。

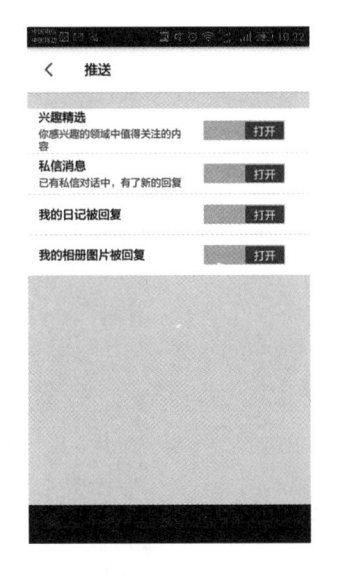

图9—19 推送设置页面　　　　图9—20 勋章页面

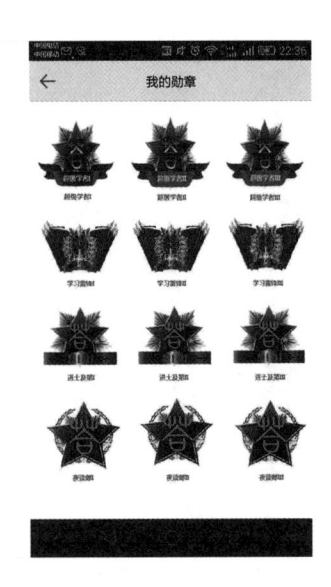

第四节　本章小结

本章对"微学习"系统实现问题进行了研究，设计了"微学习"系统的原型。首先，探讨了"微学习"系统的设计原则与设计流程；其次，在此基础上，介绍了"微学习"系统的三大逻辑功能模块，这三大功能模块包括学习活动模块、学习资源模块、学习支持模块。这三个模块与第4.2节"微学习"活动的层次结构相对应，学习活动模块对应于"微学习"活动层次结构中的学习目标层和学习方案层，学习资源模块和学习支持模块分别对应于学习资源层和学习支持层。最后，介绍了"微学习"系统的平台架构，并依据交互设计理念和移动设备自身特点，设计了"微学习"系统的交互界面。

第 十 章

总结与展望

第一节 总结

本书围绕媒介融合环境下为什么要推进"微学习"模式、如何构建"微学习"系统这一问题展开,剖析了"微学习"系统的构成要素、运行机理以及"微学习"系统的实现方案与原型开发。整个研究沿着文献梳理、理论研究、应用研究三大部分展开。

一是文献综述与理论基础梳理。这一部分是对相关研究综述及理论基础的前期归纳、总结与梳理。首先,从宏观尺度分析了"微学习"相关研究的主要视域,运用共词分析、聚类分析、多维尺度分析以及战略坐标分析构建了相关研究的知识图谱,基于可视化方法,将相关研究分为教育、计算技术及信息传播三大视域,可以看到"微学习"的相关研究吸引了诸多不同学科、不同领域学者的关注,是一个具有交叉性的研究领域。同时,对与"微学习"这一领域相关的研究理论进行了梳理,包括移动学习、微学习概念、微学习教育方式、微学习系统开发等方面。

二是理论研究,包括"微学习"理念、"微学习"系统的构成以及"微学习"系统的各要素剖析三大部分。

①研究了"微学习"理念的形成背景、现状与未来学习理论的发展趋势。阐述了媒介融合环境下信息组织与知识创新的变革,指出媒介融合、信息的共享与共建、知识创新的协同与共生是三大重要的变革趋势;剖析了未来学习方式几个特点:移动化与泛在化、连通化与交互性、多元化与去中心化、微型化与网格化;在此基础上,阐释了"微学习"这一新的学习理念的内涵与特征。

②从系统论的视角剖析了"微学习"活动体系的构成要素,包括作为学习主体的学习参与者、作为学习客体的学习资源以及作为支持要素的学习工具和学习环境;分析了"微学习"活动的总体结构,这一结构包括学习目标层、方案层、资源层与支持层四个层次;在此基础上,阐述了"微学习"活动的超网络结构及其实现模式。

③对"微学习"系统的各个要素进行了深入分析,这是整个研究的重点,在本书中包括三个章节的内容。首先,分析了作为"微学习"活动主体的学习参与者的行为,运用结构方程(SEM)方法分析了影响学习参与者行为的诸因素。其次,分析了作为客体的学习资源构建,基于知识元的扩展主题图算法构建了知识组织、知识与情境推理、知识服务的相关模型。最后,运用"生态学"理论分析了作为支持因素的学习环境构建,对"微学习"生态概念、构成、特征、问题与治理以及泛在学习环境的构建等进行了深入研究。

三是应用研究,对"微学习"系统的组织与实现机制,系统原型的设计思路以及各模块的功能、交互界面等进行了剖析,主要有两个方面的内容:

一方面,介绍了媒介融合环境下"微学习"的组织与实现机制。包括"微学习"环境的构建模式以及权限规则体系、调节反馈机制、关联机制和参与激励机制;

另一方面,介绍了"微学习"系统的原型设计与构建。介绍了"微学习"系统原型的三大逻辑功能模块:学习活动模块、学习资源模块、学习支持模块;并提出了系统原型开发的平台架构以及交互界面。

第二节　展望

本研究为媒介融合环境下的学习理论提供了新的视域,实际上,从目前学习理论的相关研究上看,这一研究方面应当成为未来学界和业界关注的重点,本研究为这一方面起到了抛砖引玉的作用。但囿于时间、精力,本研究也存在诸多的不足,比如"微学习"生态系统的构建上,需要提出一个有序、有效的"微学习"生态建构路径与可操作性的实现方案,这将是本研究继续深化的地方。

再如"微学习"资源的构建，提出了基于知识元的扩展主题图算法，但在应用实例方面未能进一步深入展开，这将是进一步深入探讨的地方。此外，近年来随着知识图谱（Knowledge Graph）、深度学习（Deep Learning）、自然语言处理（Natural Language Processing）等技术的快速发展，由这些技术催生的知识推理、知识导航、语义搜索、知识问答等应用，都为网络"微学习"的学习资源开发利用带来了新的的机遇与挑战。这些内容在本书中涉及得并不多，这是一个亟待完善的地方。

又如在"微学习"主体学习行为影响因素的实证分析上，模型的构建还需要进一步优化，比如所构建的结构方程模型并没有考虑到情绪这一变量，从很多研究成果看，情绪对学习行为有着重要的影响，尽管本研究在竞争模型中对此问题有所涉及，但在研究视角上还不够系统，测量指标设计的科学性上尚需要进一步检验；同时，为了简化这个结构方程模型，将TRA、TPB、TAM模型中的"意图"与"行为"这两个变量合并为一个变量。但实际上从学习意图到学习行为之间可能还会有一些约束因素，同时，学习意图更可能受到使用态度与主观规范等内在因素的影响，而学习行为更可能受到学习情境等外在因素的影响，这两者存在着一定的差异。

以上问题皆是下一步的研究方向。

参考文献

【英文文献】

Ahadi A, Lister R, Haapala H, etc. Exploring machine learningmethods to automatically identify students in need of assistance [M]// The Eleventh Annual International Conference on International Computing Education Research, New York: ACM, 2015: 121 –130.

Ajzen I. The Theory of Planned Behavior [J]. Organizational Behavior and Human Decision Processes, 1991, 50: 179 –211.

Alpaydin, Ethem. Introduction to machine learning [M]. Cambridge: MIT press, 2004.

Anna Comas – Quinna. Learning to teach online or learning to become an online teacher: an exploration of teachers' experiences in a blended learning course [J]. ReCALL, 2011 (3): 218 –232.

Aulck L, Velagapudi N, Blumenstock J, etc. Predicting student dropout in higher education [J]. arXiv, 2016: 16 –20.

Avneesh Saluja; Ying Zhang. Online discriminative learning for machine translation with binary-valued feedback [J]. Machine Translation, 2014 (2): 69 –90.

Ayoubi Sara; Limam Noura; Salahuddin Mohammad A; Shahriar Nashid; Boutaba Raouf; Estrada-Solano Felipe; Caicedo Oscar M. Machine Learning for Cognitive Network Management [J]. IEEE Communications Magazine, 2018 (1): 158 –165.

Baker R S, Goldstein A B, Heffernan N T. Detecting the moment of learning

[C]. Springer Berlin Heidelberg, 2010: 25 - 34.

Beat A. Schwendimann; Gabriel Kappeler; Laetitia Mauroux; Jean-Luc Gurtner. What makes an online learning journal powerful for VET? Distinguishing productive usage patterns and effective learning strategies [J]. Empirical Research in Vocational Education and Training, 2018 (1).

Bishop S. J. Neurocognitive mechanisms of anxiety: An integrative account [J]. Trends in Cognitive Sciences, 2007, 11 (7): 307 - 316.

Brown J. S., Collins A. & Duguid P. Situated cognition and the culture of learning [J]. Educational Researcher, 1989, 18 (1): 32 - 42.

Brown, J. S. Growing up digital: How the web changes work, education, and the ways people learn [J]. Change Magazine, 2000, 3/4: 11 - 20.

Callon M, Law J, Rip A. Mapping the Dynamics of Science and Technology: Sociology of Science in the Real World [M]. Macmillan, 1986.

Cetintas S, Si L, Xin Y P, etc. Automatic detection of off-task behaviors in intelligent tutoring systems with machine learning techniques [J]. IEEE Transactions on Learning Technologies, 2010 (3): 228 - 236.

Chin W. W. A. Gopal, W. D. Salisbury, Advancing the Theory of Adaptive Structuration: the Development of A Scale to Measure Faithfulness of appropriation [J]. Inf. Syst. Res. 1997, 8 (4): 342 - 367.

Chin-Hsi Lin, Yining Zhang, Binbin Zheng. The roles of learning strategies and motivation in online language learning: A structural equation modeling analysis [J]. Computers and Education, 2017 (113): 75 - 85.

Choi, Beomkyu. How People Learn in an Asynchronous Online Learning Environment: TheRelationships between Graduate Students' Learning Strategies and Learning Satisfaction [J]. Canadian Journal of Learning and Technology, 2016 (1).

Cortese J. Internet Learning and the Building of Knowledge [M]. Young Stown: Cambria Press, 2007.

Davis F D. Perceived usefulness, perceived ease of use, and end user acceptance of information technology [J]. MIS Quarterly 1989, 13: 319 - 340.

Doleck T, Basnet R B, Poitras E G, etc. Mining learner-system interaction data: Implications for modeling learner behaviors and improving overlay models [J]. Journal of Computers in Education, 2015, 2 (4): 421-447.

Firmin R, Schiorring E, Whitmer J, etc. Case study: Using MOOCs for conventional college coursework [J]. Distance Education, 2014 (2): 178-201.

Fishbein M. and Ajzen I. Belife, Attitude, Intention and Behavior: An introduction to theory and research [M]. Addison-Wesley, Reading, M. A. 1975.

Fornell C. , Larcker D. Structural Equation Models with Unobservable Variables and Measurement Error: Algebra and Statistics [J]. Journal of Marketing Research. 1981, 18 (1): 39-50.

Gefen D, Straub D. W. Gender differences in the perception and use of E-mail: an extension to the technology acceptance model [J]. MIS Quarterly, 1997, 21 (4): 389-400.

Grupe D W, & Nitschke, J. B. Uncertainty and anticipation in anxiety: An integrated neurobiological and psychological perspective [J]. Nature Reviews Neuroscience, 2013, 14 (7): 488-501.

Hwang, G. J., Tsai, C. C., & Yang, S. J. H. Criteria, Strategies and Research Issues of Context-Aware Ubiquitous Learning [J]. Educational Technology & Society, 2008 (2).

Ismail, J. The design of an e-learning system: Beyond the hype [J]. Internet and Higher Education. 2002, 4 (3): 329-336.

Jaclyn Broadbent. Comparing online and blended learner's self-regulated learning strategies and academic performance [J]. The Internet and Higher Education. 2017 (33): 24-32.

Jang Ho Lee; Doo-Soon Park; Young-Sik Jeong; Jong Hyuk Park. Live Mobile Distance Learning System for Smart Devices [J]. Symmetry. 2015 (2): 294-304.

Kaiser H. F. An Index of Factorial Simplicity [J]. Psychometrika, 1974, 39 (1): 1-36.

Kim J M, Shin H, Kim H J. Schema and Constraints-based Matching and Merging of Topic Maps [J]. Information Processing and Management, 2007, 43 (4): 930 - 945.

Kinnebrew J S, Biswas G. Identifying learning behaviors by contextualizingdifferential sequence mining with action features and performance evolution [C]. The 5th International Conference on Educational Data Mining, Massachusetts: International Educational Data Mining Society, 2012: 57 - 64.

Klasnja-MilicevicA, Vesin B, Ivanovic M, etc. E-learning personalization based on hybrid recommendation strategy and learning style identification [J]. Computers & Education, 2011 (3): 885 - 899.

Kotsiantis S B. Use of machine learning techniques for educational proposes: A decision support system for forecasting students' grades [J]. Artificial Intelligence Review, 2012 (4): 331 - 344.

Koufaris M. Applying Technology Theory Acceptance consumer behavior [J]. Information Systems Research, 2002, 13 (2): 205 - 223.

Kurzman, Paul A. The Evolution of Distance Learning and Online Education [J]. Journal of Teaching in Social Work, 2013 (4): 331 - 338.

Langley P. Elements of machine learning [M]. San Francisco: Morgan Kaufmann, 1996.

Laurie F. Ruberg. Transferring Smart E-Learning Strategies into Online Graduate Courses [J]. Smart Education and Smart e-Learning, 2015 (41): 243 - 254.

Lave J. & Wenger E. Situated learning: Legitimate peripheral participation [M]. Cambridge, United Kingdom : Cambridge University Press, 1991.

Law J, Bauin S, Courtial J. P, Whittaker J. Policy and the Mapping of Scientific Changer : A co-word analysis of Research into Environmental Acidification [J]. Scientometrics, 1988, 14 (3 - 4): 251 - 264.

Liang H., Saraf N., Hu Q., Xue Y. Assimilation of enterprise systems: the effect of institutional pressures and the mediating role of top management [J]. MISQ. 2007, 31 (1): 59 - 87.

Liao S H. Expert system methodologies and applications-a decade review from 1995 to 2004 [J]. Expert Systems with Applications, 2005, 28 (1): 93 -

103.

Looi, Chee-Kit (2001). Enhancing learning ecology on the Internet [J]. Journal of Computer Assisted Learning, 2001, 17: 13 – 20.

Lu H M, Li G Z. Visual knowledge recommendation service based on intelligent topic map [J]. Information Technology Journal, 2010, 9 (6): 1158 – 1164.

Maicher L, Witschel H F. Merging of Distributed Topic Maps Based on the Subject Identity Measure (SIM) Approach [M]. Leipzig, Germany: LIT, 2004: 1 – 11.

Marguerite Koole; Janice L McQuilkin; Mohamed Ally. Mobile Learning in Distance Education: Utility or Futility? [J]. Journal of Distance Education, 2010 (2): 59 – 82.

Meruane, V. Online Sequential Extreme Learning Machine for Vibration-Based Damage Assessment Using Transmissibility Data [J]. Journal of Computing in Civil Engineering, 2016 (3).

Mie Buhl; Lars Birch Andreasen. Learning potentials and educational challenges of massive open online courses (MOOCs) in lifelong learning [J]. International Review of Education, 2018 (2): 151 – 160.

Mitchell T M. Does machine learning really work? [J]. AI Magazine, 1997, 18 (3): 11 – 20.

Morteza Mellati; Marzieh Khademi. The Impacts of Distance Interactivity on Learners' Achievements in Online Mobile Language Learning: Social Software and Participatory Learning [J]. International Journal of Web-Based Learning and Teaching Technologies, 2015 (3): 19 – 35.

Nonaka I., Takeuchi H. The Knowledge-Creating Company: How Japanese Companies Create the Dynamics of Innovation [M]. New York: Oxford University Press, 1995: 56 – 61.

Ortiz-Martínez, Daniel. Online Learning for Statistical Machine Translation [J]. Computational Linguistics, 2016 (1): 121 – 161.

Ozcelik, Erol; Acarturk, Cengiz. Reducing the Spatial Distance between Printed and Online Information Sources by Means of Mobile Technology Enhances Learning: Using 2D Barcodes [J]. Computers and Education, 2011 (3):

2077 - 2085.

Papamitsiou Z K, Economides A A. Learning analytics and educational data mining in practice: A systematic literature review of empirical evidence [J]. Educational Technology & Society, 2014, 17 (4): 49 - 64.

Park J, Cheyer A. Just for Me: Topic Maps and Ontologies [C]// Lecture Notes in Computer Science (LNCS). Springer Berlin Heidelberg, 2006, 3873: 145 - 159.

Rafael Duquea; Domingo Gómez-Péreza; Alicia Nieto-Reyesa; Crescencio Bravob. Analyzing collaboration and interaction in learning environments to form learner groups [J]. Computers in Human Behavior, 2015 (47): 42 - 49.

René F. Kizilceca; Mar Pérez-Sanagustínb; Jorge J. Maldonadobc. Self-regulated learning strategies predict learner behavior and goal attainment in Massive Open Online Courses [J]. Computers and Education, 2017 (104): 18 - 33.

Rogers E M. Diffusion of Innovations (4th) [M]. New York: Free Press, 1995: 107 - 156.

Romero C, Ventura S. Data mining in education [J]. Wiley Interdisciplinary Reviews-Data Mining and Knowledge Discovery, 2013, 3 (1): 12 - 27.

Siemens G. Connectivism: A learning for the digital age [J]. Instructional technology& distance learning, 2005 (1): 3 - 10.

Stanton, Wilbur W.; Stanton, Angela D'Auria. Traditional and Online Learning in Executive Education: How Both Will Survive and Thrive [J]. Decision Sciences Journal of Innovative Education, 2017 (1): 8 - 24.

Straub D., Boudreau M., Gefen D. Validation Guidelines for IS Positivist Research [J]. Communication of AIS, 2004 (13): 380 - 427.

Subramaniam Chandran. Sustainable Distance Education Through Mobile Learning: A Case Study in Multicultural Context [J]. OIDA International Journal of Sustainable Development, 2010 (3): 35 - 40.

Sung, Eunmo; Mayer, Richard E. Online multimedia learning with mobile devices and desktop computers: An experimental test of Clark's methods-not-media hypothesis [J]. Computers in Human Behavior, 2013 (3): 639 – 647.

Susi Peacock; John Cowan. Retreats for intramental thinking in collaborative online learning [J]. Reflective Practice, 2017 (1): 1 – 13.

Thammasiri D, Delen D, Meesad P, etc. A critical assessmentof imbalanced class distribution problem: The case of predicting freshmen student attrition [J]. Expert Systems with Applications, 2014 (2): 321 – 330.

Theo Hug. Micro learning and narration [R]. Fourth Media in Transition conference: The Work of Stories, 2005.

Thoms, Brian; Eryilmaz, Evren. Introducing a Twitter Discussion Board to Support Learning in Online and Blended Learning Environments [J]. Education and Information Technologies, 2015 (2): 265 – 283.

Trung Le; Tu Dinh Nguyen; Vu Nguyen; Dinh Phung. Approximation Vector Machines for Large-scale Online Learning [J]. Journal of Machine Learning Research, 2017 (18): 1 – 55.

VÁZQUEZ-CANO, Esteban. Mobile Distance Learning with Smartphones and Apps in Higher Education [J]. Educational Sciences, 2014 (4): 1505 – 1520.

Vuopala, Essi1; Hyvönen, Pirkko1; Järvelä, Sanna1. Interaction forms in successful collaborative learning in virtual learning environments [J]. Active Learning in Higher Education, 2016 (1): 25 – 38.

Wang Y H, Liao H C. Data mining for adaptive learning in a ESL-based e-learning system [J]. Expert Systems with App lications, 2011 (6): 6480 – 6485.

Watson, Firm; Castano Bishop, Marianne; Ferdinand-James, Debra. Instructional Strategies to Help Online Students Learn: Feedback from Online Students [J]. TechTrends, 2017 (5): 420 – 427.

Weerdt D D, Pinchuk R, Aked R, et al. Topimaker: an implementation of a novel topic maps visualization [J]. Lecture Notes in Artificial Intelligence, 2007, 4438 (1): 32 – 43.

Wen M, Rosé C P. Identifying latent study habits by mining learner behavior patterns in massive open online courses [M]// The 23rd ACM International Conference on Conference on Information and Knowledge Management, New

York: ACM, 2014: 1983 – 1986.

Wilson, B. G. Metaphors for instruction: Why we talk about learning environments [J]. Educational Technology, 1995, 35 (5): 25 – 30.

Worste, D. Nature's economy: A history of ecological ideas (Second Edition) [M]. Cambridge University Press, 1994: 293 – 304.

Yibin Ye; Stefano Squartini; Francesco Piazza. Online sequential extreme learning machine in nonstationary environments [J]. Neurocomputing, 2013 (116): 94 – 101.

Yudelson M, Hosseini R, Vihavainen A, etc. Investigating automated student modeling in a Java MOOC [C]. Proceedings of the 7th International Conference on Educational Data Mining, Massachusetts: International Educational Data Mining Society, 2014: 261 – 264.

Zlatović, Miran; Balaban, Igor; Kermek, Dragutin. Using online assessments to stimulate learning strategies and achievement of learning goals [J]. Computers and Education, 2015 (91): 32 – 45.

【中文文献】

毕家娟、陈琳、宋盐兵:《泛在学习环境下个人学习空间的构建》,《广州广播电视大学学报》2014 年第 5 期,第 9—13 页。

蔡雯、王学文:《角度·视野·轨迹——试析有关"媒介融合"的研究》,《国际新闻界》2009 年第 11 期,第 87—90 页。

陈琦、张建伟:《信息时代的整合性学习模型——信息技术整合于教学的生态观阐释》,《大学教育评论》2003 年第 3 期,第 90—96 页。

陈荣:《网络教学互动对教与学的影响》,《陕西广播电视大学学报》2009 年第 4 期,第 24—27 页。

陈维维、李艺:《移动微型学习的内涵和结构》,《中国电化教育》2008 年第 9 期,第 16—19 页。

陈向东、余锦凤:《网络学习环境中交互问题的跨学科研究》,《中国电化教育》2006 年第 4 期,第 24—27 页。

杜智涛、付宏、宴齐宏:《国内"微学习"研究视域——基于共词分析方法的讨论》,《教学与管理》2014 年第 30 期,第 31—34 页。

杜智涛：《网络"微学习"参与者行为的影响因素——基于结构方程模型的实证分析》，《情报杂志》2017年第1期，第173—180页。

樊福印：《"主－导"互动模式下的数学学习——成人微学习支持服务研究》，《继续教育研究》2014年第1期，第40—42页。

范晓姝、范晓琪：《网络教育中师生情感交互的缺失与构建》，《现代教育管理》2013年第1期，第76—79页。

冯锐、任友群：《学习研究的转向与学习科学的形成》，《电化教育研究》2009年第2期，第23—26页。

傅桦、吴雁华、曲利娟：《生态学原理与应用》，中国环境科学出版社2008年版。

甘永成、陶舟：《e-Learning、知识管理与虚拟学习社区》，《电化教育研究》2006年第1期，第18—22页。

高荣国：《网络教育的形态真谛——解析网络的学习、知识和教学形态》，《中国远程教育》2012年第8期，第25—29页。

龚花萍、龚怡：《数字化学习与学习型社会构建策略》，《图书馆学研究》2011年第9期，第41—44、65页。

顾小清、顾凤佳：《微型学习策略：设计移动学习》，《中国电化教育》2008年第3期，第17—21页。

韩晓玲：《网络学习生态系统构建》，《山东师范大学学报》（自然科学版）2008年第1期，第148—152页。

何建新：《主题图及其应用》，《中国索引》2005年第1期，第26—29页。

何彤宇：《大数据时代网络学习环境的数据融合》，《现代教育技术》2013年第12期，第11—15页。

贺斌、薛耀锋：《网络学习空间的建构——教育信息化思维与实践的变革》，《开放教育研究》2013年第4期，第84—95页。

黄越岭、朱德全：《网络学习情境性评价模型：建构与实施》，《远程教育杂志》2015年第3期，第26—32页。

江丽萍、康平立：《知识型组织中基于本体的知识推送系统研究》，《情报杂志》2007年第8期，第79—81页。

姜强、赵蔚、李松、王朋娇：《个性化自适应学习研究——大数据时代数字化学习的新常态》，《中国电化教育》2016 年第 2 期，第 25—32 页。

焦振：《误差反向传播神经网络（BP 网络）算法的启发式改进》，《安阳师范学院学报》2008 年第 5 期，第 47—49 页。

柯清超、姜淑杰、尤欢欢：《企业微型学习设计与评价研究》，《现代远程教育研究》2010 年第 5 期，第 65—70 页。

李盛聪、杨艳：《网络学习环境的构成要素及特征分析》，《电化教育研究》2006 年第 7 期，第 52—55、62 页。

李振亭、赵江招：《微型学习：成人教育的新途径》，《成人教育》2010 年第 7 期，第 35—37 页。

林丽、薛方、任仲晟：《一种改进的基于〈知网〉的词语相似度计算方法》，《计算机应用》2009 年第 1 期，第 217—218 页。

刘刚、胡水星、高辉：《移动学习的"微"变及其应对策略》，《现代教育技术》2014 年第 2 期，第 34—41 页。

刘建中：《网络环境下教与学互动中的问题分析》，《陕西广播电视大学学报》2010 年第 3 期，第 26—28 页。

刘群、李素建：《基于〈知网〉的词汇语义相似度计算》，《计算语言学及中文信息处理》2007 年第 7 期，第 59—76 页。

刘儒德、高丙成、和美君、宋灵青：《论学习信念的形成》，《北京师范大学学报》（社会科学版）2009 年第 5 期，第 20—24 页。

刘永红：《神经网络理论的发展与前沿问题》，《信息与控制》1999 年第 1 期，第 31—46 页。

刘志远、吕剑虹、陈来九：《基于神经网络在线学习的过热气温自适应控制系统》，《中国电机工程报》2004 年第 4 期，第 183—187 页。

刘中宇、李延霞、杨艳萍：《基于交互决定论的网络教育资源互动平台设计》，《现代教育技术》2010 年第 9 期，第 50—54 页。

卢强：《信息获取方式变迁中的学习模式述评》，《中国远程教育》2013 年第 9 期，第 30—35、95 页。

鲁慧民、冯博琴、李旭：《面向多源知识融合的扩展主题图相似性算法》，《西安交通大学学报》2010 年第 2 期，第 20—24 页。

鲁慧民、冯博琴、赵英良等：《一种基于扩展主题地图的分布式知识融合》，《吉林大学学报》（理学版）2009 年第 3 期，第 543—547 页。

马德芳：《在交互中共享学习生态的自主模式》，《湖北广播电视大学学报》2006年第7期，第19—21页。

莫闲：《学习动机整合理论的建构与研究展望》，《心理科学》2008年第6期，第1517—1520页。

聂竹明：《从共享到共生的 e-learning 研究》，南京师范大学博士学位论文，2012年。

亓雪冬、李霞、葛元康：《微学习模式探析》，《计算机教育》2016年第4期，第160—162页。

裘江南等：《基于 XTM 的政务门户知识关联导航系统模型研究》，《情报学报》2007年第2期，第264页。

孙传远、刘玉梅：《网络学习生态系统构建研究》，《开放教育研究》2011年第2期，第54—59页。

孙芳萍、陈传锋：《学业情绪与学业成绩的关系及其影响因素研究》，《心理科学》2010年第1期，第204—206页。

唐雅慧：《联通主义指导下的移动微型学习》，《软件导刊》（教育技术）2012年第12期，第58—60页。

汪学均、熊才平、刘清杰等：《媒介变迁引发学习方式变革研究》，《中国电化教育》2015年第3期，第49—55页。

汪羽：《大学生网络学习行为量表的编制》，辽宁师范大学硕士学位论文，2014年。

王德青：《统计分类方法的比较》，《中国统计》2008年第9期，第45—46页。

王陆：《虚拟学习社区社会网络位置分析与助学者群体的发现》，《中国电化教育》2010年第3期，第23—27页。

王双双：《信息传播视角下移动学习的影响因素研究》，河南大学硕士学位论文，2012年。

王硕、徐恺英、陈宇碟：《泛在网络学习环境下知识共享的理性思考》，《情报理论与实践》2014年第1期，第37—39页。

王迎、彭华茂、黄荣怀：《远程学习者学习动机测量工具的编制与应用》2006年第5期，第74—78页。

魏瑞斌：《基于关键词的情报学研究主题分析》，《情报科学》2006年第9

期。转引自储节旺、郭春侠：《共词分析法的基本原理及 EXCEL 实现》，《情报科学》2011 年第 6 期。

温有奎、焦玉英：《Wiki 知识元语义图研究》，《情报学报》2009 年第 6 期，第 870—876 页。

温有奎、焦玉英：《基于知识元的知识发现》，西安电子科技大学出版社 2011 年版，第 133—134 页。

温有奎、张卓奎、焦玉英：《知识信息谱分析》，《情报学报》2008 年第 5 期，第 677—682 页。

温有奎等：《知识元挖掘》，西安电子科技大学出版社 2005 年版，第 143—147 页。

吴江宁、田海燕：《基于主题地图的文献组织方法研究》，《情报学报》2007 年第 3 期，第 323—331 页。

吴军其、彭玉秋、胡文鹏、赵丹：《手持终端环境下微学习资源的情境化设计方法探索》，《电化教育研究》2012 年第 8 期，第 90—93 页。

吴军其、彭玉秋、吕爽、汪翠翠：《基于手机终端移动微学习的可行性分析》，《中国教育信息化》2012 年第 19 期，第 13—15 页。

吴姗姗：《微博客与微型学习的契合》，《宁波教育学院学报》2011 年第 4 期，第 102—104 页。

吴笑凡、周良、张磊等：《分布式主题地图合并中的 TOM 算法》，《武汉大学学报》（工学版）2006 年第 5 期，第 131—136 页。

肖广德、高丹阳：《应用 SNS 网站功能构建网络学习环境初探》，《中国电化教育》2010 年第 4 期，第 121—124 页。

肖锦龙：《基于移动互联微学习系统》，《科技视界》2015 年第 8 期，第 177、282 页。

肖君、朱晓晓、陈村等：《面向终身教育的 U-Learning 技术环境的构建及应用》，《开放教育研究》2009 年第 3 期，第 89—93 页。

萧穆、闫振中：《微型学习理论指导下移动学习材料设计的研究》，《现代远距离教育》2010 年第 2 期，第 14—18 页。

谢佳、李玉斌：《个人学习环境：挑战网络学习环境的主导设计》，《现代教育技术》2009 年第 3 期，第 34—38 页。

谢伟：《移动微学习：传统课堂的有效补充——以微信公众平台为例》，

《中国教育技术装备》2016年第2期，第25—27页。

宿晓华：《网络学习生态视角研究》，山东师范大学硕士学位论文，2006年。

徐璐、曹三省、毕雯婧：《Web2.0技术应用及Web3.0发展趋势》，《中国传媒科技》2008年第5期，第62—64页。

徐毅、方菲：《微型学习：数字化学习环境下非正式学习的新形式》，《中国教育技术装备》2014年第14期，第47—48页。

徐正巧、赵德伟：《网络环境下的移动微学习系统的探索与研究》，《电脑知识与技术》2013年第29期，第6645—6646页。

薛咏、冯博琴、刘卫涛：《扩展主题图本体融合策略与算法》，《西安交通大学学报》2011年第10期，第13—18页。

严贝妮：《主题图相关问题探讨》，《情报科学》2005年第4期，第594—596页。

杨进中、张剑平：《基于社交网络的个性化学习环境构建研究》，《开放教育研究》2015年第2期，第89—97页。

余利娜、盛小平：《利用智能主题图开展网络知识组织研究》，《图书情报工作》2011年第20期，第115—120页。

余胜泉、毛芳：《非正式学习——E-Learning研究与实践的新领域》，《电化教育研究》2005年第10期，第18—23页。

袁晓峰：《知网义原相似度计算的研究》，《辽宁大学学报》（自然科学版）2011年第4期，第358—361页。

张栋科：《移动微型学习应用于英语词汇学习的可行性分析》，《软件导刊》2011年第7期，第12—13页。

张晗、王晓瑜、崔雷：《共词分析法与文献被引次数结合研究专题领域的发展态势》，《情报理论与实践》2007年第3期，第378—380页。

张豪峰、李春燕：《网络学习生态系统的平衡机制研究》，《河南师范大学学报》2009年第3期，第244—247页。

张豪锋、朱喜梅：《移动微型学习在远程教育中的应用》，《继续教育研究》2011年第4期，第75—76页。

张浩、杨凌霞、陈盼：《微内容环境中的学习者体验设计初探》，《远程教育杂志》2009年第6期，第67—68页。

张浩：《微型学习：理念、环境与资源》，《现代教育技术》2009年第4期，第50—52页。

张浩：《基于境脉感知的泛在学习环境模型构建》，《中国电化教育》2010年第2期，第16—20页。

张利娜、孙艳芬：《移动网络环境下大学生学习方式研究》，《电子商务》2016年第1期，第68—69页。

张庆锋：《网络生态论》，《情报资料工作》2000年第4期，第2—4页。

张万仪、张莉：《基于网络的研究性学习模式的构建与实施策略》，《重庆交通大学学报》（社会科学版）2010年第2期，第83—86页。

张振虹、杨庆英等：《微学习研究：现状与未来》，《中国电化教育》2013年第11期，第12—20页。

张知彬、王祖望、李典谟：《生态复杂性研究——综述与展望》，《生态学报》1998年第4期，第432—441页。

张子石、金义富、吴涛：《网络学习空间平台的规划与设计——以未来教育空间站为例》，《中国电化教育》2015年第4期，第47—53页。

钟伟金、李佳：《共词分析法研究（二）——类团分析》，《情报杂志》2008年第6期，第141—143页。

钟伟金、李佳：《共词分析法研究（一）——共词分析的过程与方式》，《情报杂志》2008年第5期，第70—72页。

周成名、李继东：《共生时代的哲学和伦理基础》，《湘潭大学社会科学学报》2000年第5期，第45—48页。

周岩：《基于TRA和TAM的大学生网络学习行为模型构建》，《中国电化教育》2009年第11期，第58—62页。

朱良兵、纪希禹：《基于Topic Maps的叙词表再造工程》，《现代情报技术》2006年第9期，第81—84页。

朱良兵：《开源主题图引擎TM4J应用研究》，《现代图书情报技术》2006年第10期，第66—70页。

祝智庭、张浩、顾小清：《微型学习——非正式学习的实用模式》，《中国电化教育》2008年第2期，第10—13页。

附录

"微学习"参与者行为的影响因素调查问卷

您好,感谢您参加本次调查。本次调查的目的是了解学习者在参与"微学习"活动过程中的影响因素。研究所得资料仅供学术研究之用,绝不会将您的信息对外公布,请您放心填写。再次衷心感谢您对本次研究的支持!

第一部分

1.1 您现在或曾经是否使用过以下平台进行学习(多选,在下列选项序号上打"√"):

(1) 百度传课　　(2) 多贝网　　　　(3) 好知网

(4) 几分钟网　　(5) 第九课堂　　　(6) 技能学习网等

(7) 网易云课堂　(8) 51CTO　　　　(9) 跟谁学

(10) 萝卜网　　 (11) 好学网　　　 (12) 勤学网

(13) 优才网　　 (14) 课程图谱　　 (15) 网易公开课

(16) MOOC学院　(17) 拓词　　　　 (18) 爱卡微口语

(19) 百词斩　　 (20) 逻辑思维的得到APP　(21) 一起学堂

(22) 教摄影等　 (23) 知乎　　　　 (24) 豆瓣

(25) 果壳

1.2 如果以上都没有,烦请您填下正在使用或使用过的学习平台_____

第二部分

2.1 我长期坚持通过网络微学习平台进行学习（单选，在下列选项序号上打"√"）_____

①完全没有　　　　②非常少　　　　③不确定

④有时候会　　　　⑤经常

2.2 我会把目前的学习经验和使用体验分享给他人_____

①完全不会　　　　②非常少　　　　③不确定

④有时会　　　　　⑤经常

2.3 我经常听取微学习平台中其他人给我的建议_____

①完全不会　　　　②极少　　　　　③不确定

④有时候会　　　　⑤经常

2.4 我经常会在学习系统平台中与他人交流互动_____

①完全不会　　　　②极少　　　　　③不确定

④有时候会　　　　⑤经常

2.5 微学习平台中的学习资源更新速度很快_____

①极少更新，内容陈旧　②有时会更新　　③不确定

④更新较快　　　　⑤实时更新

2.6 微学习平台能够使我在任何时间和地点学习_____

①完全不同意　　　②较不同意　　　③不确定

④较同意　　　　　⑤非常同意

2.7 我很喜欢使用微学习平台进行学习_____

①完全不同意　　　②较不同意　　　③不确定

④较同意　　　　　⑤非常同意

2.8 微学习平台提供的内容非常权威_____

①完全不同意　　　②较不同意　　　③不确定

④较同意　　　　　⑤非常同意

2.9 我目前的学习已经离不开微学习平台了_____

①完全不同意　　　②较不同意　　　③不确定

④较同意　　　　　⑤非常同意

2.10　学习能够让我获得其他人的认同_____
①完全不同意　　　　②较不同意　　　　③不确定
④较同意　　　　　　⑤非常同意

2.11　学习对我来说是非常重要的事_____
①完全不同意　　　　②较不同意　　　　③不确定
④较同意　　　　　　⑤非常同意

2.12　我必须要抓紧时间学习，不然就晚了_____
①完全不同意　　　　②较不同意　　　　③不确定
④较同意　　　　　　⑤非常同意

2.13　目前的微学习平台非常容易掌握_____
①完全不同意　　　　②较不同意　　　　③不确定
④较同意　　　　　　⑤非常同意

2.14　目前的微学习平台操作起来非常简单_____
①完全不同意　　　　②较不同意　　　　③不确定
④较同意　　　　　　⑤非常同意

2.15　目前的微学习平台功能非常具有人性化_____
①完全不同意　　　　②较不同意　　　　③不确定
④较同意　　　　　　⑤非常同意

2.16　网络微学习平台能够极大提高我的学习效率_____
①完全不同意　　　　②较不同意　　　　③不确定
④较同意　　　　　　⑤非常同意

2.17　我觉得通过网络微学习平台能够学到很多知识_____
①完全不同意　　　　②较不同意　　　　③不确定
④较同意　　　　　　⑤非常同意

2.18　通过网络微学习平台进行学习对我的成长帮助很大_____
①完全不同意　　　　②较不同意　　　　③不确定
④较同意　　　　　　⑤非常同意

2.19　一直以来我身边的学习氛围都很浓厚_____
①完全不同意　　　　②较不同意　　　　③不确定
④较同意　　　　　　⑤非常同意

2.20　我觉得自己有较强的学习能力_____

①完全不同意　　　　　②较不同意　　　　　③不确定
④较同意　　　　　　　⑤非常同意

2.21　目前我所遇到的多数问题都是由于自己知识水平和学习努力不够所致_____

①完全不同意　　　　　②较不同意　　　　　③不确定
④较同意　　　　　　　⑤非常同意

2.22　我的家庭很希望我成为爱学习、有知识的人_____

①完全不同意　　　　　②较不同意　　　　　③不确定
④较同意　　　　　　　⑤非常同意

2.23　目前的学业/或工作迫切要求我学习充电_____

①完全不同意　　　　　②较不同意　　　　　③不确定
④较同意　　　　　　　⑤非常同意

2.24　学习能够使我有很大的成就感_____

①完全不同意　　　　　②较不同意　　　　　③不确定
④较同意　　　　　　　⑤非常同意

2.25　在利用网络微学习平台进行学习的过程中，我经常会有注意力不集中、记忆力下降等认知问题_____

①完全不同意　　　　　②较不同意　　　　　③不确定
④较同意　　　　　　　⑤非常同意

2.26　利用网络微学习的工作方式进行学习，我经常会有不确定感、不可控感和不安全感_____

①完全不同意　　　　　②较不同意　　　　　③不确定
④较同意　　　　　　　⑤非常同意

2.27　利用网络微学习平台进行学习，我会有常逃避现实和选择拖延的倾向_____

①完全不同意　　　　　②较不同意　　　　　③不确定
④较同意　　　　　　　⑤非常同意

第三部分

3.1　您的性别是_____　①男　　②女

3.2　您的年龄是_____

3.3　您的婚姻情况_____①已婚　　②单身

3.4　您的文化程度是_____

①初中及以下　　②高中/中专/技校　　③专科　　④本科

⑤硕士　　　　　⑥博士　　　　　　　⑦博士后

3.5　您的税后月均收入大约是_____

①3000元及以下　②3001—4000元　③4001—6000元

④6001—9000元　⑤9001元至1万元　⑥1万—1.5万元

⑦1.5万—2万元　⑧2万元以上

3.6　您所在的地域是_____

①农村　　　　②乡镇　　　　③县级市/县城

④地级市城区　⑤省会城市　　⑥直辖市

后　　记

20年前，由美国教育学博士珍妮特·沃斯（Jeannette Vos）和新西兰媒体人戈登·德莱顿（Gorden Dryden）合著的《学习的革命》一书，成为世界上最畅销的非小说类书籍，记得那时，这本书几乎成了人人的案头之备。本书的选题深受这本书的启发。时隔20年后的今天，珍妮特·沃斯又推出了一本与《学习的革命》一脉相承的书《自主学习的革命：学习的革命工具篇》，这本书对自主学习的方法提供了一系列可行的方法与工具，对作者又给予了新的启发，只可惜本书付梓在即，囿于时间限制，这些新的启发未能在本书得到直接的体现。

实际上，无论是珍妮特·沃斯的两本著作，还是本书，都毫无争议地面对着同一个问题：新的媒介环境下如何更好地提升自我学习的能力，如何改善学习模式、提升学习效率。不同的是，珍妮特·沃斯着眼于从学习者这个视角来阐释；而本书则着眼于构建一个自主学习的系统，从学习者、学习资源、学习环境等多个维度来阐释。之所以我们都聚焦于同一个问题，是因为，这个时代知识的创新与迭代进化的速度比以往任何一个时代都快得多，传统的教育模式和学习方式已经不能适应快速演进的知识更新节奏，人们只有时时刻刻保持着知识更新的状态，才能让自己立身于这个时代。因此，自我学习能力的提升具有重要的意义。

毋庸置疑，自主化学习、泛在化学习已经是这个时代最重要的学习方式，这种学习方式的兴起，来源于新技术的崛起，移动互联网技术提供了无时不在、有处不在的在线场景，使人们随时随地可以在虚拟空间与现实场景之间切换，时间与空间距离都被极大地压缩；智能手机以及新媒体的各种应用高度介入人们的生活，在线课堂、游戏化学习、学习软件、学习社区与社群，创造了丰富的学习应用与学习场景；在线支付技术的广泛普及为人们的知识付费行为提供了便捷的条件。这些都给人们提供了自主化学习、泛在化学习的环境。

当然，自主化学习、泛在化学习的兴起，还来源于当前知识经济时代知识的快速迭代与转型期社会的快速发展使人们普遍产生的知识焦虑心理，人们既希望通过各种好玩、有趣、轻松的新媒体应用给自己带来良好的使用体验和丰富多彩的生活乐趣；又希望能够通过碎片化时间快速获取、掌握新的知识，提升自己的竞争优势。如何兼顾这两者需求，是这个时代教育与学习理论的重要课题。"微学习"正是为了实现这个需求而提出。"微学习"的实现不仅依靠学习者的自律、自主，还需要学习工具、学习环境的支撑，如何构建一个完整的"微学习"研究体系，正是本书需要探讨的重要内容。

本书是教育部人文社会科学基金的成果，整个研究过程持续了有六年多的时间。期间，新媒体的技术快速发展，使本书的很多内容始终未能站在最前沿。近年来，随着知识图谱（Knowledge Graph）、深度学习（Deep Learning）、自然语言处理（Natural Language Processing）等技术的快速发展，由这些技术催生的知识推理、知识导航、语义搜索、知识问答等应用，都为网络"微学习"的学习资源开发利用带来了新的机遇与挑战。这些内容在本书中涉及并不多，这是一个亟待完善的地方。因此，在此书完成付梓之前，仍然感到有些遗憾。同时，由于作者的能力、精力有限，书中一定会有不少值得推敲和修改的地方，希望学界和业界的朋友提出宝贵意见！我将不胜感激。